Yvonne Theiner

Ein Beitrag zur Modellierung der Rissbildung in Beton

Yvonne Theiner

Ein Beitrag zur Modellierung der Rissbildung in Beton

Entwicklung und Anwendung eines Rissmodells mit verzögert eingebetteten Diskontinuitäten

Südwestdeutscher Verlag für Hochschulschriften

Impressum / Imprint
Bibliografische Information der Deutschen Nationalbibliothek: Die Deutsche Nationalbibliothek verzeichnet diese Publikation in der Deutschen Nationalbibliografie; detaillierte bibliografische Daten sind im Internet über http://dnb.d-nb.de abrufbar.

Bibliographic information published by the Deutsche Nationalbibliothek: The Deutsche Nationalbibliothek lists this publication in the Deutsche Nationalbibliografie; detailed bibliographic data are available in the Internet at http://dnb.d-nb.de.

Verlag / Publisher:
Südwestdeutscher Verlag für Hochschulschriften
ist ein Imprint der / is a trademark of
OmniScriptum GmbH & Co. KG
Heinrich-Böcking-Str. 6-8, 66121 Saarbrücken, Deutschland / Germany
Email: info@svh-verlag.de

Herstellung: siehe letzte Seite /
Printed at: see last page
ISBN: 978-3-8381-0017-3

Zugl. / Approved by: Leopold-Franzens-Universität Innsbruck, Fakultät für Bauingenieurwissenschaften, Diss., 2007

Kurzfassung

In der vorliegenden Arbeit wird ein numerisches Modell zur Simulation der Rissbildung in Beton vorgestellt. Es handelt sich dabei um die Weiterentwicklung eines auf der *Methode der starken Diskontinuitäten* basierenden und im Rahmen des *Konzepts der Elemente mit eingebetteten Diskontinuitäten* formulierten Rissmodells. Mit diesem Rissmodell ist es möglich, durch die Rissbildung bedingte Diskontinuitäten im Verschiebungsverlauf, welche eine gewählte Diskretisierung in nahezu beliebiger Form durchschneiden können, abzubilden. Die in [Feist, 2004] vorgestellte zweidimensionale Formulierung des Rissmodells für unbewehrte Betonstrukturen wird ergänzt, weiterentwickelt und auch für die Simulation des Tragverhaltens bewehrter Strukturen eingesetzt.

Das Rissmodell wird im Rahmen der vorliegenden Arbeit durch Ver- und Entfestigungsgesetze zur Berücksichtigung der *Schubkraftübertragung entlang rauer Rissoberflächen* auf der Grundlage der Mehrflächen-Plastizitätstheorie erweitert. Damit wird es möglich, die Ausbildung eines durchgehenden Risses wirklichkeitsnah zu erfassen und das Verhalten unter kombinierter Zug-Schubbeanspruchung numerisch zu beschreiben. Zur Berücksichtigung lokaler Entlastungszustände sowie von Ent- und Wiederbelastung infolge zyklischer Beanspruchung wird das Rissmodell mit eingebetteten Diskontinuitäten mit einem *isotropen Schädigungsmodell* gekoppelt.

Weiters wird das Rissmodell in der vorliegenden Arbeit durch alternative Formulierungen für die Bestimmung des Risspfades erweitert. Betrachtet man die Rissentwicklung im Zuge einer numerischen Simulation unter Verwendung eines *verschmierten Rissmodells* mit rotierenden Rissrichtungen, so kann beobachtet werden, dass die anfänglich prognostizierte Rissrichtung sich meist mit fortschreitender Lokalisierung ändert. Daher kann erwartet werden, dass die Simulation eines makroskopischen Risses verbessert wird, wenn man den Lokalisierungsprozess zu Beginn mit einem verschmierten Rissmodell beschreibt und eine Diskontinuität erst ab Erreichen eines bestimmten Grenzwertes der Rissöffnung einführt. Diese alternative Formulierung, vorgestellt in [Jirásek und Zimmermann, 2001] im Rahmen eines Schädigungsmodells, wird in der vorliegenden Arbeit auf das Konzept der eingebetteten Diskontinuitäten angewandt, indem ein auf dem Konzept der verschmierten Risse basierendes Rissmodell mit letzterem kombiniert wird.

Als zweite alternative Formulierung des Risspfades wird im Rahmen der vorliegenden Arbeit die in [Sancho et al., 2005] beschriebene Vorgangsweise in das Rissmodell mit eingebetteten Diskontinuitäten implementiert und untersucht. Im Rahmen dieser Formulierung wird bis zu einem bestimmten Grenzwert der Rissöffnung die Rissrichtung in jedem Belastungsinkrement neu berechnet und erst ab Erreichen des Grenzwertes die Rissrichtung konstant gehalten. Weiters wird auf einen über die Elementsgrenzen hinweg stetigen Rissverlauf verzichtet. Im ursprünglichen Rissmodell wird die Forderung eines stetigen Rissverlaufes durch die Anwendung eines *Rissverfolgungsalgorithmus* erfüllt, der allerdings eine Art *Riss-Locking* bewirken kann.

Es wird gezeigt, dass vor allem die im Rahmen dieser Arbeit entwickelte Kombination des Rissmodells mit eingebetteten Diskontinuitäten mit einem verschmierten Rissmodell wesentliche Vorteile bezüglich der Vorhersage der Rissbildung aufweist. Mit diesem als *verzögert eingebettetes Rissmodell* bezeichneten Modell ist eine wirklichkeitsnähere Modellierung der Rissbildung in unbewehrten Betonstrukturen, beginnend mit der Schädigung in Form von verteilten Mikrorissen und dem späteren Übergang zu einem oder mehreren makroskopischen Rissen möglich. Dieses Rissmodell ist auch für die numerische Simulation bewehrter Betonstrukturen gut einsetzbar.

Die erwähnten Erweiterungen werden durch die Nachrechnung sowohl von aus der Literatur bekannten Laborversuchen, wie z.B. dem Drei-Punkt-Biegeversuch, dem kombinierten Zug-Schubversuch nach Hassanzadeh und dem Anker-Ausziehversuch, als auch von Versuchen, die an der Leopold-Franzens-Universität Innsbruck durchgeführt wurden, verifiziert.

Die Anwendung des *Rissmodells mit verzögert eingebetteten Diskontinuitäten* zur numerischen Simulation von Kragplattenverstärkungen mittels Aufbeton beweist die Eignung des im Rahmen dieser Arbeit erweiterten Rissmodells zur Simulation des Tragverhaltens komplexerer Strukturen.

Abstract

In the present thesis a numerical model for the simulation of crack formation in concrete structures is introduced. It concerns the further development of a crack model formulated within the framework of the *strong discontinuity approach (SDA)* employing the concept of *elements with embedded discontinuities.* This crack model is characterized by considering jumps in the displacement field due to crack formation, which may cross a chosen discretization in arbitrary ways. The two-dimensional formulation of the crack model with embedded discontinuities for the simulation of fracture processes in plain concrete, presented in [Feist, 2004], is supplemented, improved and also employed for simulating the load carrying behavior of reinforced concrete structures.
In the framework of the present thesis the numerical model is extended with hardening and softening laws for considering the *transfer of shear forces across rough crack faces* by reformulating the return mapping algorithm for multi-surface-plasticity. Thus, the formation of a through-crack can be simulated in a realistic way and both, normal and tangential crack opening activated by mixed mode failure can be modelled. In order to account for local unloading states as well as for unloading and reloading due to cyclic loading the crack model formulated within the framework of the strong discontinuity approach is coupled with a *scalar damage model.*
Furthermore, in the framework of this thesis the crack model is enhanced by alternative formulations for determining the crack path. Observing the evolution of a crack simulated with a rotating *smeared crack* model, it can be noted, that an initial misspediction of the crack direction is corrected as the crack grows. Therefore it can be expected, that the simulation of a macroscopic crack shall be improved, if the fracture process is described at the onset of cracking with a smeared crack model and a discontinuity is only introduced if the crack opening has reached a certain threshold value. In the present work the above mentioned alternative formulation, introduced in [Jirásek und Zimmermann, 2001] within the framework of a damage model, is applied to the concept of elements with embedded discontinuities by combining the smeared crack concept with the latter.
As second alternative formulation for describing the crack growth the approach presented in [Sancho et al., 2005] is investigated. Within the framework of this formulation up to a certain threshold value of the crack opening the crack direction is recomputed at each step. After the crack opening has reached the threshold value the crack direction is fixed. Furthermore the crack path continuity across adjacent finite elements is abando-

ned. Within the original crack model a partial domain crack tracking strategy enforces a continuous crack path, which, however, can produce some kind of crack-locking.
It is shown, that combining the crack model formulated within the concept of elements with embedded discontinuities with the smeared crack model exhibits considerable advantages concerning the prediction of the crack growth. With this developed *delayed embedded crack model* the crack formation in plain concrete structures can be modelled realistically, describing the initial stage of cracking in a smeared manner and considering the later transition to one or more macroscopic cracks by introducing a displacement discontinuity. This crack model can also be used for the simulation of reinforced concrete structures.
The proposed improvements are validated by the numerical simulation of both, well-known laboratory tests such as the three-point-bending-test, the combined tension-shear-test according to Hassanzadeh and the anchor-pull-out-test and of experiments conducted at the University of Innsbruck. The application of the *delayed embedded crack model* for the numerical simulation of strengthening of cantilever slabs with high performance concrete demonstrates the applicability of the, in the framework of the present thesis, enhanced crack model for the simulation of the load carrying behavior for more complex structures.

Inhaltsverzeichnis

Kapitel 1

Einleitung

1.1 Motivation

Numerische Simulationen nehmen heute eine wichtige Stellung bei der Entwicklung und Analyse von Ingenieurstrukturen ein. Vor allem die *Finite Elemente Methode* hat sich dabei als ein wichtiges und weit verbreitetes Hilfsmittel zur Durchführung numerischer Traglastanalysen erwiesen. Die Finite Elemente Methode bietet für Aufgabenstellungen, welche durch komplizierte geometrische Eigenschaften der Struktur und durch komplexe Randbedingungen in den Kräften und den Verschiebungen gekennzeichnet sind, sowie für Aufgabenstellungen mit geometrisch nichtlinearem und/oder werkstofflich nichtlinearem Verhalten die Möglichkeit Näherungslösungen zu bestimmen [Bathe, 1986], [Zienkiewicz und Taylor, 2000]. Für den vor allem im konstruktiven Ingenieurbau wichtigen Werkstoff Beton bzw. Stahlbeton spielt die Berücksichtigung des nichtlinearen Materialverhaltens eine entscheidende Rolle. Nichtlineare numerische Berechnungen von unbewehrten und bewehrten Strukturen auf der Grundlage der Finite Elemente Methode ermöglichen die Simulation des Tragverhaltens solcher Strukturen bis zum Eintritt des Versagens.

Die mechanischen Eigenschaften des *quasi-spröden* Werkstoffs Beton unter Zugbeanspruchung werden häufig im Rahmen von einachsialen Zug- oder von Biegezugversuchen bestimmt. Die Last-Verschiebungsbeziehungen solcher weggesteuerten Versuche sind durch das so genannte *Entfestigungsverhalten* im Nachbruchbereich, d.h. durch die Zunahme der Verformungen bei einer Abnahme der Belastung, charakterisiert. Beim quasi-spröden

Werkstoff Beton ist die Ausbreitung der Mikrorisse für die Abnahme der Materialfestigkeit verantwortlich. Beton ist ein Werkstoff, welcher unter verschiedenen Belastungsarten unterschiedliche Versagensformen aufweist, so stellt sich unter Zugbeanspruchung MODE-I-Versagen ein, während unter mehraxialer Druckbelastung Scherversagenszonen ausgebildet werden und zum so genannten MODE-II-Versagen führen [Mosler, 2002].

Mathematische Modelle zur Beschreibung der konstitutiven Beziehungen des Werkstoffs Beton können in drei Gruppen eingeteilt werden und zwar in

i) Phänomenologische Modelle, die auf *makro*skopischer Ebene formuliert werden. Im Rahmen dieser Modelle wird Beton als homogener Werkstoff betrachtet. Die einzelnen Komponenten, nämlich die Zementmatrix und die Zuschlagsstoffe, werden nicht einzeln modelliert.

ii) Modelle auf der *Meso*ebene, bei welchen zwischen der Zementmatrix und den Zuschlagsstoffen unterschieden wird. Auch die Wechselwirkung an den auftretenden Grenzflächen wird im Rahmen dieser Modelle berücksichtigt.

iii) Modelle auf der *Mikro*ebene, bei welchen das Materialverhalten der Mikrostrukur berücksichtigt wird. Das Materialverhalten wird auf der Mikroebene beschrieben und durch Homogenisierungsverfahren die konstitutiven Beziehungen für die Makroebene gewonnen.

Im Rahmen der Kontinuumsmechanik wird das Werkstoffverhalten in homogenisierter Form mittels Spannungs-Dehnungsbeziehungen beschrieben. Die numerische Analyse von auf Zug beanspruchten unbewehrten oder schwach bewehrten Betonstrukturen mittels Kontinuumsmodellen kann jedoch infolge einer nicht tolerierbaren Netzabhängigkeit zu physikalisch unsinnigen Ergebnissen führen [Bažant, 1976]. In einem auf Zug beanspruchten Probekörper ist die Dehnung im Entfestigungsbereich nämlich nicht mehr gleichmäßig über die Probenlänge verteilt, sondern es kommt zu einer *Lokalisierung* der Dehnungen. Dieser Lokalisierungsprozess ist nur auf einen relativ kleinen Bereich der Probe konzentriert. Dies hat zur Folge, dass das Werkstoffverhalten im Entfestigungsbereich durch ein Spannungs-Dehnungsdiagramm nicht mehr *objektiv* beschrieben werden kann. Die numerischen Ergebnisse sind netzabhängig, was sich in einer Abnahme der berechneten Traglast mit zunehmender Netzfeinheit, ohne Konvergenz zu erreichen, zeigt.

Numerische Analysen von lokalisiertem Werkstoffversagen mit auf der Kontinuumsmechanik basierenden Modellen sind aus folgenden zwei Gründen nur eingeschränkt möglich

[Mosler, 2002]:

i) Einerseits basieren klassische kontinuumsmechanische Modelle auf dem Konzept der *lokalen* Wirkung, was bedeutet, dass das Verhalten eines bestimmten Materialpunktes lediglich von den Zustandsgrößen in diesem Punkt abhängt und nicht von jenem der Nachbarpunkte beeinflusst wird. Dies hat zur Folge, dass die kontinuumsmechanischen Modelle keine Längeninformation bezüglich des lokalisierten Bereiches enthalten.

ii) Andererseits können Lokalisierungsphänomene als *diskontinuierlicher* Prozess aufgefasst werden, der auf eine diskontinuierliche Verteilung der Verschiebungs- und/oder Verzerrungsfelder führt. Da klassische kontinuumsmechanische Modelle allerdings auf einer Homogenisierung der Materialantwort beruhen, ist es nicht möglich mit solchen Modellen diskrete Lokalisierungsprozesse zu modellieren.

Um im Rahmen der numerischen Analyse lokalisierten Versagens objektive, also netzunabhängige Ergebnisse zu erhalten, ist es somit erforderlich im Materialmodell entweder eine interne Länge zu berücksichtigen, also ein *nicht-lokal* erweitertes Materialmodell zu verwenden, oder aber diskontinuierliche Verschiebungs- und/oder Verzerrungsfelder zuzulassen. Im Gegensatz zu den nicht-lokal erweiterten Modellen ermöglicht letztere Methode eine gröbere Diskretisierung, was für die numerische Simulation von Tragwerken entscheidend ist. Im Rahmen der vorliegenden Arbeit wird die Weiterentwicklung eines Rissmodells, welches auf *der Methode der starken Diskontinuitäten* basiert und im Rahmen *des Konzepts der Elemente mit eingebetteten Diskontinuitäten* formuliert ist, vorgestellt. Zuvor allerdings wird ein Überblick der aus der Literatur bekannten möglichen Ansätze zur Modellierung lokalisierten Materialversagens gegeben.

1.2 Stand der Forschung

Diese Arbeit enthält einen Überblick über Materialmodelle, die objektive, also netzunabhängige numerische Simulationen lokalisierten Materialversagens ermöglichen. Die vorgenommene Gliederung orientiert sich an [Hofstetter und Mang, 1995], [Jirásek, 2002], [Mosler, 2002], [Feist, 2004] und ist Grundlage dieser Arbeit. Ausführlichere bzw. detaillierte Aufzählungen finden sich beispielsweise in [Jirásek, 1999], [Kuhl, 2000], [Jirásek, 2004].

Bereits in den frühen achtziger Jahren wurde gezeigt, dass numerische Simulationen der Rissbildung in Bauteilen basierend auf *kontinuumsmechanischen* Modellen zu netzabhängigen, also nicht objektiven Ergebnissen führen. Um die Forderung der Objektivität bezüglich der gewählten Netzfeinheit zu erfüllen, wurden diese klassischen kontinuumsmechanischen Modelle durch verschiedene Ansätze zur Berücksichtigung einer internen Länge erweitert, mit welcher der Bereich, in dem es zu einer Lokalisierung der Dehnungen kommt, erfasst werden kann. In diesem Zusammenhang spricht man von der so genannten *Regularisierung* [Jirásek, 2002] des Lokalisierungsphänomens und bezeichnet die verschiedenen Techniken, die auf netzunabhängige numerische Berechnungsergebnisse führen, folglich als *Regularisierungstechniken.* Mit der Entwicklung des *Fictitious Crack Models* [Hillerborg et al., 1976] etwa wurde die infolge der Rissentwicklung pro Flächeneinheit freigesetzte Energie, die so genannte spezifische Bruchenergie G_f, als netzunabhängige, also als konstante Größe eingeführt, die Entfestigungsfunktion in Abhängigkeit der Rissweite formuliert und somit die Risszone auf einen infinitesimal schmalen Bereich abgebildet. Bažant [Bažant, 1983] entwickelte aufbauend auf dem Fictitious Crack Model das so genannte *Crack Band Model.* Im Rahmen des Crack Band Model wird die spezifische Bruchenergie nach [Hillerborg et al., 1976] über die Bereiche, in denen es zu einer Lokalisierung der Dehnungen kommt, „verschmiert“. In [Pietruszczak und Mroź, 1981], [Oliver, 1989] wird darauf aufbauend der Entfestigungsmodul eines klassischen Plastizitätsmodells mit der spezifischen Bruchenergie gekoppelt. Somit ergibt sich der Entfestigungsmodul als Funktion in Abhängigkeit der Geometrie des betrachteten finiten Elementes. Das Crack Band Model kann als Adaption des Fictitious Crack Model für das *Konzept der verschmierten Risse* verstanden werden. Die verschmierten Rissmodelle bilden eine Gruppe der regularisierten konstitutiven Modelle, welche speziell für den Werkstoff Beton unter vorwiegender Zugbeanspruchung entwickelt wurden. In [Winkler, 2001] z.B. wird ein auf der Grundlage der Kontinuumsmechanik basierendes verschmiertes Rissmodell zur Simulation des Materialverhaltens bewehrter und unbewehrter Betonstrukturen vorgestellt, im Zuge dessen die so genannte *charakteristische Länge* eines finiten Elementes als Regularisierungsparameter verwendet wird. Ausführlichere Informationen über die verschmierte Rissmodellierung können z.B. in [Feenstra und de Borst, 1995], [Jirásek, 1999], [Winkler, 2001] gefunden werden.

Eine weitere Möglichkeit, die bei entfestigendem Verhalten festgestellte Abhängigkeit der klassischen kontinuumsmechanischen Modelle bezüglich der Diskretisierung zu beseitigen, bieten Verfahren im Rahmen der Theorie des *nicht-lokalen Kontinuums*, die in den achtziger Jahren von [Bažant et al., 1984] und [Pijaudier-Cabot und Bažant, 1987] vorgeschlagen wurden. Diese erweiterten kontinuumsmechanischen Modelle sind dadurch gekennzeichnet, dass das Konzept der lokalen Wirkung aufgegeben wird. Mit einer Wichtungsfunktion werden mittels des Konzepts der so genannten *nichtlokalen Mittelung* Wechselwirkungen benachbarter Materialpunkte erfasst. Damit wird eine interne Längenskala festgelegt, welche den Bereich der lokalisierten Dehnungen beschreibt. Differentielle Formen des Konzepts des nicht-lokalen Kontinuums werden durch verschiedene Gradientenmodelle [Schreyer und Chen, 1986], [Mühlhaus und Aifantis, 1991], [de Borst und Mühlhaus, 1992] beschrieben, in denen gradientenerweiterte Theorien, die zusätzliche Terme der TAYLOR-Reihenentwicklung für die Formulierung der nicht-lokalen Modelle verwenden, verfolgt werden. Eine weitere Möglichkeit objektive numerische Berechnungsergebnisse zu erhalten, bieten die *Cosserat Modelle* [de Borst, 1991], [Steinmann und Willam, 1991]. Die Idee der *Cosserat Modelle* besteht in der Erweiterung der kinematischen Beziehungen eines betrachteten Punktes, indem das Verschiebungsfeld durch zusätzliche rotatorische Freiheitsgrade erweitert wird.

In den erwähnten *erweiterten kontinuumsmechanischen Modellen* werden lokal begrenzte Dehnungskonzentrationen zugelassen, womit die Lokalisierung als ein stetiger Prozess beschrieben wird. Im Zuge der numerischen Simulation ergeben sich damit stetige Dehnungsverläufe, die in den Lokalisierungszonen allerdings stark ausgeprägte Maxima aufweisen. Um die Lokalisierungszone mittels der Finite Elemente Methode entsprechend beschreiben zu können, ist eine ausreichend feine Diskretisierung gefordert, wodurch der numerische Aufwand deutlich ansteigt.

Diskrete Rissmodelle, die im Rahmen der numerischen Simulation der Rissbildung die Diskontinuität der Verschiebungen entlang benachbarter Rissufer berücksichtigen, stellen eine Alternative zu den kontinuumsmechanischen Modellen dar. Bereits in [Ngo und Scordelis, 1967] wird das Konzept der diskreten Risse beschrieben. Die Modellierung diskreter Risse erfolgt durch die Teilung gemeinsamer Knoten benachbarter finiter Elemente in jeweils zwei separate Knoten und die Einführung von Interface-Elementen. Folglich führt die numerische Simulation der Rissbildung zu einer Änderung des finiten Elemente Netzes, womit aufwendige adaptive Netzanpassungsverfahren [Ingraffea und Saouma, 1985] notwendig werden.

Mit den verschmierten Rissmodellen ist es nicht möglich, die im Zuge eines Lokalisierungsprozesses auftretende Diskontinuität im Verschiebungsfeld numerisch zu erfassen.

Dies kann zu einer pathologischen Spannungsübertragung entlang vollständig geöffneter Risse führen [Jirásek und Zimmermann, 1998]. Im Rahmen der diskreten Rissmodellierung kann dieser Mangel durch die Verwendung von Interface-Elementen zwar behoben werden, allerdings ist eine ständige Neuvernetzung notwendig, um die Rissentwicklung richtig zu beschreiben. Die Kombination der beiden Konzepte und vor allem der Vorteile dieser Modelle, also der verschmierten und diskreten Rissmodelle, führt auf die Gruppe der *gemischten Modelle* (*mixed models*) [Jirásek, 1999] und damit auf vielversprechende Methoden zur numerischen Simulation lokalisierten Versagens. In den Pionierarbeiten [Ortiz et al., 1987], [Belytschko et al., 1988] wurde erstmals die Idee verfolgt, eine Diskontinuität an einer beliebigen Position und mit einer beliebigen Orientierung innerhalb eines finiten Elementes einzubetten. Damit wird die Simulation der Rissfortpflanzung wesentlich verbessert. Aufwendige adaptive Netzanpassungsverfahren werden überflüssig. Im Rahmen der Rissmodelle mit Diskontinuitäten innerhalb der finiten Elemente wird zwischen dem *Konzept der Elemente mit eingebetteten Diskontinuitäten* (*elements with embedded discontinuities*) [Jirásek, 2000b], [Wells und Sluys, 2001b], [Oliver et al., 2003], [Samaniego, 2003], [Feist, 2004] und der *Extended Finite Element Method (X-FEM)* [Moës et al., 1999], [Sukumar et al., 2000], [Daux et al., 2000] unterschieden. Bei beiden Methoden werden die Diskontinuitäten durch die Einführung zusätzlicher Freiheitsgrade berücksichtigt. Während im Rahmen des Konzepts der Elemente mit eingebetteten Diskontinuitäten zusätzliche Elementsfreiheitsgrade eingeführt werden (elemental enrichment), werden im Rahmen der X-FEM zusätzliche Knotenfreiheitsgrade (nodal enrichment) eingeführt. Beide Methoden ermöglichen einen makroskopischen Riss numerisch zu beschreiben. Zur Modellierung des Lokalisierungsphänomens wurden im Rahmen des Konzepts der Elemente mit eingebetteten Diskontinuitäten vorerst nur Diskontinuitäten im Verzerrungsfeld (*weak discontinuities*) berücksichtigt, später aber auch Diskontinuitäten im Verschiebungsfeld (*Methode der starken Diskontinuitäten* bzw. *strong discontinuities*) [Dvorkin et al., 1990], [Klisinski et al., 1991], [Olofsson et al., 1994], [Simo und Oliver, 1994] erfasst.

In [Jirásek, 2000a] wird eine systematische Klassifizierung und kritische Evaluierung der auf dem Konzept der Elemente mit eingebetteten Diskontinuitäten basierenden Rissmodelle vorgenommen und in folgende drei Formulierungen unterteilt:

i) Die statisch optimale, symmetrische Formulierung (*statically optimal symmetric (SOS)*), im Zuge derer die Spannungskontinuitätsbedingung des Randwertproblems in konsistenter Weise erfüllt wird, allerdings die Kinematik eines vollständig offenen Risses nicht wiedergegeben werden kann. Die aus dieser Formulierung folgende Materialtangente ist symmetrisch.

ii) Die kinematisch optimale, symmetrische Formulierung (*kinematically optimal symmetric (KOS)*), bei der die kinematische Gleichung des Randwertproblems in konsistenter Weise erfüllt wird, nicht allerdings die Spannungskontinuitätsbedingung. Wiederum ergibt sich für die Materialtangente eine symmetrische Form.

iii) Die statisch und kinematisch optimale, nicht symmetrische Formulierung (*statically and kinematically optimal nonsymmetric (SKON)*), bei der sowohl die kinematische Gleichung als auch die Spannungskontinuitätsbedingung in konsistenter Form erfüllt werden. Die Bezeichnung „nicht symmetrisch" bezieht sich auf die Form der Materialtangente, die Bezeichnung „optimal" (in allen drei Formulierungen) auf die konsistente Formulierung der betreffenden Beziehungen.

Die SKON-Formulierung wurde für vierknotige Elemente mit eingebetteten Diskontinuitäten ursprünglich in [Dvorkin et al., 1990] in einer sehr komplizierten Form, unter Verwendung einer erweiterten Funktion in Abhängigkeit vom Verschiebungs- und Dehnungsfeld, beschrieben. Ein sehr ähnliches vierknotiges finites Element wird in [Klisinski et al., 1991] vorgestellt. Der diskontinuierliche Anteil des Verschiebungsfeldes wird mittels einer Umverteilungs-Matrix auf die entsprechenden Knoten des betreffenden finiten Elementes verteilt und damit einfacher beschrieben. In [Olofsson et al., 1994] wird diese Technik auf ein dreiknotiges finites Element angewandt und mit einem verschmierten Rissmodell verglichen. Der Vergleich zeigt, dass dann, wenn die Diskontinuität im finiten Element parallel zu einer Seitenkante eingebettet wird, beide Rissmodelle auf dieselben Berechnungsergebnisse führen.

In [Simo et al., 1993] wird die im Rahmen des Konzepts der Elemente mit eingebetteten Diskontinuitäten formulierte und auf der Methode der starken Diskontinuitäten basierende Rissmodellierung entscheidend weiterentwickelt. Klassische kontinuumsmechanische Modelle werden durch die Berücksichtigung diskontinuierlicher Verschiebungsfelder erweitert. Es wird beschrieben, dass sich für den Entfestigungsmodul eine singuläre Verteilung ergibt und die notwendigen Bedingungen für die Entwicklung eines diskontinuierlichen Verschiebungsfeldes werden hergeleitet. Weiters werden die theoretischen Grundlagen in [Simo et al., 1993] auf ein eindimensionales finites Element angewandt, mit welchem die numerische Beschreibung eines diskontinuierlichen Verschiebungsfeldes möglich wird. In [Oliver und Simo, 1996] wird dieses Konzept weiterverfolgt und in [Simo und Oliver, 1994], [Oliver, 1995a], [Oliver, 1995b] auf zweidimensionale Problemstellungen erweitert. Zur numerischen Simulation der Diskontinuität im Verschiebungsfeld wird in den genannten Arbeiten ein Regularisierungsparameter eingeführt, der eine Längeninformation bezüglich der Lokalisierungszone enthält. Man spricht in diesem Zusammenhang von einer Implementierung auf der Grundlage des *enhanced assumed strain concept (EAS)*, welches in [Simo und Rifai, 1990], [Simo und Armero, 1992] erstmals vorgestellt wurde und in [Oliver, 1996b] für die numerische Umsetzung der Methode der eingebetteten Diskontinuitäten im Rahmen eines Schädigungsmodells und eines Plastizitätsmodells ausführlich beschrieben wird.

In [Armero und Garikipati, 1995] hingegen wird zur numerischen Approximation eines diskontinuierlichen Verschiebungsfeldes nicht ein Regularisierungsparameter sondern eine diskrete Spannungs-Rissöffnungsbeziehung eingeführt, also ein diskretes Interface-Gesetz an der Stelle der Diskontinuität. Diese Methode wird in [Armero und Garikipati, 1996] auch auf geometrisch nichtlineare Problemstellungen erweitert.

Wird die Längeninformation bezüglich des Bereiches, in dem es zu einer Lokalisierung der Dehnungen kommt, über eine Evolutionsgleichung definiert, konvergiert die Länge des Bereiches unter Voraussetzung monotoner Belastung gegen Null, so dass als Grenzfall Diskontinuitäten im Verschiebungsfeld auftreten. Dieses in [Oliver et al., 1997], [Oliver et al., 1999] vorgestellte Verfahren kann als Koppelung zwischen dem in [Simo und Oliver, 1994] vorgestellten regularisierten Ansatz und dem in [Armero und Garikipati, 1995] beschriebenen diskreten Ansatz verstanden werden.

Das Konzept der Elemente mit eingebetteten Diskontinuitäten wird in [Armero und Garikipati, 1996], [Armero, 1997] im Rahmen eines anisotropen Schädigungsmodells für die Rissmodellierung in spröden Werkstoffen vorgestellt. In [Regueiro und Borja, 1999], [Borja und Regueiro, 2001] hingegen wird das Konzept der Elemente mit eingebetteten Diskontinuitäten im Rahmen eines nicht assoziierten Plastizitätsmodells (Versagenshypothese von Drucker-Prager) zur Approximation der Versagensmechanismen in Böden verwendet. Die in [Meschke et al., 1998] vorgenommene Kopplung der Plastizitätstheorie mit der Schädigungsmechanik wird in [Mosler und Meschke, 2001] durch die Berücksichtigung diskontinuierlicher Verschiebungsfelder erweitert.

In [Armero, 1999] wird ein alternativer Ansatz des Konzepts der Elemente mit eingebetteten Diskontinuitäten vorgestellt. Die erweiterten Evolutionsgleichungen werden mittels des Postulats der maximalen Dissipation hergeleitet. Darauf aufbauend wird in [Jirásek und Zimmermann, 2001] ein Schädigungsmodell vorgestellt, welches die numerische Beschreibung lokalisierten Materialversagens für Beton ermöglicht.

Das Konzept der Elemente mit eingebetteten Diskontinuitäten wird in [Mosler und Meschke, 2000], [Mosler und Meschke, 2001] erstmals auf dreidimensionale Problemstellungen erweitert. Den dreidimensionalen finiten Elementen mit eingebetteten Diskontinuitäten werden lineare, quadratische und biquadratische Ansatzfunktionen zu Grunde gelegt, die für die Rissmodellierung unbewehrter Betonstrukturen verwendet werden. Wie auch in [Borja und Regueiro, 2001] werden die zusätzlich eingeführten Freiheitsgrade, welche die Diskontinuität im Verschiebungsfeld beschreiben, direkt auf Materialpunktsebene eliminiert. Die meisten Arbeiten über die Rissmodellierung mittels des Konzepts der Elemente mit eingebetteten Diskontinuitäten allerdings basieren auf dem *Konzept der statischen Kondensation*, im Zuge dessen die zusätzlich zur Simulation der Diskontinuität im Verschiebungsfeld eingeführten Freiheitsgrade auf Elementsebene eliminiert werden.

Die im Rahmen der finite Elemente Implementierung des Konzepts der Elemente mit eingebetteten Diskontinuitäten möglichen *Locking*-Effekte werden in [Jirásek und Zimmermann, 2001] durch die Kombination mit einem nicht-lokalen Schädigungsmodell erfolgreich beseitigt. Das isotrope Schädigungsmodell wird dabei dem auf dem Konzept der Elemente mit eingebetteten Diskontinuitäten basierenden Rissmodell vorgeschaltet, wodurch die Vorhersage der Rissrichtung verbessert wird. Im Rahmen des Rissmodells mit eingebetteten Diskontinuitäten wird zwar weiterhin das *Fixed-Crack*-Konzept beibehalten, also die Richtung der Diskontinuität während der Berechnung konstant gehalten, allerdings der Prozess der Rissbildung mit dem nicht-lokalen Schädigungsmodell simuliert und damit die Rissrichtung des offenen Risses besser erfasst. In der in [Sancho et al., 2005] gezeigten Formulierung können die eingebetteten Diskontinuitäten bis zu einem bestimmten Grenzwert der Rissöffnung „rotieren“, man spricht vom so genannten *Rotating-Crack*-Konzept. Das Rotating-Crack-Konzept wird häufig im Rahmen der verschmierten Rissmodelle verwendet [Feenstra und de Borst, 1995], [Welscher, 1993]. Durch die ständige Neuberechnung der Rissrichtung bis zu einer bestimmten Rissöffnung kann die Rissbildung gut modelliert werden. Ab Erreichen des Grenzwertes der Rissöffnung wird schließlich das Fixed-Crack-Konzept verwendet. Es wird auf einen über die Elementsgrenzen stetigen Rissverlauf verzichtet, womit zwar das mögliche *Risslocking* beseitigt werden kann, allerdings eine bestimmte Netzabhängigkeit in Kauf genommen werden muss. Demgegenüber steht die in [Mosler und Meschke, 2001], [Sluys und Berends, 1998] gezeigte Möglichkeit, die bislang verwendete Annahme des Fixed-Crack-Konzepts vollständig aufzugeben und das *Rotating-Crack*-Konzept einzuführen. Die in einem finiten Element eingebettete

Diskontinuität kann im Zuge dieser Formulierung während der gesamten Berechnung die Richtung ändern.

Die zweite Methode der Rissmodellierung unter Berücksichtigung diskontinuierlicher Verschiebungsfelder, die X-FEM, basiert auf dem in [Melenk und Babuska, 1996], [Babuska und Melenk, 1997] vorgestellten *Partition-of-Unity*-Konzept. Wie bereits erwähnt wird im Rahmen der X-FEM, die ebenfalls zur Gruppe der gemischten Rissmodelle gehört, der diskontinuierliche Anteil des Verschiebungsfeldes durch zusätzliche Freiheitsgrade auf Strukturebene erfasst [Sukumar et al., 2000], [Daux et al., 2000], [Wells und Sluys, 2001a]. Während im Rahmen des Konzepts der Elemente mit eingebetteten Diskontinuitäten die zusätzlichen Elementsfreiheitsgrade mittels des Konzepts der statischen Kondensation auf Elementsebene beseitigt werden können und somit im globalen Gleichungssystem nicht mehr aufscheinen, stellen die im Rahmen der X-FEM eingeführten Knotenfreiheitsgrade zusätzliche globale Freiheitsgrade dar. Wie in [Patzák und Jirásek, 2003] hervorgehoben wird, ist es sinnvoll, den Rechenaufwand zur Lösung des globalen Gleichungssystems so gering wie möglich zu halten, was mit dem Konzept der Elemente mit eingebetteten Diskontinuitäten erfüllt wird.

In [Jirásek und Belytschko, 2002] wird die Rissmodellierung im Rahmen des Konzepts der Elemente mit eingebetteten Diskontinuitäten mit der Extended Finite Element Method verglichen, auf Ähnlichkeiten untersucht und es werden Vor- und Nachteile herausgearbeitet. Es wird gezeigt, dass die X-FEM zwar eine bessere kinematische Beschreibung des diskontinuierlichen Verschiebungsfeldes ermöglicht, allerdings auf ein größeres globales Gleichungssystem führt. Auch in [Oliver et al., 2006] werden die beiden Rissmodelle einander gegenübergestellt. Es wird gezeigt, dass beide Methoden auf dieselben numerischen Ergebnisse führen, wenn eine genügend feine Diskretisierung verwendet wird. Weiters wird gezeigt, dass mit dem Konzept der Elemente mit eingebetteten Diskontinuitäten auch für gröbere Diskretisierungen eine numerisch stabile Simulation durchgeführt werden kann. Die X-FEM hingegen erfordert eine sehr feine Diskretisierung, um eine super-lineare Konvergenzrate zu erreichen. Die X-FEM führt im Vergleich zum Konzept der Elemente mit eingebetteten Diskontinuitäten für dieselbe numerische Simulation auf eine 1.1- bis 2.5-fach höhere Rechenzeit. Während im Rahmen des Konzepts der Elemente mit eingebetteten Diskontinuitäten die Rechenzeit auch bei der Simulation mehrerer Risse konstant bleibt, muss im Rahmen der X-FEM eine mit der Anzahl der modellierten Risse linear ansteigende Rechenzeit in Kauf genommen werden.

1.3 Problemstellung und Zielsetzung

In der vorliegenden Arbeit wird die zweidimensionale Formulierung des in [Feist, 2004] vorgestellten Rissmodells, welches auf der Methode der starken Diskontinuitäten basiert und im Rahmen des Konzepts der Elemente mit eingebetteten Diskontinuitäten formuliert ist, weiterentwickelt. Neben den im Rahmen dieser Arbeit vorgenommenen Erweiterungen des Rissmodells zur wirklichkeitsnäheren Erfassung von kombiniert auftretenden normalen Rissöffnungen und tangentialen Relativverschiebungen der Rissufer und von lokalen Entlastungszuständen sowie von zyklischer Beanspruchung, liegt das Hauptaugenmerk in der numerisch robusten Umsetzung des Rissmodells. Mögliche Locking-Effekte werden durch die Berücksichtigung alternativer Formulierungen für die Bestimmung des Risspfades vermieden.

Ursprünglich wurde das Rissmodell mit eingebetteten Diskontinuitäten zur Rissfortpflanzung einzelner Risse in unbewehrtem Beton entwickelt. Mit der in dieser Arbeit vorgestellten Formulierung des Rissmodells wird es möglich mehrere Risse, die sich zu verschiedenen Belastungszeitpunkten ausbilden, zu simulieren. Damit kann das Rissmodell nicht nur zur numerischen Simulation komplexerer unbewehrter Strukturen eingesetzt, sondern auch für Traglastberechnungen bewehrter Betonstrukturen verwendet werden.

Nachfolgend wird der Inhalt der Dissertation, die in insgesamt sieben Kapitel gegliedert wird, kurz beschrieben:

In Kapitel 2 wird das auf der Methode der eingebetteten Diskontinuitäten basierende Rissmodell in seiner ursprünglichen Form vorgestellt. Die in [Feist, 2004] beschriebenen theoretischen Grundlagen des mathematischen Modells werden im Hinblick auf die Erweiterung für die Mehrflächen-Plastizitätstheorie zur Erfassung tangentialer Relativverschiebungen ausführlich erläutert und weiterentwickelt. Auch das für die numerische Umsetzung des Materialmodells verwendete Projektionsverfahren (*Return-Mapping-Algorithm*) wird durch die Berücksichtigung der Mehrflächen-Plastizitätstheorie erweitert.

Die Erweiterung des Rissmodells mittels Ansätzen aus der Schädigungsmechanik wird in Kapitel 3 beschrieben. Durch die Koppelung des auf der Methode der eingebetteten Diskontinuitäten basierenden Rissmodells mit einem isotropen Schädigungsmodell können sowohl lokale Entlastungszustände als auch Ent- und Wiederbelastungsvorgänge infolge zyklischer Beanspruchung simuliert werden. Die vorgenommene Erweiterung wird anhand der numerischen Simulation eines zyklischen Zugversuches, eines zyklischen Zug-Druckversuches und eines Drei-Punkt-Biegeversuches verifiziert.

In Kapitel 4 wird die Erweiterung des Rissmodells durch die Berücksichtigung rauer Rissflächen beschrieben. Das in [Feenstra und de Borst, 1991] vorgestellte Modell zur Beschreibung der Schubkraftübertragung entlang rauer Rissufer [Walraven, 1980] wird in der vorliegenden Arbeit mit einer linearen Verfestigungsbeziehung kombiniert, womit die Simulation eines vollständig ausgeprägten Risses ohne numerische Instabilitäten möglich wird. Die in [Hassanzadeh, 1992] dokumentierte kombinierte Zug-Schubversuchsreihe bietet sich an, um das erweiterte Rissmodell zu verifizieren.

In Kapitel 5 werden alternative Formulierungen für die Bestimmung des Risspfades vorgestellt. Vor allem die im Rahmen dieser Dissertation entwickelte Kombination eines verschmierten Rissmodells mit dem Rissmodell mit eingebetteten Diskontinuitäten liefert zufriedenstellende Ergebnisse. Die Simulation eines makroskopischen Risses wird durch diese Kombination verbessert, weil der Lokalisierungsprozess zu Beginn in einer „verschmierten" Form beschrieben wird und die Diskontinuität mit einer unveränderlichen Rissrichtung erst dann berücksichtigt wird, wenn die Rissöffnung einen bestimmten Grenzwert überschreitet. Dieses erweiterte, als Rissmodell mit verzögert eingebetteten Diskontinuitäten bezeichnete Modell wird an einem Drei-Punkt-Biegeversuch und an einem einaxialen Zugversuch einer unbewehrten Scheibe überprüft. Mit der numerischen Simulation von einaxialen Zugversuchen an Stahlbetonstäben wird gezeigt, dass das entwickelte Rissmodell mit verzögert eingebetteten Diskontinuitäten auch für die Berechnung bewehrter Betonstrukturen verwendet werden kann.

Anschließend wird in Kapitel 6 das „erweiterte" Rissmodell zur Simulation eines an der Universität Innsbruck durchgeführten Anker-Ausziehversuches verwendet und schließlich zur numerischen Simulation von Kragplattenverstärkungen mittels Aufbeton eingesetzt.

Neben einer kurzen Zusammenfassung der vorliegenden Arbeit enthält das Kapitel 7 auch Schlussfolgerungen für mögliche Weiterentwicklungen des Rissmodells.

Kapitel 2

Rissmodell mit eingebetteten Diskontinuitäten

Das in [Feist, 2004] vorgestellte Rissmodell, welches auf der *Methode der starken Diskontinuitäten* basiert und im Rahmen des *Konzepts der Elemente mit eingebetteten Diskontinuitäten* formuliert ist, wird nachfolgend in seinen Grundzügen beschrieben. Zusätzlich wird die in [Feist, 2004] skizzierte Erweiterung des Rissmodells für die Mehrflächen-Plastizitätstheorie ausführlich erläutert, für die numerische Umsetzung aufbereitet und weiterentwickelt.

2.1 Kinematik starker Diskontinuitäten

Die Kinematik der starken Diskontinuitäten wird verwendet, um lokalisierte Versagensformen wie z.B. das Reißen von unbewehrten Betonstrukturen zu beschreiben. Aus mathematischer Sicht kann man die Ausbildung eines diskreten Risses als Bildung einer durch eine Unstetigkeit im Verschiebungsfeld gekennzeichneten Diskontinuitätsfläche interpretieren. Mittels des Konzepts der Kinematik einer starken Diskontinuität kann man die Kinematik eines Festkörpers, durch den eine derartige Diskontinuitätsfläche verläuft, beschreiben. Die Verwendung der Elemente mit eingebetteten Diskontinuitäten ermöglicht die Abbildung der Diskontinuitätsflächen, die eine gewählte Diskretisierung in nahezu beliebiger Form durchschneiden können. Die Idee des Konzepts der Elemente mit eingebetteten Diskontinuitäten besteht darin, zusätzliche Freiheitsgrade auf Elementsebene

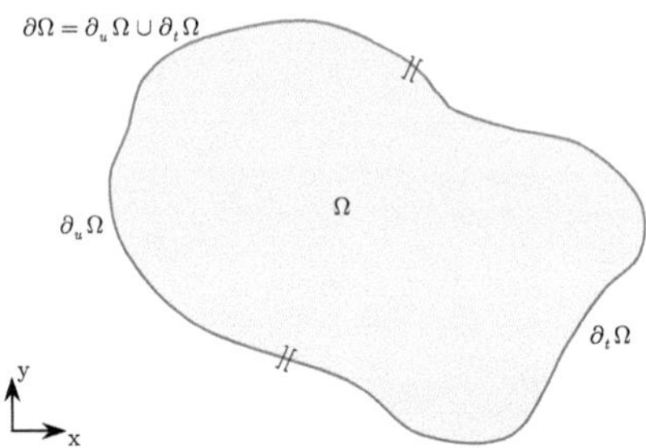

Abbildung 2.1: Gebiet Ω mit vorgeschriebener Rate des Verschiebungsfeldes am DIRICHLET-Rand $\partial_u\Omega$ und vorgeschriebener Rate des Spannungsvektors am NEUMANN-Rand $\partial_t\Omega$.

einzuführen, die den Verschiebungssprung an der Diskontinuitätsfläche bzw. am Riss beschreiben. Diese zusätzlichen Freiheitsgrade werden auf Elementsebene wieder eliminiert, so dass sie im globalen Gleichungssystem nicht mehr auftreten.

Im Weiteren ist $\Omega \subset \mathbb{R}^{n_{\text{dim}}}$ ($n_{\text{dim}} = 1, 2$ oder 3) das von einem festen, deformierbaren Körper eingenommene Gebiet. Der Ortsvektor eines Materialpunktes in der Referenzkonfiguration des betrachteten Körpers ist durch den Vektor $\boldsymbol{x} \in \Omega$ festgelegt (siehe Abb. 2.1). Mit der disjunkten Zerlegung $\partial_u\Omega \cap \partial_t\Omega = \emptyset$ und $\partial_u\Omega \cup \partial_t\Omega = \partial\Omega$ des Randes $\partial\Omega$ des Gebietes Ω ist zwischen den DIRICHLET- und NEUMANN-Randbedingungen zu unterscheiden. Während am DIRICHLET-Rand $\partial_u\Omega$ die Rate des Verschiebungsfeldes $\dot{\boldsymbol{u}}$ vorgeschrieben wird, wird am NEUMANN-Rand $\partial_t\Omega$ die Rate des Spannungsvektors $\dot{\boldsymbol{t}}$ vorgegeben. Um die Effekte von diskontinuierlichen Verschiebungsfeldern beschreiben zu können, wird eine innere Diskontinuitätsfläche $\Gamma \subset \mathbb{R}^{n_{\text{dim}}-1}$ angenommen, welche Ω in die Teilgebiete Ω^+ und Ω^- zerlegt. Die Diskontinuitätsfläche Γ, für die man C^1-Stetigkeit fordert, ist durch den Einheitsnormalenvektor $\boldsymbol{n}$ in Richtung Ω^+ eindeutig definiert (siehe Abb. 2.2). Aus physikalischer Sicht kann man die Diskontinuitätsfläche Γ z.B. als Rissfläche in spröden oder quasi-spröden Materialien interpretieren.

Für die weiteren Zusammenhänge wird ein beliebig wählbares Untergebiet $\Omega_\varphi \subset \Omega$ definiert, welches durch die Diskontinuitätsfläche Γ in die Teile Ω_φ^+ und Ω_φ^- unterteilt wird. Mit den bisher getroffenen Annahmen kann das Verschiebungsfeld $\boldsymbol{u}(x)$ unter Berücksichtigung der Diskontinuitätsfläche Γ wie folgt in einen regulären Teil und einen Sprungterm

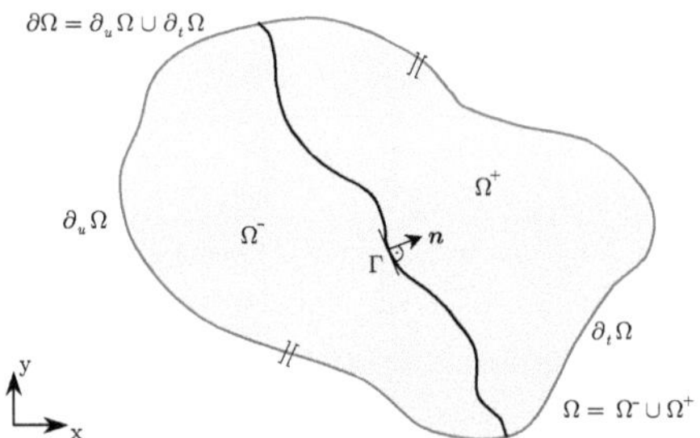

Abbildung 2.2: Gebiet Ω mit einer Diskontinuitätsfläche Γ.

zerlegt werden:

$$\begin{aligned} \boldsymbol{u}(\boldsymbol{x}) &= \bar{\boldsymbol{u}}(\boldsymbol{x}) + [H_\Gamma(\boldsymbol{x}) - \varphi(\boldsymbol{x})][\![\boldsymbol{u}]\!](\boldsymbol{x}) \\ &= \bar{\boldsymbol{u}}(\boldsymbol{x}) + M_\Gamma(\boldsymbol{x})[\![\boldsymbol{u}]\!](\boldsymbol{x}) \\ &= \bar{\boldsymbol{u}}(\boldsymbol{x}) + \check{\boldsymbol{u}}(\boldsymbol{x}), \end{aligned} \tag{2.1}$$

wobei $\bar{\boldsymbol{u}}(\boldsymbol{x})$ und $[\![\boldsymbol{u}]\!](\boldsymbol{x})$ stetige, differenzierbare Funktionen im gesamten Gebiet Ω sind, H_Γ die HEAVISIDE-Funktion mit

$$H_\Gamma = \begin{cases} 0 & \forall \boldsymbol{x} \in \Omega^- \\ 1 & \forall \boldsymbol{x} \in \Omega^+ \end{cases} \tag{2.2}$$

bezeichnet und die Größe des Verschiebungssprunges an der Diskontinuitätsfläche Γ durch den Wert $[\![\boldsymbol{u}]\!]_\Gamma$ von $[\![\boldsymbol{u}]\!](\boldsymbol{x})$ an der Diskontinuitätsfläche gegeben ist, d.h. $[\![\boldsymbol{u}]\!]_\Gamma = [\![\boldsymbol{u}]\!](\boldsymbol{x})$ $\forall\ \boldsymbol{x} \in \Gamma$. Für die Funktion $\varphi(\boldsymbol{x})$, welche den Effekt des Verschiebungssprunges $[\![\boldsymbol{u}]\!](\boldsymbol{x})$ auf das Untergebiet Ω_φ beschränkt, wird die Annahme

$$\varphi(\boldsymbol{x}) = \begin{cases} 0 & \forall \boldsymbol{x} \in \Omega^- \setminus \Omega_\varphi^- \\ 1 & \forall \boldsymbol{x} \in \Omega^+ \setminus \Omega_\varphi^+ \\ \mathrm{C}^0 - \text{stetig im Intervall } [0,1] & \forall \boldsymbol{x} \in \Omega_\varphi \end{cases} \tag{2.3}$$

getroffen und $M_\Gamma(\boldsymbol{x})$ ist zu

$$M_\Gamma(\boldsymbol{x}) = H_\Gamma(\boldsymbol{x}) - \varphi(\boldsymbol{x}) \tag{2.4}$$

definiert. Unter Verwendung der linearisierten kinematischen Beziehungen folgt aus dem in (2.1) definierten Verschiebungsfeld das zugehörige Verzerrungsfeld zu

$$\begin{aligned}\boldsymbol{\varepsilon}(\boldsymbol{u}) = \boldsymbol{\nabla}^s \boldsymbol{u}(\boldsymbol{x}) &= \underbrace{\boldsymbol{\nabla}^s \bar{\boldsymbol{u}}(\boldsymbol{x}) + M_\Gamma(\boldsymbol{x}) \boldsymbol{\nabla}^s [\![\boldsymbol{u}]\!](\boldsymbol{x}) - ([\![\boldsymbol{u}]\!](\boldsymbol{x}) \otimes \boldsymbol{\nabla}\varphi(\boldsymbol{x}))^s}_{\bar{\boldsymbol{\varepsilon}}(\boldsymbol{x}) \text{ (regulär)} \quad \forall \boldsymbol{x} \in \Omega \setminus \Gamma} \\ &+ \underbrace{([\![\boldsymbol{u}]\!] \otimes \boldsymbol{n})^s \delta_\Gamma}_{\boldsymbol{\varepsilon}_\delta(\boldsymbol{x}) \text{ (singulär)} \quad \forall \boldsymbol{x} \in \Gamma} \quad ,\end{aligned} \tag{2.5}$$

wobei von

$$\boldsymbol{\nabla} H_\Gamma = \boldsymbol{n} \; \delta_\Gamma \tag{2.6}$$

mit δ_Γ als der DIRAC-DELTA-Funktion und $\boldsymbol{n}$ als dem Normalenvektor auf die Diskontinuitätsfläche Gebrauch gemacht wird. Aus (2.5) folgt, dass das Verzerrungsfeld in einen regulären und einen singulären Anteil zerlegt werden kann. Wird im Rahmen der Methode der finiten Elemente der Sprung im Verschiebungsfeld innerhalb eines finiten Elementes als konstant angenommen, dann kann $\boldsymbol{\nabla}^s [\![\boldsymbol{u}]\!](\boldsymbol{x}) = \boldsymbol{0}$ gesetzt werden, wodurch der reguläre Teil des Verzerrungstensors in (2.5) entsprechend dem *Enhanced-Assumed-Strain* -Konzept *(EAS)* folgendermaßen zerlegt werden kann

$$\bar{\varepsilon}(\boldsymbol{x}) = \underbrace{\boldsymbol{\nabla}^s \bar{\boldsymbol{u}}(\boldsymbol{x})}_{\hat{\boldsymbol{\varepsilon}} \text{ (kompatibler Anteil)}} - \underbrace{([\![\boldsymbol{u}]\!](\boldsymbol{x}) \otimes \boldsymbol{\nabla}\varphi(\boldsymbol{x}))^s}_{\tilde{\boldsymbol{\varepsilon}} \text{ (erweiterter Anteil)}} . \tag{2.7}$$

2.2 Evolutionsgleichungen

Im Folgenden wird eine kurze Zusammenfassung der grundlegenden Gleichungen der Plastizitätstheorie präsentiert.

Die Einführung des Raumes der zulässigen Spannungen $\boldsymbol{\sigma}$

$$\mathbb{E} := \{(\boldsymbol{\sigma}, \boldsymbol{q}) \in \mathbb{S} \times \mathbb{R}^{n_{\text{var}}} \mid f_i(\boldsymbol{\sigma}, \boldsymbol{q}) \leq 0\} \quad \text{für} \quad i = 1, 2, \ldots m \tag{2.8}$$

ist im Rahmen der Plastizitätstheorie von zentraler Bedeutung. Hierbei entspricht m der Anzahl der Fließflächen, die zur Festlegung des Gebietes $\mathbb{E}$ verwendet werden. Die Fließfunktionen $f_i : \mathbb{S} \times \mathbb{R}^{n_{\text{var}}} \rightarrow \mathbb{R}$ im CAUCHYSCHEN Spannungsraum $\boldsymbol{\sigma} : \Omega \rightarrow \mathbb{S}$, mit $\mathbb{S}$ als dem Raum zweistufiger symmetrischer Tensoren, unterliegen der Forderung eines konvexen Gebietes $\mathbb{E}$ und der Forderung $f_i(\boldsymbol{\sigma}, \boldsymbol{q}) \in C^0(\mathbb{S} \times \mathbb{R}^{n_{\text{var}}}, \mathbb{R})$. Der Vektor der internen spannungsähnlichen Variablen $\boldsymbol{q} : \Omega \rightarrow \mathbb{R}^{n_{\text{var}}}$ der Dimension n_{var} in (2.8) beschreibt das Ver- bzw. Entfestigungsverhalten des Materials.

Im Rahmen der Theorie kleiner Verschiebungen und kleiner Verschiebungsableitungen kann der Verzerrungstensor $\boldsymbol{\varepsilon} : \Omega \longrightarrow \mathbb{S}$ in einen elastischen Anteil $\boldsymbol{\varepsilon}^e$ und einen plastischen Anteil $\boldsymbol{\varepsilon}^p$ aufgeteilt werden:

$$\boldsymbol{\varepsilon} = \boldsymbol{\varepsilon}^e + \boldsymbol{\varepsilon}^p. \tag{2.9}$$

Aus der in (2.9) gezeigten additiven Zerlegung des Verzerrungstensors folgt die Ratenform der Spannungs-Dehnungsbeziehung zu

$$\dot{\boldsymbol{\sigma}} = \mathbb{C} : \dot{\boldsymbol{\varepsilon}}^e = \mathbb{C} : (\dot{\boldsymbol{\varepsilon}} - \dot{\boldsymbol{\varepsilon}}^p), \tag{2.10}$$

wobei $\mathbb{C}$ den vierstufigen Elastizitätstensor bezeichnet. Die Rate der plastischen Verzerrungen $\dot{\boldsymbol{\varepsilon}}^p$ wird mit Hilfe der Fließregel bestimmt. Für eine beliebige Anzahl von Fließflächen kann die Rate der plastischen Verzerrungen durch die Verwendung der KOITERSCHEN Fließregel mit

$$\dot{\boldsymbol{\varepsilon}}^p = \sum_{i=1}^{m} \lambda_i \frac{\partial g_i(\boldsymbol{\sigma}, \boldsymbol{q})}{\partial \boldsymbol{\sigma}} \tag{2.11}$$

angeschrieben werden, wobei der Gradient $\partial g_i / \partial \boldsymbol{\sigma}$ der Potentialfunktionen g_i die Richtung des plastischen Flusses angibt [Koiter, 1953]. Analog zur Rate der plastischen Verzerrungen (2.11) wird die Rate der verzerrungsähnlichen internen Variablen $\dot{\boldsymbol{\alpha}}$ gemäß

$$\dot{\boldsymbol{\alpha}} = \sum_{i=1}^{m} \lambda_i \frac{\partial g_i(\boldsymbol{\sigma}, \boldsymbol{q})}{\partial \boldsymbol{q}} \tag{2.12}$$

erhalten. Die Rate der spannungsähnlichen internen Variablen $\dot{\boldsymbol{q}}$ erhält man aus der Rate der verzerrungsähnlichen internen Variablen $\dot{\boldsymbol{\alpha}}$ mit dem zweistufigen plastischen Tangentenmodultensor $\boldsymbol{H}$ zu

$$\dot{\boldsymbol{q}} = -\boldsymbol{H} \cdot \dot{\boldsymbol{\alpha}}. \tag{2.13}$$

Mit den in der Optimierungstheorie als KUHN-TUCKER Bedingungen bezeichneten Be-/Entlastungsbedingungen

$$\lambda_i \geq 0\ , \qquad f_i(\boldsymbol{\sigma}, \boldsymbol{q}) \leq 0\ , \qquad \lambda_i f_i(\boldsymbol{\sigma}, \boldsymbol{q}) = 0, \tag{2.14}$$

sowie den Konsistenzbedingungen

$$\dot{f}_i = \partial_{\boldsymbol{\sigma}} f_i : \dot{\boldsymbol{\sigma}} + \partial_{\boldsymbol{q}} f_i \cdot \dot{\boldsymbol{q}} = 0, \tag{2.15}$$

kann die Auflistung der grundlegenden Gleichungen der Plastizitätstheorie abgeschlossen werden.

Bei Verwendung mehrerer Fließfunktionen müssen im Zuge plastischer Belastungsschritte nicht alle Fließbedingungen verletzt werden. Sowohl die Rate der plastischen Verzerrungen (2.11) als auch die Rate der inneren Variablen (2.12) beeinflussen nur jene Fließflächen f_i, $i \in \{1, 2, \ldots m\}$, für die die plastischen Konsistenzparameter $\lambda_i > 0$ sind.

2.3 Erweiterung der Evolutionsgleichungen

Die Evolutionsgleichungen der Plastizitätstheorie werden im Folgenden zur Berücksichtigung diskontinuierlicher Verschiebungsfelder erweitert. Entsprechend (2.5) führt das Verschiebungsfeld mit dem Verschiebungssprung $[\![\boldsymbol{u}]\!]_\Gamma(\boldsymbol{x}) \quad \forall \boldsymbol{x} \in \Gamma$ entlang der Diskontinuitätsfläche Γ auf einen regulären Anteil $\bar{\boldsymbol{\varepsilon}}(\boldsymbol{x})$ und einen singulären Anteil $\boldsymbol{\varepsilon}_\delta(\boldsymbol{x})$ des Verzerrungstensors. Für die Konsistenzparameter λ_i kann eine additive Zerlegung der Form [Simo et al., 1993]

$$\lambda_i = \underbrace{\bar{\lambda}_i}_{\text{regulär}} + \underbrace{\lambda_{\delta,i}\ \delta_\Gamma}_{\text{singulär}} \tag{2.16}$$

vorgenommen werden. Der reguläre Anteil der Konsistenzparameter λ_i ergibt sich aus den plastischen Verformungen des Werkstoffs, während der singuläre Anteil aus der Diskontinuität des Verschiebungsverlaufes folgt. Im Weiteren wird in diesem Abschnitt der reguläre Anteil der Konsistenzparameter in (2.16) zu $\bar{\lambda}_i = 0$ angenommen, d.h. es werden nur plastische Verformungen zufolge der Rissbildung berücksichtigt. Deshalb gilt

$$\dot{\varepsilon}^p = \mathbf{0} \quad \forall \boldsymbol{x} \in \Omega \setminus \Gamma. \tag{2.17}$$

Für die weiteren Betrachtungen wird der Verschiebungssprung $[\![\boldsymbol{u}]\!]_\Gamma$ an der Diskontinuitätsfläche Γ in die Amplitude des Verschiebungssprunges ζ und den Richtungsvektor $\boldsymbol{m}$ mit $\|\boldsymbol{m}\| = 1$ aufgespaltet:

$$[\![\boldsymbol{u}]\!]_\Gamma = \zeta\, \boldsymbol{m}. \tag{2.18}$$

Obwohl der Vektor $\boldsymbol{m}$, der als Einheitsvektor die Richtung der Verschiebungsdiskontinuität beschreibt, keiner Restriktion unterliegt, wird im Hinblick auf die Anwendung *des Konzepts der unveränderlichen Rissflächen* $\dot{\boldsymbol{m}} = \mathbf{0}$ angenommen. Wird nur Rissinitiierung im MODE-I berücksichtigt, dann gilt für diesen Sonderfall

$$[\![\boldsymbol{u}]\!]_\Gamma = \zeta\, \boldsymbol{n}, \tag{2.19}$$

wobei gemäß (2.6) $\boldsymbol{n}$ die Normale auf die Rissfläche im betreffenden Punkt darstellt. Mit der in (2.19) beschriebenen Kinematik können lediglich Rissöffnungen senkrecht zur Diskontinuitätsfläche Γ beschrieben werden. Bei Verwendung *des Konzepts der unveränderlichen Rissflächen*, im Zuge dessen eine unveränderliche Topologie der Rissflächen angenommen wird, wird der Normalenvektor $\boldsymbol{n}$ der Diskontinuitätsfläche Γ nach der Rissinitiierung festgehalten. Bei Beschränkung auf normale Rissöffnungen $[\![\boldsymbol{u}]\!]_\Gamma = \zeta_n\, \boldsymbol{n}$ können sich bei Verwendung des Konzepts der unveränderlichen Rissflächen nach Rissinitiierung im Laufe weiterer Belastung unrealistisch hohe Schubspannungen in der Diskontinuitätsfläche Γ entwickeln, weshalb ein zu steifes Verhalten prognostiziert wird. Um diese *Locking*-Effekte zu beseitigen, werden für das auf der Methode der eingebetteten Diskontinuitäten beruhende Rissmodell im Rahmen des Konzepts der unveränderlichen Rissflächen auch *tangentiale Relativverschiebungen* der Rissflächen berücksichtigt. Hierzu ist es zweckmäßig zusätzlich zum Normalenvektor $\boldsymbol{n}$ der Diskontinuitätsfläche Γ, die Tangentenvektoren $\boldsymbol{t}^{(i)}$

mit $i \in \{1 \dots n_{dim} - 1\}$ zu definieren, die die Tangentialebene der Diskontinuitätsfläche beschreiben. Es gilt

$$\begin{aligned} \boldsymbol{n} \cdot \boldsymbol{t}^{(i)} &= 0 & & & \forall i \in \{1 \dots n_{dim} - 1\} \\ \boldsymbol{t}^{(i)} \cdot \boldsymbol{t}^{(j)} &= 0 & \text{für} \quad & i \neq j & \forall i, j \in \{1 \dots n_{dim} - 1\} \, . \\ \boldsymbol{t}^{(i)} \cdot \boldsymbol{t}^{(j)} &= 1 & \text{für} \quad & i = j & \forall i, j \in \{1 \dots n_{dim} - 1\} \end{aligned} \tag{2.20}$$

Damit kann der Verschiebungssprung an der Diskontinuitätsfläche $[\![\boldsymbol{u}]\!]_\Gamma$ anstelle (2.19) folgendermaßen beschrieben werden

$$[\![\boldsymbol{u}]\!]_\Gamma = \zeta_n \, \boldsymbol{n} + \sum_{i=1}^{n_{dim}-1} \zeta_{t,i} \, \boldsymbol{t}^{(i)}, \tag{2.21}$$

wobei ζ_n die Größe des Verschiebungssprunges senkrecht zur Diskontinuitätsfläche Γ und $\zeta_{t,i}$ die Größe des Verschiebungssprunges in Richtung des Vektors $\boldsymbol{t}^{(i)}$ beschreibt, die durch Aufteilung der tangentialen Relativverschiebung ζ_t der Rissflächen in die Richtungen der Tangentenvektoren $\boldsymbol{t}^{(i)}$ erhalten wird. Unter der Voraussetzung der Rissinitiierung im MODE-I können tangentiale Relativverschiebungen $\zeta_{t,i}$ nur dann auftreten, wenn senkrecht zur Diskontinuitätsfläche Γ bereits lokalisiertes Versagen mit $\zeta_n > 0$ eingesetzt hat.

Einsetzen der additiven Zerlegung der Konsistenzparameter (2.16) in die KOITERSCHE Fließregel (2.11) unter Berücksichtigung der in (2.17) getroffenen Annahme ergibt

$$\dot{\boldsymbol{\varepsilon}}_\delta^p = \delta_\Gamma \sum_{i=1}^{m} \lambda_{\delta,i} \, \frac{\partial g_i(\boldsymbol{\sigma}, \boldsymbol{q})}{\partial \boldsymbol{\sigma}} \quad \forall \boldsymbol{x} \in \Gamma \tag{2.22}$$

bzw. bei Aufteilung von $\dot{\boldsymbol{\varepsilon}}_\delta^p$ in Anteile normal zur und tangential an die Rissfläche

$$\begin{aligned} \dot{\boldsymbol{\varepsilon}}_\delta^p &= \dot{\boldsymbol{\varepsilon}}_{\delta,n}^p + \dot{\boldsymbol{\varepsilon}}_{\delta,t}^p \\ &= \lambda_{\delta,n} \, \delta_\Gamma \frac{\partial g_n(\boldsymbol{\sigma}, \boldsymbol{q})}{\partial \boldsymbol{\sigma}} + \lambda_{\delta,t} \, \delta_\Gamma \, \frac{\partial g_t(\boldsymbol{\sigma}, \boldsymbol{q})}{\partial \boldsymbol{\sigma}} \quad \forall \boldsymbol{x} \in \Gamma . \end{aligned} \tag{2.23}$$

Aus dem Vergleich von (2.22) mit der in (2.5) durchgeführten Aufteilung des Verzerrungstensors folgt für den singulären Anteil in (2.5) unter Verwendung der in (2.21) gegebenen Definition für den Verschiebungssprung folgende Beziehung

$$
\begin{aligned}
\dot{\boldsymbol{\varepsilon}}_\delta^p &= \delta_\Gamma \sum_{i=n,t} \lambda_{\delta,i} \frac{\partial g_i(\boldsymbol{\sigma}, \boldsymbol{q})}{\partial \boldsymbol{\sigma}} = \delta_\Gamma \left([\![\dot{\boldsymbol{u}}]\!]_\Gamma \otimes \boldsymbol{n} \right)^s \\
&= \delta_\Gamma \, [\dot{\zeta}_n \, (\boldsymbol{n} \otimes \boldsymbol{n})^s + \sum_{i=1}^{n_{dim}-1} \dot{\zeta}_{t,i} \, (\boldsymbol{t}^{(i)} \otimes \boldsymbol{n})^s]. \qquad (2.24)
\end{aligned}
$$

Da nur plastische Verformungen zufolge der Rissbildung berücksichtigt werden, entspricht der reguläre Anteil des Verzerrungstensors $\bar{\boldsymbol{\varepsilon}}(\boldsymbol{x})$ in (2.5) dem elastischen Anteil $\boldsymbol{\varepsilon}^e$ der Verzerrungen in (2.9). Die Spannungs-Dehnungsbeziehung (2.10) kann somit zu

$$
\dot{\boldsymbol{\sigma}} = \mathbb{C} : \dot{\bar{\boldsymbol{\varepsilon}}} \qquad (2.25)
$$

angeschrieben werden. Durch Einsetzen von $\lambda_i = \lambda_{\delta,i} \, \delta_\Gamma$ in (2.12) und des Ergebnisses in (2.13) ergibt sich für die Rate der spannungsähnlichen internen Variablen

$$
\begin{aligned}
\dot{\boldsymbol{q}} &= -\boldsymbol{H}_\delta \cdot \dot{\boldsymbol{\alpha}} \\
&= -\boldsymbol{H}_\delta \cdot \delta_\Gamma \sum_{i=n,t} \lambda_{\delta,i} \, \frac{\partial g_i(\boldsymbol{\sigma}, \boldsymbol{q})}{\partial \boldsymbol{q}}. \qquad (2.26)
\end{aligned}
$$

Umformung von (2.26) zu

$$
\boldsymbol{H}_\delta^{-1} \cdot \dot{\boldsymbol{q}} = -\delta_\Gamma \sum_{i=n,t} \lambda_{\delta,i} \, \frac{\partial g_i(\boldsymbol{\sigma}, \boldsymbol{q})}{\partial \boldsymbol{q}} \qquad (2.27)
$$

zeigt, dass der inverse plastische Tangentenmodultensor $\boldsymbol{H}_\delta^{-1}$ singulär ist, deshalb wurde in (2.26) $\boldsymbol{H}$ durch $\boldsymbol{H}_\delta$ ersetzt. Er kann mit Hilfe des regulären inversen Tangentenmodultensors $\boldsymbol{H}^{-1}$ zu

$$
\boldsymbol{H}_\delta^{-1} = \delta_\Gamma \, \boldsymbol{H}^{-1} \qquad (2.28)
$$

dargestellt werden. Einsetzen der Beziehung (2.28) in (2.27) führt letztlich auf folgende Form der Rate der spannungsähnlichen internen Variablen

$$\dot{\boldsymbol{q}} = -\boldsymbol{H} \cdot \sum_{i=n,t} \lambda_{\delta,i} \frac{\partial g_i(\boldsymbol{\sigma}, \boldsymbol{q})}{\partial \boldsymbol{q}} \qquad \text{mit} \qquad \boldsymbol{H} = \begin{bmatrix} H_{nn} & H_{nt} \\ H_{tn} & H_{tt} \end{bmatrix}. \tag{2.29}$$

Aus der regulären Verteilung der Spannungen $\boldsymbol{\sigma}$ und der spannungsähnlichen Entfestigungsvariablen $\boldsymbol{q}$ folgt, dass das Auftreten von Singularitäten in der Konsistenzbedingung für plastische Belastungsschritte ausgeschlossen werden kann. Einsetzen der Spannungs-Dehnungsbeziehung (2.25) und der spannungsähnlichen Entfestigungsvariablen (2.29) in die Konsistenzbedingungen für die Fließfunktionen f_n und f_t (2.15) führt auf

$$\partial_{\boldsymbol{\sigma}} f_n : \mathbb{C} : \dot{\bar{\boldsymbol{\varepsilon}}} - \partial_{\boldsymbol{q}} f_n \cdot \boldsymbol{H} \cdot \sum_{i=n,t} \partial_{\boldsymbol{q}} g_i \cdot \lambda_{\delta,i} = 0 \tag{2.30}$$

$$\partial_{\boldsymbol{\sigma}} f_t : \mathbb{C} : \dot{\bar{\boldsymbol{\varepsilon}}} - \partial_{\boldsymbol{q}} f_t \cdot \boldsymbol{H} \cdot \sum_{i=n,t} \partial_{\boldsymbol{q}} g_i \cdot \lambda_{\delta,i} = 0, \tag{2.31}$$

woraus die Konsistenzparameter $\lambda_{\delta,n}$ und $\lambda_{\delta,t}$ bestimmt werden können.

Um die nun folgenden Zusammenhänge zu vereinfachen, wird die Beschreibung des Rissmodells auf den zweidimensionalen Sonderfall beschränkt. Dadurch gibt es nur einen Tangentenvektor $\boldsymbol{t}$ in der Rissebene und es entfällt folglich die Aufteilung der tangentialen Relativverschiebung der Rissufer ζ_t in Komponenten $\zeta_{t,i}$, $i = 1, n_{dim} - 1$.

Für $\boldsymbol{q} = [q_n, q_t]$, $\boldsymbol{\alpha} = [\alpha_n, \alpha_t]$ und $f_n = f_n(\boldsymbol{\sigma}, q_n)$ sowie $f_t = f_t(\boldsymbol{\sigma}, q_t)$ bzw. $g_n = g_n(\boldsymbol{\sigma}, q_n)$ und $g_t = g_t(\boldsymbol{\sigma}, q_t)$ ergibt sich der Konsistenzparameter $\lambda_{\delta,t}$ zu

$$\lambda_{\delta,t} = \frac{\partial_{\boldsymbol{\sigma}} f_t : \mathbb{C} : \dot{\bar{\boldsymbol{\varepsilon}}} - \partial_{q_t} f_t \; H_{tn} \; \lambda_{\delta,n} \; \partial_{q_n} g_n}{\partial_{q_t} f_t \; H_{tt} \; \partial_{q_t} g_t}. \tag{2.32}$$

Multiplikation der *Normalkomponente* des zweiten und vierten Terms in (2.24) mit $\partial_{\boldsymbol{\sigma}} f_n : \mathbb{C}$ [Oliver, 1996a] bzw. der *Tangentialkomponente* des zweiten und vierten Terms in (2.24) mit $\partial_{\boldsymbol{\sigma}} f_t : \mathbb{C}$ führt auf die Gleichungen

$$\delta_\Gamma \; \lambda_{\delta,n} \; \partial_{\boldsymbol{\sigma}} f_n : \mathbb{C} : \partial_{\boldsymbol{\sigma}} g_n = \delta_\Gamma \; \partial_{\boldsymbol{\sigma}} f_n : \mathbb{C} : \dot{\zeta}_n \; (\boldsymbol{n} \otimes \boldsymbol{n})^s \tag{2.33}$$

$$\delta_\Gamma \; \lambda_{\delta,t} \; \partial_{\boldsymbol{\sigma}} f_t : \mathbb{C} : \partial_{\boldsymbol{\sigma}} g_t = \delta_\Gamma \; \partial_{\boldsymbol{\sigma}} f_t : \mathbb{C} : \dot{\zeta}_t \; (\boldsymbol{t} \otimes \boldsymbol{n})^s, \tag{2.34}$$

woraus sich unter Berücksichtigung, dass in den Konsistenzbedingungen (2.30) und (2.31) keine Singularitäten auftreten, folgende Beziehungen für die Konsistenzparameter ergeben

$$\lambda_{\delta,n} = \dot{\zeta}_n \frac{\partial_{\boldsymbol{\sigma}} f_n : \mathbb{C} : (\boldsymbol{n} \otimes \boldsymbol{n})^s}{\partial_{\boldsymbol{\sigma}} f_n : \mathbb{C} : \partial_{\boldsymbol{\sigma}} g_n} \tag{2.35}$$

$$\lambda_{\delta,t} = \dot{\zeta}_t \frac{\partial_{\boldsymbol{\sigma}} f_t : \mathbb{C} : (\boldsymbol{t} \otimes \boldsymbol{n})^s}{\partial_{\boldsymbol{\sigma}} f_t : \mathbb{C} : \partial_{\boldsymbol{\sigma}} g_t}. \tag{2.36}$$

Aus dem Vergleich von (2.32) mit (2.36) lässt sich die Rate der Amplitude des Verschiebungssprunges $\dot{\zeta}_t$ in Richtung des Vektors $\boldsymbol{t}$ in Abhängigkeit von $\lambda_{\delta,n}$ wie folgt beschreiben [Mosler, 2002]:

$$\dot{\zeta}_t = \frac{(\partial_{\boldsymbol{\sigma}} f_t : \mathbb{C} : \dot{\bar{\boldsymbol{\varepsilon}}})(\partial_{\boldsymbol{\sigma}} f_t : \mathbb{C} : \partial_{\boldsymbol{\sigma}} g_t) - (\partial_{q_t} f_t \; H_{tn} \; \lambda_{\delta,n} \; \partial_{q_n} g_n)(\partial_{\boldsymbol{\sigma}} f_t : \mathbb{C} : \partial_{\boldsymbol{\sigma}} g_t)}{(\partial_{q_t} f_t \; H_{tt} \; \partial_{q_t} g_t)(\partial_{\boldsymbol{\sigma}} f_t : \mathbb{C} : (\boldsymbol{t} \otimes \boldsymbol{n})^s)}. \tag{2.37}$$

2.4 Grundlegende Gleichungen des Materialmodells

2.4.1 Formulierung der Fließkriterien und der Fließregeln

Bei Verwendung der Plastizitätstheorie zur makroskopischen Modellierung von Rissen im quasi-spröden Werkstoff Beton ist gemäß (2.8) der Raum der zulässigen Spannungen in Form einer mit dem Versagensmodus korrespondierenden Versagensfläche $f_i(\boldsymbol{\sigma}, \boldsymbol{q})$ zu definieren.

Wie durch zahlreiche Experimente bestätigt wird [Remmel, 1994], treten die ersten Risse im unbewehrten Beton nach Erreichen der Zugfestigkeit f_t auf. Ausgehend von der Spektralzerlegung des symmetrischen Spannungstensors [Basar und Weichert, 2000] im Falle eines ebenen Spannungszustandes

$$\boldsymbol{\sigma} = \sum_{i=1}^{2} \sigma_i \, (\boldsymbol{n}_i \otimes \boldsymbol{n}_i) \tag{2.38}$$

in die Eigenwerte σ_i und die Eigenvektoren $\boldsymbol{n}_i$ wird die maximale Hauptspannung zu

$$\sigma_{\max} = \max \sigma_i \quad \text{mit} \quad i = 1, 2 \tag{2.39}$$

definiert, womit sich unter Berücksichtigung der Orthogonalitätsbedingungen $\boldsymbol{n}_i \cdot \boldsymbol{n}_j = \delta_{ij}$ die Fließbedingung für die Rissbildung gemäß dem Kriterium von RANKINE zu

$$f_n(\boldsymbol{\sigma}, q_n) = (\boldsymbol{n} \otimes \boldsymbol{n}) : \boldsymbol{\sigma} - q_n(\alpha_n, \alpha_t) \tag{2.40}$$

formulieren lässt. Der erste Term auf der rechten Seite von (2.40) kann als äquivalente Spannung interpretiert werden, die aus der Projektion des Spannungstensors $\boldsymbol{\sigma}$ senkrecht auf die Diskontinuitätsfläche Γ folgt. Folglich handelt es sich um die Normalspannung in Richtung des Vektors $\boldsymbol{n}$.

Als Fließbedingung für die tangentialen Relativverschiebungen wird die Funktion

$$f_t(\boldsymbol{\sigma}, q_t) = \mid (\boldsymbol{t} \otimes \boldsymbol{n}) : \boldsymbol{\sigma} \mid - q_t(\alpha_n, \alpha_t) \tag{2.41}$$

verwendet. Wie bereits im vorigen Abschnitt erwähnt, können unter Voraussetzung der Rissinitiierung im MODE-I tangentiale Relativverschiebungen ζ_t nur dann auftreten, wenn in Richtung senkrecht zur Diskontinuitätsfläche Γ bereits lokalisiertes Versagen mit $\zeta_n > 0$ eingesetzt hat. Den ersten Term auf der rechten Seite von (2.41), also die Projektion von $\boldsymbol{\sigma}$ in Richtung des Vektors $\boldsymbol{t}$ kann man ebenfalls als äquivalente Spannung interpretieren, die die in der Rissfläche auftretende Schubspannung darstellt.

Unter Voraussetzung assoziierter Plastizität mit $g_n \equiv f_n$ bzw. $g_t \equiv f_t$ erhält man die Ableitungen der in (2.40) und (2.41) beschriebenen Fließfunktionen zu

$$\frac{\partial f_n(\boldsymbol{\sigma}, \boldsymbol{q})}{\partial \boldsymbol{\sigma}} = (\boldsymbol{n} \otimes \boldsymbol{n}), \qquad \frac{\partial f_n(\boldsymbol{\sigma}, \boldsymbol{q})}{\partial q_n} = -1 \quad \text{bzw.} \tag{2.42}$$

$$\frac{\partial f_t(\boldsymbol{\sigma}, \boldsymbol{q})}{\partial \boldsymbol{\sigma}} = \operatorname{sign}[(\boldsymbol{t} \otimes \boldsymbol{n}) : \boldsymbol{\sigma}](\boldsymbol{t} \otimes \boldsymbol{n}), \qquad \frac{\partial f_t(\boldsymbol{\sigma}, \boldsymbol{q})}{\partial q_t} = -1. \tag{2.43}$$

Einsetzen von (2.42a) in (2.35) bzw. von (2.43a) in (2.36) führt auf folgende Form der plastischen Multiplikatoren

$$\lambda_{\delta,n} = \dot{\zeta}_n \tag{2.44}$$
$$\lambda_{\delta,t} = \dot{\zeta}_t \, \mathrm{sign}[(\boldsymbol{t} \otimes \boldsymbol{n}) : \boldsymbol{\sigma}]. \tag{2.45}$$

Einsetzen von (2.42b) bzw. (2.43b) in die entsprechende Evolutionsgleichung für die verzerrungsähnlichen Variablen (2.12) führt unter Voraussetzung assoziierter Plastizität auf folgende Form

$$\dot{\alpha}_n = -\lambda_{\delta,n} = -\dot{\zeta}_n \tag{2.46}$$
$$\dot{\alpha}_t = -\lambda_{\delta,t} = -\dot{\zeta}_t \, \mathrm{sign}[(\boldsymbol{t} \otimes \boldsymbol{n}) : \boldsymbol{\sigma}]. \tag{2.47}$$

Damit kann die Fließbedingung (2.40) folgendermaßen angeschrieben werden

$$f_n(\boldsymbol{\sigma}, q_n) = \underbrace{(\boldsymbol{n} \otimes \boldsymbol{n}) : \boldsymbol{\sigma}}_{t_n} - \underbrace{q_n(\zeta_n, \zeta_t)}_{\bar{\sigma}_n}. \tag{2.48}$$

Die Fließbedingung (2.48) verknüpft also die über einen Riss übertragene Normalspannung t_n mit der aktuellen Zugfestigkeit des Materials $\bar{\sigma}_n$. Plastische Deformationen sind gemäß dem Kriterium von RANKINE dann zu erwarten, wenn die maximale Hauptspannung $\sigma_{\max}$ die einaxiale Zugfestigkeit f_t erreicht (siehe Abb. 2.3).

Die Fließbedingung (2.41) zur Beschreibung des Materialverhaltens in Richtung des Vektors $\boldsymbol{t}$ kann unter Berücksichtigung von (2.46) und (2.47) wie folgt formuliert werden

$$f_t(\boldsymbol{\sigma}, q_t) = \underbrace{|\,(\boldsymbol{t} \otimes \boldsymbol{n}) : \boldsymbol{\sigma}\,|}_{t_t} - \underbrace{q_t(\zeta_n, \zeta_t)}_{\bar{\sigma}_t}. \tag{2.49}$$

Wenn senkrecht zur Diskontinuitätsfläche Γ lokalisiertes Materialversagen eingesetzt hat und die infolge der Verwendung des Konzepts der unveränderlichen Rissflächen sich entwickelnde Schubspannung t_t die Schubfestigkeit des Materials $\bar{\sigma}_t$ erreicht, können auch in Richtung des Vektors $\boldsymbol{t}$ plastische Deformationen auftreten.

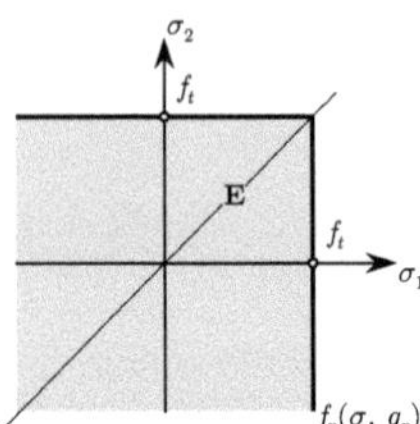

Abbildung 2.3: Konstitutives Modell: 2D-RANKINE- Fließfläche im zweidimensionalen Hauptnormalspannungsraum.

2.4.2 Ver- und Entfestigungsgesetze

Zur Beschreibung des entfestigenden Materialverhaltens in Richtung senkrecht zur Diskontinuitätsfläche Γ wird in der vorliegenden Arbeit ein exponentielles oder ein hyperbolisches Entfestigungsgesetz [Meschke et al., 1998] verwendet, mit welchem die Restzugfestigkeit des Materials in Form einer äquivalenten Spannung $\bar{\sigma}_n$ als monoton fallende Funktion in Abhängigkeit der Rissöffnung ζ_n formuliert wird. Die exponentielle Entfestigungsbeziehung kann mit

$$\bar{\sigma}_n(\zeta_n) = f_t \exp\left(-\frac{\zeta_n}{\zeta_{n,u}}\right) \tag{2.50}$$

angegeben werden, während die hyperbolische Entfestigungsbeziehung zu

$$\bar{\sigma}_n(\zeta_n) = \frac{f_t}{\left(1 + \frac{\zeta_n}{\zeta_{n,u}}\right)^2} \tag{2.51}$$

gegeben ist. Die Fläche unter der Kurve entspricht jeweils der spezifischen Bruchenergie G_f für Zugversagen

$$\int_0^\infty \bar{\sigma}_n(\zeta_n)\,\mathrm{d}\zeta_n = G_f, \tag{2.52}$$

welche als Materialkonstante betrachtet wird. Der Hilfsparameter $\zeta_{n,u}$ ist zu

$$\zeta_{n,u} = G_f / f_t \tag{2.53}$$

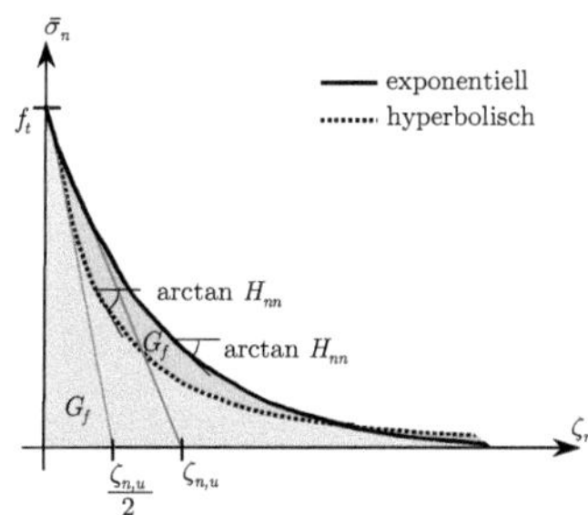

Abbildung 2.4: Exponentielle und hyperbolische Entfestigungsbeziehung.

gegeben. Die beschriebenen Entfestigungsbeziehungen sind in Abb. 2.4 dargestellt.

Da sowohl die exponentielle als auch die hyperbolische Entfestigungsbeziehung ((2.50) und (2.51)) nur von der Rissöffnung ζ_n, nicht aber von der tangentialen Relativverschiebung ζ_t abhängt, ergibt sich für die Komponente H_{nt} des plastischen Tangentenmodultensors $\boldsymbol{H}$ (2.29) unabhängig von der Wahl der vorgestellten Entfestigungsbeziehungen

$$H_{nt} = \partial \bar{\sigma}_n(\zeta_n) \,/ \partial \zeta_t = 0. \tag{2.54}$$

Die Komponente H_{nn} des plastischen Tangentenmodultensors $\boldsymbol{H}$ kann unter Verwendung von (2.50) zu

$$H_{nn} = \partial \bar{\sigma}_n(\zeta_n) \,/ \partial \zeta_n = -\frac{f_t}{\zeta_{n,u}} \exp\left(-\frac{\zeta_n}{\zeta_{n,u}}\right) \tag{2.55}$$

bzw. unter Verwendung von (2.51) zu

$$H_{nn} = \partial \bar{\sigma}_n(\zeta_n) \,/ \partial \zeta_n = -\frac{2 f_t}{\left(1 + \frac{\zeta_n}{\zeta_{n,u}}\right)^3 \zeta_{n,u}} \tag{2.56}$$

angeschrieben werden.

Unter Voraussetzung der Rissinitiierung im MODE-I kann man die in [Feist, 2004] getroffene Annahme $\bar{\sigma}_t(\zeta_n, \zeta_t) = 0$ physikalisch wie folgt beschreiben: infolge der Lokalisierung

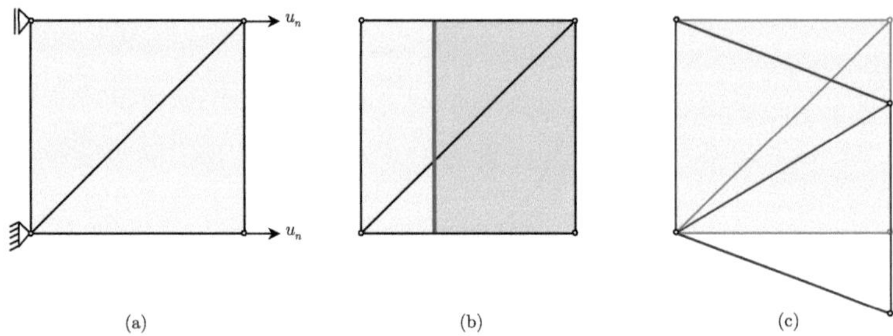

Abbildung 2.5: Reine MODE-I-Belastung: (a) Diskretisierung, (b) durchgehender Riss, (c) Verschiebungsfigur.

mit $\zeta_n > 0$ wird die Schubkraftübertragung entlang der Rissufer schlagartig unterbrochen, wodurch auch ein Verschiebungssprung ζ_t in Richtung des Vektors $\boldsymbol{t}$ auftritt, jedoch wegen der vereinfachenden Annahme glatter Rissoberflächen keine Schubkräfte über die Rissufer übertragen werden. Im Rahmen einer numerischen Analyse reiner MODE-I-Belastung mit zwei dreiknotigen finiten Elementen mit diskontinuierlichem Verschiebungsansatz, wie in Abb. 2.5a dargestellt, bedeutet dies, dass mit der Initiierung eines durchgehenden Risses (siehe Abb. 2.5b), der den gesamten Querschnitt durchtrennt, infolge der fehlenden Schubkraftübertragung entlang der Rissufer bei weiterer Belastung pathologische Verschiebungen quer zur Zugrichtung (siehe Abb. 2.5c) auftreten.

Dieses pathologische Verhalten führt zum Abbruch der Berechnung. Abb. 2.6 zeigt das Ergebnis der numerischen Simulation des in Abb. 2.5a dargestellten Versuchskörpers in Form des Last-Verschiebungsdiagrammes (Abb. 2.6a) bzw. in Form der tangentialen Relativverschiebung ζ_t in Abhängigkeit der Längenänderung des Versuchskörpers (Abb. 2.6b).

Unrealistische Ergebnisse infolge der vereinfachenden Annahme glatter Rissoberflächen sind weiters auch bei der numerischen Analyse gerissener Betonstrukturen unter reiner Schubbeanspruchung bzw. unter kombinierter Zug- und Schubbeanspruchung zu erwarten.

Um das tatsächliche Materialverhalten des Betons unter derartigen Bedingungen wirklichkeitsnah beschreiben zu können, wird im Kapitel 4 dieser Arbeit das in [Feenstra und de Borst, 1991] vorgestellte Modell zur Beschreibung der Schubkraftübertragung entlang *rauer Rissufer* mit einem *linearen Verfestigungsgesetz* kombiniert.

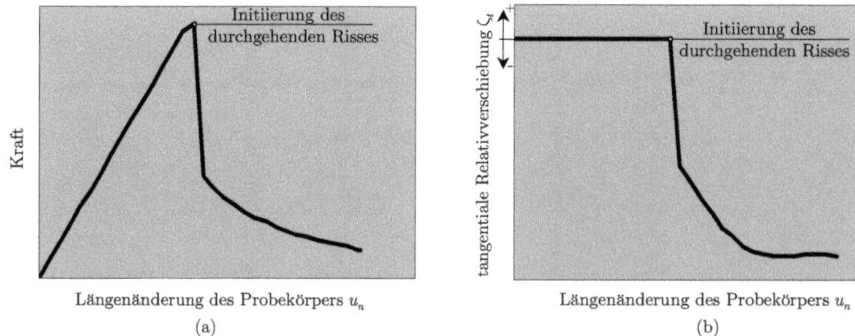

Abbildung 2.6: Reine MODE-I-Belastung: (a) Last-Verschiebungsdiagramm, (b) tangentiale Relativverschiebung ζ_t als Funktion der Längenänderung des Probekörpers u_n.

2.5 Lokalisierungsbedingung

Der Normalenvektor $\boldsymbol{n}$, der die Richtung der Diskontinuitätsfläche Γ beschreibt, wird im Rahmen der Methode der starken Diskontinuitäten im Allgemeinen aus der *Lokalisierungsbedingung* für starke Diskontinuitäten

$$det(\boldsymbol{Q}(\boldsymbol{n})) = 0 \tag{2.57}$$

bestimmt, wobei $\boldsymbol{Q}(\boldsymbol{n})$ den so genannten akustischen Tensor beschreibt. Unter Voraussetzung der Rissinitiierung im MODE-I mit der Fließbedingung (2.40) wird die Lokalisierungsbedingung (2.57) erfüllt, wenn die maximale Hauptspannung $\sigma_{\max}$ (2.39) die Zugfestigkeit des Materials f_t erreicht. Für diesen Sonderfall stimmt der Vektor $\boldsymbol{n}$ mit der Richtung der maximalen Hauptspannung $\sigma_{\max}$ überein und es ist folglich nicht notwendig die Lokalisierungsbedingung (2.57) zu lösen.

2.6 Materialtangente auf Kontinuumsebene

Unter Berücksichtigung von (2.21) kann der erweiterte Anteil $\tilde{\varepsilon}(\boldsymbol{x})$ der Rate des regulären Verzerrungstensors $\bar{\varepsilon}(\boldsymbol{x})$ in (2.7) für zweidimensionale Problemstellungen zu

$$\begin{aligned}\dot{\tilde{\varepsilon}}(\boldsymbol{x}) &= (\boldsymbol{n} \otimes \boldsymbol{\nabla}\varphi)^s\, \dot{\zeta}_n + (\boldsymbol{t} \otimes \boldsymbol{\nabla}\varphi)^s\, \dot{\zeta}_t \\ &= \boldsymbol{G}_n\, \dot{\zeta}_n + \boldsymbol{G}_t\, \dot{\zeta}_t \end{aligned} \tag{2.58}$$

mit

$$\boldsymbol{G}_n = (\boldsymbol{n} \otimes \boldsymbol{\nabla}\varphi)^s \quad \text{und} \tag{2.59}$$

$$\boldsymbol{G}_t = (\boldsymbol{t} \otimes \boldsymbol{\nabla}\varphi)^s \tag{2.60}$$

dargestellt werden. Einsetzen von (2.58) in (2.7) und des Ergebnisses in (2.25) führt auf folgende Form der Spannungs-Dehnungsbeziehung

$$\dot{\boldsymbol{\sigma}} = \mathbb{C} : \underbrace{(\boldsymbol{\nabla}^s\dot{\bar{\boldsymbol{u}}} - (\boldsymbol{n} \otimes \boldsymbol{\nabla}\varphi)^s\dot{\zeta}_n - (\boldsymbol{t} \otimes \boldsymbol{\nabla}\varphi)^s\dot{\zeta}_t)}_{\dot{\bar{\boldsymbol{\varepsilon}}}(\boldsymbol{x})}. \tag{2.61}$$

Mit (2.42), (2.43), (2.46) und $\dot{\bar{\boldsymbol{\varepsilon}}}(\boldsymbol{x})$ gemäß (2.61) ergibt sich für die Rate des Verschiebungssprunges $\dot{\zeta}_t$ in Richtung des Vektors $\boldsymbol{t}$ (2.37) nach Einführung der Koeffizienten

$$g_{nn} = (\boldsymbol{n} \otimes \boldsymbol{n}) : \mathbb{C} : (\boldsymbol{n} \otimes \boldsymbol{\nabla}\varphi)^s, \qquad g_{nt} = (\boldsymbol{n} \otimes \boldsymbol{n}) : \mathbb{C} : (\boldsymbol{t} \otimes \boldsymbol{\nabla}\varphi)^s \tag{2.62}$$

$$g_{tn} = (\boldsymbol{t} \otimes \boldsymbol{n}) : \mathbb{C} : (\boldsymbol{n} \otimes \boldsymbol{\nabla}\varphi)^s, \qquad g_{tt} = (\boldsymbol{t} \otimes \boldsymbol{n}) : \mathbb{C} : (\boldsymbol{t} \otimes \boldsymbol{\nabla}\varphi)^s \tag{2.63}$$

folgende Beziehung

$$\dot{\zeta}_t = \frac{\boldsymbol{t} \otimes \boldsymbol{n} : \mathbb{C} : \boldsymbol{\nabla}^s\dot{\bar{\boldsymbol{u}}} - \dot{\zeta}_n(g_{tn} + H_{tn}\,\mathrm{sign}[(\boldsymbol{t} \otimes \boldsymbol{n}) : \boldsymbol{\sigma}])}{g_{tt} + H_{tt}}. \tag{2.64}$$

Den entsprechenden Zusammenhang für die Rate des Verschiebungssprunges $\dot{\zeta}_n$ senkrecht zur Diskontinuitätsfläche Γ erhält man aus der Konsistenzbedingung $\dot{f}_n = 0$ unter Verwendung von (2.61) und (2.64) zu

$$\dot{\zeta}_n = \frac{\boldsymbol{n} \otimes \boldsymbol{n} : \mathbb{C} : \boldsymbol{\nabla}^s\dot{\bar{\boldsymbol{u}}} - \boldsymbol{t} \otimes \boldsymbol{n} : \mathbb{C} : \boldsymbol{\nabla}^s\dot{\bar{\boldsymbol{u}}}\,\frac{g_{nt}+H_{nt}\,\mathrm{sign}[(\boldsymbol{t}\otimes\boldsymbol{n}):\boldsymbol{\sigma}]}{g_{tt}+H_{tt}}}{g_{nn} + H_{nn} - \frac{(g_{tn}+H_{tn}\,\mathrm{sign}[(\boldsymbol{t}\otimes\boldsymbol{n}):\boldsymbol{\sigma}])\,(g_{nt}+H_{nt}\,\mathrm{sign}[(\boldsymbol{t}\otimes\boldsymbol{n}):\boldsymbol{\sigma}])}{g_{tt}+H_{tt}}}. \tag{2.65}$$

Da auf globaler Ebene $\bar{\boldsymbol{u}}$ die einzige approximierte Feldgröße darstellt, ist zur Berechnung der Materialtangente auf Kontinuumsebene die Linearisierung $\mathrm{d}\boldsymbol{\sigma}/\mathrm{d}\boldsymbol{\nabla}^s\bar{\boldsymbol{u}}$ durchzuführen, die mit $\dot{\boldsymbol{\sigma}}$ gemäß (2.61) auf folgende Beziehung führt

$$
\begin{aligned}
\mathbb{C}^{ep} = \mathbb{C} \; & - \frac{\mathbb{C} : (\boldsymbol{n} \otimes \boldsymbol{\nabla}\varphi)^s \otimes \left[\boldsymbol{n} \otimes \boldsymbol{n} - \boldsymbol{t} \otimes \boldsymbol{n} \left(\frac{g_{nt} + H_{nt}\,\mathrm{sign}[(\boldsymbol{t}\otimes\boldsymbol{n}):\boldsymbol{\sigma}]}{g_{tt} + H_{tt}}\right)\right] : \mathbb{C}}{g_{nn} + H_{nn} - \frac{(g_{tn} + H_{tn}\,\mathrm{sign}[(\boldsymbol{t}\otimes\boldsymbol{n}):\boldsymbol{\sigma}])\,(g_{nt} + H_{nt}\,\mathrm{sign}[(\boldsymbol{t}\otimes\boldsymbol{n}):\boldsymbol{\sigma}])}{g_{tt} + H_{tt}}} \\
& - \frac{\mathbb{C} : (\boldsymbol{t} \otimes \boldsymbol{\nabla}\varphi)^s \otimes (\boldsymbol{t} \otimes \boldsymbol{n}) : \mathbb{C}}{g_{tt} + H_{tt}} \\
& + \frac{\mathbb{C} : (\boldsymbol{t} \otimes \boldsymbol{\nabla}\varphi)^s \otimes \left[\boldsymbol{n} \otimes \boldsymbol{n} - \boldsymbol{t} \otimes \boldsymbol{n} \left(\frac{g_{nt} + H_{nt}\,\mathrm{sign}[(\boldsymbol{t}\otimes\boldsymbol{n}):\boldsymbol{\sigma}]}{g_{tt} + H_{tt}}\right)\right] : \mathbb{C}}{g_{nn} + H_{nn} - \frac{(g_{tn} + H_{tn}\,\mathrm{sign}[(\boldsymbol{t}\otimes\boldsymbol{n}):\boldsymbol{\sigma}])\,(g_{nt} + H_{nt}\,\mathrm{sign}[(\boldsymbol{t}\otimes\boldsymbol{n}):\boldsymbol{\sigma}])}{g_{tt} + H_{tt}}} \\
& \cdot \frac{g_{tn} + H_{tn}\,\mathrm{sign}[(\boldsymbol{t} \otimes \boldsymbol{n}) : \boldsymbol{\sigma}]}{g_{tt} + H_{tt}} .
\end{aligned}
\tag{2.66}
$$

2.7 Integration der Materialgleichungen

Bei Verwendung von endlichen Zeit- bzw. Lastschritten, wie dies im Rahmen der finiten Elemente Methode der Fall ist, müssen die im Abschnitt 2.6 angeführten Ratengleichungen mittels eines numerischen Verfahrens integriert werden. Die auf die diskretisierte Ebene bezogenen und somit für endliche Lastschritte gültigen Gleichungen sind im Rahmen des Newtonverfahrens zur Bestimmung der Gleichgewichtslage in mit dem verwendeten Integrationsalgorithmus konsistenter Weise zu linearisieren. Damit kann eine zumindest quadratische Rate asymptotischer Konvergenz zur Näherungslösung erreicht werden.

In [Feist, 2004] wird für die numerische Umsetzung des Materialmodells das Projektionsverfahren (Return-Mapping-Algorithm) verwendet, welches in dieser Arbeit unter Berücksichtigung der Mehrflächen-Plastizitätstheorie erweitert wird.

Aus dem Vergleich von (2.7) mit der aus (2.9) folgenden Beziehung $\boldsymbol{\varepsilon}^e = \boldsymbol{\varepsilon} - \boldsymbol{\varepsilon}^p$ folgt, dass der kompatible Anteil der Verzerrungen $\hat{\boldsymbol{\varepsilon}}$ den gesamten Verzerrungen und der erweiterte Anteil der Verzerrungen $\tilde{\boldsymbol{\varepsilon}}$ den plastischen Verzerrungen $\boldsymbol{\varepsilon}^p$ entspricht und folglich der reguläre Anteil der Verzerrungen $\bar{\varepsilon}$ dem elastischen Anteil der Verzerrungen $\boldsymbol{\varepsilon}^e$ gemäß (2.9) entspricht.

Zum Zeitpunkt t_n seien die Spannungen $\boldsymbol{\sigma}_n$, der kompatible und der erweiterte Anteil der regulären Verzerrungen, $\hat{\varepsilon}_n$ und $\tilde{\varepsilon}_n$, sowie die internen Variablen $\boldsymbol{q}_n$ bekannt. Für das bekannte Verzerrungsinkrement $\Delta\hat{\varepsilon}_{n+1}$ bzw. für eine Abschätzung davon sind die Zustandsgrößen für den aktuellen Zeitschritt $n+1$ zu aktualisieren

$$(\boldsymbol{\sigma}_n,\, \hat{\varepsilon}_n,\, \tilde{\varepsilon}_n,\, \boldsymbol{q}_n,\, \Delta\hat{\varepsilon}_{n+1}) \longrightarrow (\boldsymbol{\sigma}_{n+1},\, \hat{\varepsilon}_{n+1},\, \tilde{\varepsilon}_{n+1},\, \boldsymbol{q}_{n+1}) \qquad \forall \boldsymbol{x} \in \Omega \setminus \Gamma. \tag{2.67}$$

An dieser Stelle sei erwähnt, dass die Aktualisierung nur für $\boldsymbol{x} \in \Omega \setminus \Gamma$ durchgeführt wird [Feist, 2004]. Weiters sei erwähnt, dass der Vektor der spannungsähnlichen internen Variablen $\boldsymbol{q}_n$ durch die Berücksichtigung der Mehrflächen-Plastizitätstheorie im Gegensatz zur Formulierung in [Feist, 2004] nicht mehr durch eine skalare Größe ersetzt werden kann.

Das Projektionsverfahren besteht im Wesentlichen aus zwei Schritten, die wie folgt beschrieben werden können: im ersten Schritt wird eine so genannte elastische Prädiktorspannung $\boldsymbol{\sigma}^{tr}_{n+1}$ formuliert (*elastischer Prädiktor*). Dabei wird im Lastschritt $n+1$ elastisches Materialverhalten angenommen, was bedeutet, dass neben den plastischen Verzerrungen auch die internen Variablen zum Zeitpunkt t_n eingefroren werden, also $\boldsymbol{q}^{tr}_{n+1} = \boldsymbol{q}_n$ gilt. Im zweiten Schritt wird überprüft, ob die elastische Prädiktorspannung $\boldsymbol{\sigma}^{tr}_{n+1}$ unter Voraussetzung der Rissinitiierung im MODE-I mindestens eine der beiden Fließbedingungen verletzt, also $f_n(\boldsymbol{\sigma}^{tr}_{n+1}, q^{tr}_{n,n+1}) > 0$ bzw. $f_t(\boldsymbol{\sigma}^{tr}_{n+1}, q^{tr}_{t,n+1}) > 0$ gilt. Wenn letzteres zutrifft, ist die elastische Prädiktorspannung $\boldsymbol{\sigma}^{tr}_{n+1}$ auf die entsprechende Fließfläche bzw. den Schnittpunkt der Fließflächen (wenn beide Fließbedingungen verletzt sind) zu projizieren, so dass die Fließbedingungen erfüllt werden (*plastischer Korrektor*).

Die Aktualisierung der kompatiblen Verzerrungen für den Zeitpunkt t_{n+1} erfolgt durch

$$\hat{\varepsilon}_{n+1} = \hat{\varepsilon}_n + \Delta\,\hat{\varepsilon}_{n+1}, \tag{2.68}$$

den Spannungstensor erhält man aus (2.7) und (2.25) zu

$$\boldsymbol{\sigma}_{n+1} = \mathbb{C} : (\hat{\varepsilon}_{n+1} - \tilde{\varepsilon}_{n+1}). \tag{2.69}$$

Im Rahmen der Plastizitätstheorie können die plastischen Verzerrungen und die verzerrungsähnlichen internen Variablen durch numerische Integration unter Verwendung der impliziten *Eulerschen Rückwärtsmethode* berechnet werden.

Die numerische Integration der Ratenform der regulären erweiterten Verzerrungen $\dot{\tilde{\varepsilon}}$ (2.58) und der Raten der verzerrungsähnlichen internen Variablen (2.46) und (2.47) kann zu

$$\begin{aligned}
\tilde{\varepsilon}_{n+1} &= \tilde{\varepsilon}_n + \boldsymbol{G}_{n,n+1}\,\Delta\zeta_{n,n+1} + \boldsymbol{G}_{t,n+1}\,\Delta\zeta_{t,n+1} \\
\alpha_{n,n+1} &= \alpha_{n,n} - \Delta\zeta_{n,n+1} \\
\alpha_{t,n+1} &= \alpha_{t,n} - \Delta\zeta_{t,n+1}\,\mathrm{sign}[(\boldsymbol{t}_{n+1} \otimes \boldsymbol{n}_{n+1}) : \boldsymbol{\sigma}_{n+1}]
\end{aligned} \tag{2.70}$$

angeschrieben werden. Die diskrete Formulierung der KUHN-TUCKER Bedingungen (2.14) führt auf

$$\Delta\lambda_{i,n+1} \geq 0\;, \qquad f_{i,n+1} \leq 0\;, \qquad \Delta\lambda_{i,n+1} f_{i,n+1} = 0. \tag{2.71}$$

Unter der Annahme, dass der Schritt $n+1$ elastisch ist (elastischer Prädiktor), werden die regulären erweiterten Verzerrungen und die spannungsähnlichen internen Variablen konstant gehalten

$$\begin{aligned}
\boldsymbol{\sigma}^{tr}_{n+1} &= \mathbb{C} : (\hat{\varepsilon}_{n+1} - \tilde{\varepsilon}_n), \\
q^{tr}_{n,n+1} &= q_n(\alpha_{n,n}, \alpha_{t,n}), \\
q^{tr}_{t,n+1} &= q_t(\alpha_{n,n}, \alpha_{t,n}),
\end{aligned} \tag{2.72}$$

womit überprüft werden kann, ob die Fließbedingungen

$$\begin{aligned}
f^{tr}_{n,n+1} &= f^{tr}_{n,n+1}(\boldsymbol{\sigma}^{tr}_{n+1}, q^{tr}_{n,n+1}) \quad \text{und} \\
f^{tr}_{t,n+1} &= f^{tr}_{t,n+1}(\boldsymbol{\sigma}^{tr}_{n+1}, q^{tr}_{t,n+1})
\end{aligned} \tag{2.73}$$

verletzt werden. Mit (2.73) kann beurteilt werden, ob ein elastischer oder ein plastischer Belastungsschritt vorliegt: für $f^{tr}_{n,n+1} < 0$ hat sich entweder noch kein Riss gebildet, was unter der Voraussetzung der Rissinitiierung im MODE-I die Überprüfung von $f_{t,n+1}^{tr} < 0$ erübrigt, oder ein bereits bestehender Riss öffnet sich nicht weiter in Richtung des Normalenvektors $\boldsymbol{n}$. In letzterem Fall kann $f_{t,n+1}^{tr} < 0$ oder auch $f_{t,n+1}^{tr} > 0$ sein. Für $f_{n,n+1}^{tr} < 0$ und $f_{t,n+1}^{tr} < 0$ ist der Schritt $n+1$ „elastisch" und mit $\Delta\zeta_{n,n+1} = 0$ und $\Delta\zeta_{t,n+1} = 0$ folgt

$$\begin{aligned} \boldsymbol{\sigma}_{n+1} &= \boldsymbol{\sigma}_{n+1}^{tr}, \\ q_{n,n+1} &= q_{n,n+1}^{tr} = q_{n,n}, \\ q_{t,n+1} &= q_{t,n+1}^{tr} = q_{t,n}. \end{aligned} \tag{2.74}$$

Für $f_{n,n+1}^{tr} < 0$ und $f_{t,n+1}^{tr} > 0$ wird zwar ein bereits bestehender Riss in Richtung des Normalenvektors $\boldsymbol{n}$ nicht weiter geöffnet ($\Delta\zeta_{n,n+1} = 0$), allerdings ist mit $\Delta\zeta_{t,n+1} \neq 0$ ein inkrementeller Verschiebungssprung in Richtung des Vektors $\boldsymbol{t}$ zu berücksichtigen. Für $f_{n,n+1}^{tr} > 0$ bildet sich nun entweder ein neuer Riss normal zu $\boldsymbol{n}$ oder ein bereits bestehender Riss wird weiter geöffnet, wobei wiederum $f_{t,n+1}^{tr} < 0$ bzw. auch $f_{t,n+1}^{tr} > 0$ möglich ist. Sobald eine der vorhandenen Fließbedingungen verletzt wird, handelt es sich um einen plastischen Schritt. Für die folgenden Zusammenhänge wird angenommen, dass in einem plastischen Schritt jeweils beide Fließbedingungen verletzt werden, womit $\Delta\zeta_{n,n+1} \neq 0$ und $\Delta\zeta_{t,n+1} \neq 0$ gilt. Die im Folgenden dargestellten Beziehungen unter Voraussetzung zweier aktiver Fließflächen im plastischen Schritt beinhalten die Zusammenhänge für nur eine aktive Fließfläche jeweils als Sonderfall. Einsetzen von (2.70a) in (2.69) führt auf folgende Beziehung für den Spannungstensor zum Zeitpunkt t_{n+1}

$$\boldsymbol{\sigma}_{n+1} = \mathbb{C} : (\hat{\boldsymbol{\varepsilon}}_{n+1} - \tilde{\boldsymbol{\varepsilon}}_{n} - \boldsymbol{G}_{n,n+1}\,\Delta\zeta_{n,n+1} - \boldsymbol{G}_{t,n+1}\,\Delta\zeta_{t,n+1}). \tag{2.75}$$

Unter Verwendung der Prädiktorspannung (2.72) kann (2.75) wie folgt angeschrieben werden

$$\boldsymbol{\sigma}_{n+1} = \boldsymbol{\sigma}_{n+1}^{tr} - \mathbb{C} : (\boldsymbol{G}_{n,n+1}\,\Delta\zeta_{n,n+1} + \boldsymbol{G}_{t,n+1}\,\Delta\zeta_{t,n+1}). \tag{2.76}$$

(2.76) kann man als Projektion der Prädiktorspannung in den Schnittpunkt der Fließflächen interpretieren. Das Inkrement des Verschiebungssprunges $\Delta\zeta_{n,n+1}$ in Richtung des

Normalenvektors $\boldsymbol{n}$ und des Verschiebungssprunges $\Delta\zeta_{t,n+1}$ in Richtung des Vektors $\boldsymbol{t}$ wird, wie im Folgenden beschrieben, im Rahmen des Projektionsverfahrens ermittelt.

Der Spannungstensor und der Tensor der spannungsähnlichen internen Variablen am Ende eines beliebigen Iterationsschrittes k innerhalb des Zeitschrittes Δt_{n+1} können zu

$$\begin{aligned} \boldsymbol{\sigma}_{n+1}^{(k)} &= \mathbb{C} : (\hat{\boldsymbol{\varepsilon}}_{n+1} - \tilde{\boldsymbol{\varepsilon}}_{n+1}^{(k)}) \\ q_{n,n+1}^{(k)} &= q_n(\alpha_{n,n+1}^{(k)}, \alpha_{t,n+1}^{(k)}) \\ q_{t,n+1}^{(k)} &= q_t(\alpha_{n,n+1}^{(k)}, \alpha_{t,n+1}^{(k)}) \end{aligned} \tag{2.77}$$

dargestellt werden. Für das vorgestellte ratenunabhängige konstitutive Modell ist die *Zeit* allerdings nicht im physikalischen Sinne zu verstehen, sondern als eine Art fiktive Steuerung der Belastungsgeschichte.

Die Gleichungen (2.77b) und (2.77c) beschreiben jeweils eine bestimmte Ver- bzw. Entfestigungsbeziehung und zwar (2.77b) jene in Richtung des Normalenvektors $\boldsymbol{n}$ und (2.77c) jene in Richtung des Vektors $\boldsymbol{t}$. Für (2.77b) kann die exponentielle oder hyperbolische Entfestigungsbeziehung gemäß (2.50) oder (2.51) mit $q_n \equiv \bar{\sigma}_n$ und $\alpha_n \equiv -\zeta_n$ eingesetzt werden, welche, infolge der im Kapitel 4 dieser Arbeit vorgenommenen Erweiterung bezüglich der Berücksichtigung der Schubkraftübertragung rauer Rissufer (siehe Abschnitt 4.2), durch eine Beziehung für die mögliche Druckspannung normal zur Diskontinuitätsfläche $\bar{\sigma}_{n,c}$ (4.5) zu erweitern ist. Infolge der Berücksichtigung rauer Rissflächen wird für (2.77c) in der vorliegenden Arbeit die aktuelle Schubspannung in (4.4) mit $q_t \equiv \bar{\sigma}_t$ und $\alpha_t \equiv -\zeta_t \operatorname{sign}[(\boldsymbol{t} \otimes \boldsymbol{n}) : \boldsymbol{\sigma}]$ verwendet, die im Entwicklungszustand des Risses mit der linearen Verfestigungsbeziehung gemäß (4.11) zu erweitern ist.

Die Gleichung (2.77) kann mit (2.29) in linearisierter Form zu

$$\begin{aligned} \Delta\,\boldsymbol{\sigma}_{n+1}^{(k)} &= -\mathbb{C} : \Delta\,\tilde{\boldsymbol{\varepsilon}}_{n+1}^{(k)} \\ \Delta\,q_{n,n+1}^{(k)} &= -H_{nn,n+1}^{(k)}\Delta\,\alpha_{n,n+1}^{(k)} - H_{nt,n+1}^{(k)}\Delta\,\alpha_{t,n+1}^{(k)} \\ \Delta\,q_{t,n+1}^{(k)} &= -H_{tn,n+1}^{(k)}\Delta\,\alpha_{n,n+1}^{(k)} - H_{tt,n+1}^{(k)}\Delta\,\alpha_{t,n+1}^{(k)} \end{aligned} \tag{2.78}$$

dargestellt werden. Die Residuen der regulären erweiterten Verzerrungen $\boldsymbol{R}^{\tilde{\boldsymbol{\varepsilon}}}$ und der verzerrungsähnlichen internen Variablen R^{α_n} bzw. R^{α_t} können für den Iterationsschritt k mit (2.70) zu

$$\begin{aligned}
\boldsymbol{R}^{\tilde{\boldsymbol{\varepsilon}}(k)}_{n+1} &= -\tilde{\boldsymbol{\varepsilon}}^{(k)}_{n+1} + \tilde{\boldsymbol{\varepsilon}}_n + \boldsymbol{G}^{(k)}_{n,n+1}\,\Delta\zeta^{(k)}_{n,n+1} + \boldsymbol{G}^{(k)}_{t,n+1}\,\Delta\zeta^{(k)}_{t,n+1} \\
R^{\alpha_n^{(k)}}_{n+1} &= -\alpha^{(k)}_{n,n+1} + \alpha_{n,n} - \Delta\zeta^{(k)}_{n,n+1} \\
R^{\alpha_t^{(k)}}_{n+1} &= -\alpha^{(k)}_{t,n+1} + \alpha_{t,n} - \Delta\zeta^{(k)}_{t,n+1}\,\mathrm{sign}[(\boldsymbol{t}^{(k)}_{n+1} \otimes \boldsymbol{n}^{(k)}_{n+1}) : \boldsymbol{\sigma}^{(k)}_{n+1}]
\end{aligned} \tag{2.79}$$

angeschrieben werden. Mit den Zustandsvariablen gemäß (2.77) können die Konsistenzbedingungen zu

$$\begin{aligned}
f^{(k)}_{n,n+1} &= f_n(\boldsymbol{\sigma}^{(k)}_{n+1}, q^{(k)}_{n,n+1}) = 0 \\
f^{(k)}_{t,n+1} &= f_t(\boldsymbol{\sigma}^{(k)}_{n+1}, q^{(k)}_{t,n+1}) = 0
\end{aligned} \tag{2.80}$$

formuliert werden. Wenn mit den Prädiktorwerten der Fließbedingungen (2.73) ein plastischer Belastungsschritt signalisiert wird, also $f^{tr}_{n,n+1} > 0$ und $f^{tr}_{t,n+1} > 0$ gilt, müssen die Fließbedingungen (2.80) unter Berücksichtigung der Nebenbedingungen $\boldsymbol{R}^{\tilde{\boldsymbol{\varepsilon}}(k)}_{n+1} = \boldsymbol{0}$ und $R^{\alpha_n^{(k)}}_{n+1} = 0$ sowie $R^{\alpha_t^{(k)}}_{n+1} = 0$ erfüllt werden. Zur Bestimmung der Nullstellen der Gleichungen in (2.79) wird eine lineare Approximation der Form

$$\underbrace{\begin{bmatrix} \boldsymbol{R}^{\tilde{\boldsymbol{\varepsilon}}(k)}_{n+1} \\ R^{\alpha_n^{(k)}}_{n+1} \\ R^{\alpha_t^{(k)}}_{n+1} \end{bmatrix}}_{\boldsymbol{R}^{(k)}_{n+1}} + \underbrace{\begin{bmatrix} \Delta\boldsymbol{R}^{\tilde{\boldsymbol{\varepsilon}}(k)}_{n+1} \\ \Delta R^{\alpha_n^{(k)}}_{n+1} \\ \Delta R^{\alpha_t^{(k)}}_{n+1} \end{bmatrix}}_{\Delta\boldsymbol{R}^{(k)}_{n+1}} = \begin{bmatrix} 0 \\ 0 \\ 0 \end{bmatrix} \tag{2.81}$$

mit

$$\begin{aligned}
\Delta\boldsymbol{R}^{\tilde{\boldsymbol{\varepsilon}}(k)}_{n+1} &= -\Delta\tilde{\boldsymbol{\varepsilon}}^{(k)}_{n+1} + \boldsymbol{G}^{(k)}_{n,n+1}\,\Delta^2\zeta^{(k)}_{n,n+1} + \boldsymbol{G}^{(k)}_{t,n+1}\,\Delta^2\zeta^{(k)}_{t,n+1} \\
\Delta R^{\alpha_n^{(k)}}_{n+1} &= -\Delta\alpha^{(k)}_{n,n+1} - \Delta^2\zeta^{(k)}_{n,n+1} \\
\Delta R^{\alpha_t^{(k)}}_{n+1} &= -\Delta\alpha^{(k)}_{t,n+1} - \Delta^2\zeta^{(k)}_{t,n+1}\,\mathrm{sign}[(\boldsymbol{t}^{(k)}_{n+1} \otimes \boldsymbol{n}^{(k)}_{n+1}) : \boldsymbol{\sigma}^{(k)}_{n+1}]
\end{aligned} \tag{2.82}$$

formuliert. In (2.82a) wurde von den im Rahmen des Konzepts der unveränderlichen Rissflächen ($\dot{\boldsymbol{n}} = \boldsymbol{0}$) gültigen Beziehungen $\partial_{\boldsymbol{\sigma}} \boldsymbol{G}_n = \boldsymbol{0}$ bzw. $\partial_{\boldsymbol{\sigma}} \boldsymbol{G}_t = \boldsymbol{0}$ Gebrauch gemacht. Die in (2.82) verwendeten Ausdrücke $\Delta^2 \zeta^{(k)}_{n,n+1}$ bzw. $\Delta^2 \zeta^{(k)}_{t,n+1}$ beschreiben jeweils die inkrementelle Änderung des entsprechenden Verschiebungssprunges im Iterationsschritt k [Simo und Hughes, 1998]. Die lineare Approximation der Fließbedingungen (2.80) ergibt

$$\underbrace{\begin{bmatrix} f^{(k)}_{n,n+1} \\ f^{(k)}_{t,n+1} \end{bmatrix}}_{\boldsymbol{f}^{(k)}_{n+1}} + \underbrace{\begin{bmatrix} \Delta f^{(k)}_{n,n+1} \\ \Delta f^{(k)}_{t,n+1} \end{bmatrix}}_{\Delta \boldsymbol{f}^{(k)}_{n+1}} = \begin{bmatrix} 0 \\ 0 \end{bmatrix} \tag{2.83}$$

mit

$$\begin{aligned} \Delta f^{(k)}_{n,n+1} &= \partial_{\boldsymbol{\sigma}} f^{(k)}_{n,n+1} : \Delta \boldsymbol{\sigma}^{(k)}_{n+1} + \partial_{q_n} f^{(k)}_{n,n+1} \, \Delta q^{(k)}_{n,n+1} \\ \Delta f^{(k)}_{t,n+1} &= \partial_{\boldsymbol{\sigma}} f^{(k)}_{t,n+1} : \Delta \boldsymbol{\sigma}^{(k)}_{n+1} + \partial_{q_t} f^{(k)}_{t,n+1} \, \Delta q^{(k)}_{t,n+1}. \end{aligned} \tag{2.84}$$

Umformung von (2.78) unter Berücksichtigung des Sonderfalls $\bar{\sigma}_n = \bar{\sigma}_n(\zeta_n)$, woraus $H^{(k)}_{nt,n+1} = 0$ folgt, zu

$$\begin{aligned} \Delta\, \tilde{\boldsymbol{\varepsilon}}^{(k)}_{n+1} &= -\mathbb{C}^{-1} : \Delta\, \boldsymbol{\sigma}^{(k)}_{n+1} \\ \Delta\, \alpha^{(k)}_{n,n+1} &= -\left(H^{(k)}_{nn,n+1}\right)^{-1} \Delta\, q^{(k)}_{n,n+1} \\ \Delta\, \alpha^{(k)}_{t,n+1} &= -\left(H^{(k)}_{tt,n+1}\right)^{-1} \left[\Delta\, q^{(k)}_{t,n+1} + H^{(k)}_{tn,n+1} \left(-H^{(k)}_{nn,n+1}\right)^{-1} \Delta\, q^{(k)}_{n,n+1}\right] \end{aligned} \tag{2.85}$$

und Einsetzen in die linearisierte Form der Residuen (2.82) führt auf folgende Beziehungen

$$\begin{aligned} \Delta \boldsymbol{R}^{\tilde{\boldsymbol{\varepsilon}}(k)}_{n+1} &= \mathbb{C}^{-1} : \Delta \boldsymbol{\sigma}^{(k)}_{n+1} + \boldsymbol{G}^{(k)}_{n,n+1} \Delta^2 \zeta^{(k)}_{n,n+1} + \boldsymbol{G}^{(k)}_{t,n+1} \Delta^2 \zeta^{(k)}_{t,n+1} \\ \Delta R^{\alpha_n(k)}_{n+1} &= \left(H^{(k)}_{nn,n+1}\right)^{-1} \Delta q^{(k)}_{n,n+1} - \Delta^2 \zeta^{(k)}_{n,n+1} \\ \Delta R^{\alpha_t(k)}_{n+1} &= \left(H^{(k)}_{tt,n+1}\right)^{-1} \left[\Delta\, q^{(k)}_{t,n+1} - H^{(k)}_{tn,n+1} \left(H^{(k)}_{nn,n+1}\right)^{-1} \Delta\, q^{(k)}_{n,n+1}\right] \\ &\quad -\Delta^2 \zeta^{(k)}_{t,n+1} \operatorname{sign}[(\boldsymbol{t}^{(k)}_{n+1} \otimes \boldsymbol{n}^{(k)}_{n+1}) : \boldsymbol{\sigma}^{(k)}_{n+1}]. \end{aligned} \tag{2.86}$$

Mit (2.42) und (2.43) ergibt sich für (2.84) folgende Form

$$\begin{aligned}\Delta f_{n,n+1}^{(k)} &= (\boldsymbol{n}_{n+1}^{(k)} \otimes \boldsymbol{n}_{n+1}^{(k)}) : \Delta\boldsymbol{\sigma}_{n+1}^{(k)} - 1 \cdot \Delta q_{n,n+1}^{(k)} \\ \Delta f_{t,n+1}^{(k)} &= \operatorname{sign}\left[(\boldsymbol{t}_{n+1}^{(k)} \otimes \boldsymbol{n}_{n+1}^{(k)}) : \boldsymbol{\sigma}_{n+1}^{(k)}\right](\boldsymbol{t}_{n+1}^{(k)} \otimes \boldsymbol{n}_{n+1}^{(k)}) : \Delta\boldsymbol{\sigma}_{n+1}^{(k)} - 1 \cdot \Delta q_{t,n+1}^{(k)}.\end{aligned} \tag{2.87}$$

In Matrizenschreibweise können die konsistenten Linearisierungen der Residuen (2.86) zu

$$\underbrace{\begin{bmatrix} \Delta\boldsymbol{R}_{n+1}^{\tilde{\boldsymbol{\varepsilon}}(k)} \\ \Delta R_{n+1}^{\alpha_n^{(k)}} \\ \Delta R_{n+1}^{\alpha_t^{(k)}} \end{bmatrix}}_{\Delta\boldsymbol{R}_{n+1}^{(k)}} = \underbrace{\begin{bmatrix} \mathbb{C}^{-1} & \boldsymbol{0} & \boldsymbol{0} \\ 0 & \left(H_{nn,n+1}^{(k)}\right)^{-1} & 0 \\ 0 & -\left(H_{tt,n+1}^{(k)}\right)^{-1} H_{tn,n+1}^{(k)} \left(H_{nn,n+1}^{(k)}\right)^{-1} & \left(H_{tt,n+1}^{(k)}\right)^{-1} \end{bmatrix}}_{\boldsymbol{A}_{n+1}^{(k)-1}} \cdot \underbrace{\begin{bmatrix} \Delta\boldsymbol{\sigma}_{n+1}^{(k)} \\ \Delta q_{n,n+1}^{(k)} \\ \Delta q_{t,n+1}^{(k)} \end{bmatrix}}_{\Delta\boldsymbol{v}_{n+1}^{(k)}} +$$

$$\underbrace{\begin{bmatrix} \boldsymbol{G}_{n,n+1}^{(k)} & \boldsymbol{G}_{t,n+1}^{(k)} \\ -1 & 0 \\ 0 & -\operatorname{sign}[(\boldsymbol{t}_{n+1}^{(k)} \otimes \boldsymbol{n}_{n+1}^{(k)}) : \boldsymbol{\sigma}_{n+1}^{(k)}] \end{bmatrix}}_{\boldsymbol{\nabla s}_{n+1}^{(k)}} \cdot \underbrace{\begin{bmatrix} \Delta^2\zeta_{n,n+1}^{(k)} \\ \Delta^2\zeta_{t,n+1}^{(k)} \end{bmatrix}}_{\Delta^2\boldsymbol{\zeta}_{n+1}^{(k)}} \tag{2.88}$$

bzw. jene der Konsistenzbedingungen (2.87) zu

$$\underbrace{\begin{bmatrix} \Delta f_{n,n+1}^{(k)} \\ \Delta f_{t,n+1}^{(k)} \end{bmatrix}}_{\Delta\boldsymbol{f}_{n+1}^{(k)}} = \underbrace{\begin{bmatrix} \boldsymbol{n}_{n+1}^{(k)} \otimes \boldsymbol{n}_{n+1}^{(k)} & -1 & 0 \\ \operatorname{sign}\left[(\boldsymbol{t}_{n+1}^{(k)} \otimes \boldsymbol{n}_{n+1}^{(k)}) : \boldsymbol{\sigma}_{n+1}^{(k)}\right](\boldsymbol{t}_{n+1}^{(k)} \otimes \boldsymbol{n}_{n+1}^{(k)}) & 0 & -1 \end{bmatrix}}_{\boldsymbol{\nabla f}_{n+1}^{(k)}} \tag{2.89}$$

$$\cdot \underbrace{\begin{bmatrix} \Delta\boldsymbol{\sigma}_{n+1}^{(k)} \\ \Delta q_{n,n+1}^{(k)} \\ \Delta q_{t,n+1}^{(k)} \end{bmatrix}}_{\Delta\boldsymbol{v}_{n+1}^{(k)}} \tag{2.90}$$

angeschrieben werden. Um die Gleichungssysteme (2.81) und (2.83) iterativ nach dem inkrementellen Zuwachs der Konsistenzparameter aufzulösen wird der Vektor $\Delta\boldsymbol{v}$, der die

Inkremente der abhängigen Zustandsvariablen, also der Spannungen und der spannungsähnlichen Variablen beschreibt, aus (2.81) unter Berücksichtigung von (2.88) ermittelt und in (2.83) unter Berücksichtigung von (2.90) eingesetzt. Mit diesem Ergebnis kann der entsprechende inkrementelle Zuwachs des Vektors der Verschiebungssprünge zu

$$\Delta^2 \boldsymbol{\zeta}^{(k)}_{n+1} = \left[\boldsymbol{\nabla f}^{(k)}_{n+1} \, \boldsymbol{A}^{(k)}_{n+1} \, \boldsymbol{\nabla s}^{(k)}_{n+1} \right]^{-1} \left[\boldsymbol{f}^{(k)}_{n+1} - \boldsymbol{\nabla f}^{(k)}_{n+1} \, \boldsymbol{A}^{(k)}_{n+1} \, \boldsymbol{R}^{(k)}_{n+1} \right] \tag{2.91}$$

berechnet werden.

Die aktuellen Inkremente $\Delta\zeta^{(k)}_{n,n+1}$ und $\Delta\zeta^{(k)}_{t,n+1}$ im Iterationsschritt k erhält man jeweils aus der Addition des entsprechenden kumulierten inkrementellen Verschiebungssprunges am Ende des letzten Iterationsschrittes $k-1$ und des zugehörigen inkrementellen Zuwachses im Iterationsschritt k (2.91) zu

$$\Delta\zeta^{(k)}_{n,n+1} = \Delta\zeta^{(k-1)}_{n,n+1} + \Delta^2\zeta^{(k)}_{n,n+1} \tag{2.92}$$

$$\Delta\zeta^{(k)}_{t,n+1} = \Delta\zeta^{(k-1)}_{t,n+1} + \Delta^2\zeta^{(k)}_{t,n+1}. \tag{2.93}$$

Mit (2.92) und (2.93) wird das Inkrement der regulären erweiterten Verzerrungen und der verzerrungsähnlichen internen Variablen aus (2.70) zu

$$\begin{aligned} \Delta\tilde{\boldsymbol{\varepsilon}}^{(k)}_{n+1} &= \boldsymbol{G}^{(k)}_{n,n+1} \, \Delta\zeta^{(k)}_{n,n+1} + \boldsymbol{G}^{(k)}_{t,n+1} \, \Delta\zeta^{(k)}_{t,n+1} \\ \Delta\alpha^{(k)}_{n,n+1} &= -\Delta\zeta^{(k)}_{n,n+1} \\ \Delta\alpha^{(k)}_{t,n+1} &= -\Delta\zeta^{(k)}_{t,n+1} \, \mathrm{sign}[(\boldsymbol{t}^{(k)}_{n+1} \otimes \boldsymbol{n}^{(k)}_{n+1}) : \boldsymbol{\sigma}^{(k)}_{n+1}] \end{aligned} \tag{2.94}$$

erhalten, womit sich die entsprechenden totalen Größen zu

$$\begin{aligned} \tilde{\boldsymbol{\varepsilon}}^{(k)}_{n+1} &= \tilde{\boldsymbol{\varepsilon}}_n + \Delta\tilde{\boldsymbol{\varepsilon}}^{(k)}_{n+1} \\ \alpha^{(k)}_{n,n+1} &= \alpha_{n,n} + \Delta\alpha^{(k)}_{n,n+1} \\ \alpha^{(k)}_{t,n+1} &= \alpha_{t,n} + \Delta\alpha^{(k)}_{t,n+1} \end{aligned} \tag{2.95}$$

ergeben. Die Iteration wird beendet, wenn die Bedingungen

$$
\begin{aligned}
f_{n,n+1}^{(k)}(\boldsymbol{\sigma}_{n+1}^{(k)}, q_{n,n+1}^{(k)}) &< TOL1 \\
f_{t,n+1}^{(k)}(\boldsymbol{\sigma}_{n+1}^{(k)}, q_{t,n+1}^{(k)}) &< TOL1 \\
\| \boldsymbol{R}_{n+1}^{(k)} \| &< TOL2
\end{aligned} \tag{2.96}
$$

erfüllt sind.

Zur iterativen Lösung des globalen Gleichungssystems nach dem NEWTON Verfahren ist eine lineare Approximation des Gleichungssystems an der Stelle einer bekannten Näherungslösung notwendig. Da im Zuge der Projektion der elastischen Prädiktorspannungen auf die Fließflächen alle unabhängigen Variablen und die Spannungen zum Zeitpunkt t_{n+1} bekannt sind, kann abschließend die konsistente Linearisierung der konstitutiven Beziehungen durchgeführt werden, also die Linearisierung der Spannungen $\boldsymbol{\sigma}_{n+1}$ bezüglich des symmetrischen Gradienten der kompatiblen Verschiebungen $\Delta^s \bar{\boldsymbol{u}}$ bzw. bezüglich des kompatiblen Anteils der Verzerrungen $\hat{\boldsymbol{\varepsilon}}$ (2.7), womit sich die konsistente elasto-plastische Materialtangente mit den Koeffizienten

$$
\begin{aligned}
A_{11} &= (\boldsymbol{n}_{n+1} \otimes \boldsymbol{n}_{n+1}) : \mathbb{C} : \boldsymbol{G}_{n,n+1} + H_{nn} \\
A_{12} &= (\boldsymbol{n}_{n+1} \otimes \boldsymbol{n}_{n+1}) : \mathbb{C} : \boldsymbol{G}_{t,n+1} \\
A_{21} &= (\operatorname{sign}[(\boldsymbol{t}_{n+1} \otimes \boldsymbol{n}_{n+1}) : \boldsymbol{\sigma}_{n+1}](\boldsymbol{t}_{n+1} \otimes \boldsymbol{n}_{n+1})) : \mathbb{C} : \boldsymbol{G}_{n,n+1} + H_{tn} \\
A_{22} &= (\operatorname{sign}[(\boldsymbol{t}_{n+1} \otimes \boldsymbol{n}_{n+1}) : \boldsymbol{\sigma}_{n+1}](\boldsymbol{t}_{n+1} \otimes \boldsymbol{n}_{n+1})) : \mathbb{C} : \boldsymbol{G}_{t,n+1} + H_{tt}
\end{aligned} \tag{2.97}
$$

und der Determinate der Matrix A

$$
\det \mathrm{A} = \mathrm{A}_{11}\mathrm{A}_{22} - \mathrm{A}_{12}\mathrm{A}_{21} \tag{2.98}
$$

zu

$$
\begin{aligned}
\mathbb{C}^{ep}_{n+1} : &= \frac{\mathrm{d}\boldsymbol{\sigma}_{n+1}}{\mathrm{d}\hat{\boldsymbol{\varepsilon}}_{n+1}} = \mathbb{C} - \frac{\mathrm{A}_{22}}{\det \mathrm{A}} \mathbb{C} : \boldsymbol{G}_{n,n+1} \otimes (\boldsymbol{n}_{n+1} \otimes \boldsymbol{n}_{n+1}) : \mathbb{C} \\
&+ \frac{\mathrm{A}_{12}}{\det \mathrm{A}} \mathbb{C} : \boldsymbol{G}_{n,n+1} \otimes (\operatorname{sign}[(\boldsymbol{t}_{n+1} \otimes \boldsymbol{n}_{n+1}) : \boldsymbol{\sigma}_{n+1}](\boldsymbol{t}_{n+1} \otimes \boldsymbol{n}_{n+1})) : \mathbb{C} \\
&+ \frac{\mathrm{A}_{21}}{\det \mathrm{A}} \mathbb{C} : \boldsymbol{G}_{t,n+1} \otimes (\boldsymbol{n}_{n+1} \otimes \boldsymbol{n}_{n+1}) : \mathbb{C} \\
&- \frac{\mathrm{A}_{11}}{\det \mathrm{A}} \mathbb{C} : \boldsymbol{G}_{t,n+1} \otimes (\operatorname{sign}[(\boldsymbol{t}_{n+1} \otimes \boldsymbol{n}_{n+1}) : \boldsymbol{\sigma}_{n+1}](\boldsymbol{t}_{n+1} \otimes \boldsymbol{n}_{n+1})) : \mathbb{C} \quad (2.99)
\end{aligned}
$$

bestimmen lässt. Die Analyse der Struktur von (2.99) verdeutlicht, dass es sich bei vorliegender Formulierung um eine nicht symmetrische Materialtangente handelt, obwohl assoziierte Fließkriterien verwendet werden.

2.8 Finite Elemente Formulierung

Im Folgenden wird die in der vorliegenden Arbeit entwickelte Formulierung des Plastizitätsmodells zur Beschreibung diskontinuierlicher Verschiebungsfelder im Rahmen der Methode der finiten Elemente diskretisiert.

Das im Abschnitt 2.1 bereits erwähnte Untergebiet Ω_φ wird dabei durch jene finite Elemente beschrieben, die eine aktive eingebettete Diskontinuität Γ aufweisen (siehe Abb. 2.7a). Für eines dieser Elemente, im Folgenden mit e bezeichnet, kann das in (2.1) beschriebene Verschiebungsfeld folgendermaßen angenähert werden

$$
\boldsymbol{u}^{(e)}(\boldsymbol{x}) \approx \sum_{k=1}^{n_e} N_k^{(e)}(\boldsymbol{x})\, \boldsymbol{d}_k + \underbrace{\left[H_\Gamma^{(e)} - \varphi^{(e)} \right]}_{M_\Gamma^{(e)}} [\![\boldsymbol{u}]\!]_\Gamma^{(e)}. \quad (2.100)
$$

$N_k^{(e)}$ in (2.100) beschreibt die Interpolationsfunktion des Knotens k, $\boldsymbol{d}_k$ den Vektor der Knotenverschiebungen und n_e die Anzahl der Knoten des Elementes e. Im einfachsten Fall, mit der Annahme eines konstanten Verschiebungssprunges innerhalb eines Elementes e (ergibt $\nabla^s [\![\boldsymbol{u}]\!](\boldsymbol{x}) = \boldsymbol{0}$ in (2.5)), folgt für den Vektor des Verschiebungssprunges $[\![\boldsymbol{u}]\!]_\Gamma^{(e)}$ aus (2.21)

$$[\![\boldsymbol{u}]\!]_\Gamma^{(e)} = \zeta_n^{(e)}\,\boldsymbol{n}^{(e)} + \sum_{i=1}^{n_{dim}-1} \zeta_{t,i}^{(e)}\,\boldsymbol{t}^{(i)^{(e)}}, \tag{2.101}$$

wobei sowohl $\zeta_n^{(e)}$ und $\zeta_{t,i}^{(e)}$ als auch die Richtungsvektoren $\boldsymbol{n}^{(e)}$ und $\boldsymbol{t}^{(i)^{(e)}}$ auf das Element e bezogen sind. Um die in (2.3) geforderten Bedingungen zu erfüllen, wird die Funktion φ innerhalb eines Elementes e wie folgt definiert

$$\varphi^{(e)} = \begin{cases} \sum_{k=1}^{n_e^+} N_k^{(e)} & \forall e \in \Omega_\varphi \\ 0 & \forall e \notin \Omega_\varphi \end{cases}. \tag{2.102}$$

Die Summe in (2.102) erstreckt sich über die Interpolationsfunktionen jener Knoten des Elementes e, die auf der „positiven“ Seite der Diskontinuitätsfläche $\Gamma^{(e)}$ liegen (siehe Abb. 2.7b).

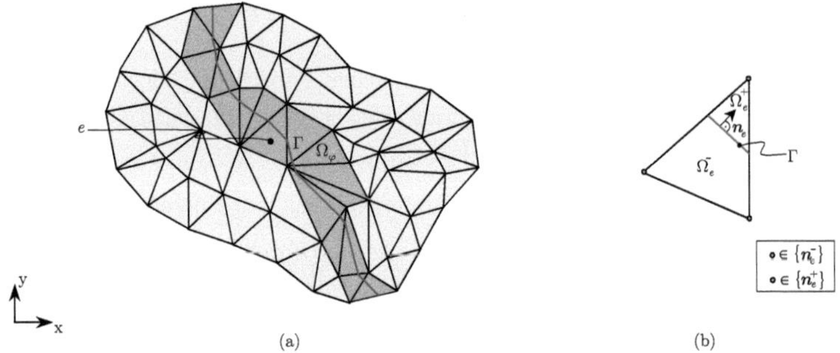

Abbildung 2.7: Diskretisierung des Gebietes Ω, welches eine aktive eingebettete Diskontinuität Γ aufweist: (a) Definition des Untergebietes Ω_φ, (b) Zerlegung des Gebietes Ω_e des Elements e, welches von einer Diskontinuität Γ gekreuzt wird.

Für den regulären Anteil des Verzerrungstensors $\bar{\varepsilon}(\boldsymbol{x})$ in (2.7) erhält man mit (2.1) und (2.101) für zweidimensionale Probleme mit $n_{dim} - 1 = 1$

$$\bar{\varepsilon}^{(e)}(\boldsymbol{x}) \approx \sum_{k=1}^{n_e} \left(\boldsymbol{\nabla} N_k^{(e)}(\boldsymbol{x}) \otimes \boldsymbol{d}_k\right)^s - \left[\zeta_n^{(e)} \left(\boldsymbol{n}^{(e)} \otimes \boldsymbol{\nabla}\varphi^{(e)}(\boldsymbol{x})\right)^s + \zeta_t^{(e)} \left(\boldsymbol{t}^{(e)} \otimes \boldsymbol{\nabla}\varphi^{(e)}(\boldsymbol{x})\right)^s\right]. \tag{2.103}$$

Aus (2.102) folgt $\boldsymbol{\nabla}\varphi^{(e)} = \sum_{k=1}^{n_e^+} \partial_{\boldsymbol{x}} N_k^{(e)}$. Mit den Tensoren zweiter Stufe (2.59) und (2.60) kann die Rate des regulären Anteils des Verzerrungstensors $\dot{\bar{\varepsilon}}(x)$ folgendermaßen angeschrieben werden

$$\dot{\bar{\varepsilon}}^{(e)}(\boldsymbol{x}) \approx \underbrace{\sum_{k=1}^{n_e} \left(\boldsymbol{\nabla} N_k^{(e)}(\boldsymbol{x}) \otimes \dot{\boldsymbol{d}}_k\right)^s}_{\dot{\boldsymbol{\varepsilon}}^{(e)} \text{ (kompatibler Anteil)}} - \underbrace{\left[\boldsymbol{G}_n\, \dot{\zeta}_n^{(e)} + \boldsymbol{G}_t\, \dot{\zeta}_t^{(e)}\right]}_{\dot{\tilde{\boldsymbol{\varepsilon}}}^{(e)} \text{ (erweiterter Anteil)}}. \tag{2.104}$$

2.9 Rissverfolgungsalgorithmus

In [Feist, 2004] wird gezeigt, dass es im Rahmen des vorgestellten, auf *der Methode der eingebetteten Diskontinuitäten* beruhenden Rissmodells nicht möglich ist die Diskontinuitätssegmente $\Gamma^{(e)}$ beliebig innerhalb der finiten Elemente zu platzieren. Um objektive, also netzunabhängige Ergebnisse zu erhalten ist es notwendig, Stetigkeit der Diskontinuitätssegmente entlang benachbarter finiter Elemente zu fordern.

Die Stetigkeit der Diskontinuitätspfade wird durch die Verwendung eines so genannten *Rissverfolgungsalgorithmus* gewährleistet. Klassische *lokale Rissverfolgungsalgorithmen* basieren auf einfachen geometrischen Betrachtungen, während *globale Rissverfolgungsalgorithmen* alle aktiven und potentiellen Diskontinuitäten durch die Isolinien bzw. Isoflächen eines skalaren Feldes repräsentieren.

In [Feist, 2004] wird ein neuer Rissverfolgungsalgorithmus, der so genannte *partial domain crack tracking algorithm* für zwei- und dreidimensionale Problemstellungen vorgestellt. Dieser weist den Vorteil auf, dass im Gegensatz zum globalen Rissverfolgungsalgorithmus keine partielle Differentialgleichung zur Berechnung der Isolinien des skalaren Feldes zu lösen ist. Im Folgenden wird der *partial domain crack tracking algorithm* im Rahmen zweidimensionaler Problemstellungen unter Verwendung linearer Dreieckselemente beschrieben.

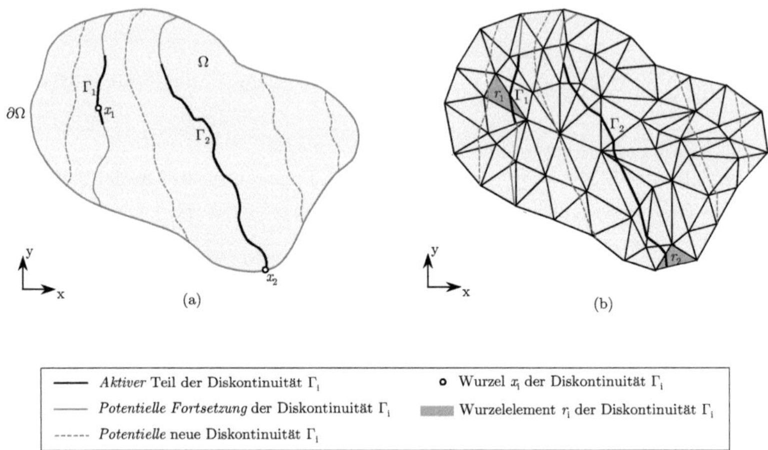

Abbildung 2.8: Rissverfolgung: (a) das von einem festen deformierbaren Körper $\mathcal{B}$ eingenommene Gebiet Ω mit einem Set $\mathcal{G}$ an Diskontinuitäten und zugehörigen Risswurzeln, (b) Diskretisierung des Gebietes Ω mit einer Approximation der Diskontinuitäten und der entsprechenden Wurzelelemente.

Dazu wird angenommen, dass das im Abschnitt 2.1 erwähnte Gebiet $\Omega \subset \mathbb{R}^{n_{\text{dim}}}$ ($n_{\text{dim}} = 2$) eines festen, deformierbaren Körpers $\mathcal{B}$ mehrere innere Diskontinuitätsflächen

$$\mathcal{G} = \{\Gamma_1, \ldots, \Gamma_i, \ldots, \Gamma_s\} \tag{2.105}$$

aufweist (siehe Abb. 2.8), wobei mit s in (2.105) die Anzahl der Diskontinuitäten angegeben wird. Jede dieser Diskontinuitäten $\Gamma_i \in \mathcal{G}$ besteht aus einem *aktiven* Anteil, also Punkten $\boldsymbol{x} \in \Omega$ für die lokalisiertes Versagen bereits eingesetzt hat und einer *potentiellen* Fortsetzung der Diskontinuitäten, für welche lokalisiertes Versagen erwartet wird. Den Ausgangspunkt oder Startpunkt jeder Diskontinuität, der genau einem Materialpunkt $\boldsymbol{x}_i \in \Gamma_i \subset \Omega$ entspricht, bezeichnet man als die *Wurzel* eines Risspfades.

Mit dem Vektorfeld

$$\boldsymbol{N}(\boldsymbol{x}, t) \quad \forall \boldsymbol{x} \in \Omega \quad \forall t \in [0,\ T] \tag{2.106}$$

sind die Normalenvektoren der aktuellen Diskontinuitäten sowie deren potentielle Fortsetzungen für alle Materialpunkte $\boldsymbol{x} \in \Omega$ und (pseudo)-Zeitpunkte $t \in [0,\ T]$ eindeutig bestimmt. Zur Bestimmung des Vektorfeldes kann z.B. die Richtung der größten Hauptspannung verwendet werden. Das Vektorfeld der Tangenten an die Diskontinuitätsfläche ergibt sich sinngemäß zu

$$\boldsymbol{T}(\boldsymbol{x}, t) \quad \forall \boldsymbol{x} \in \Omega \quad \forall t \in [0,\ T], \tag{2.107}$$

wobei gilt:

$$\boldsymbol{N}(\boldsymbol{x}, t) \cdot \boldsymbol{T}(\boldsymbol{x}, t) = 0 \quad \forall \boldsymbol{x} \in \Omega \quad \forall t \in [0,\ T]. \tag{2.108}$$

Durch die Konstruktion eines skalaren Feldes $\theta(\boldsymbol{x})$, dessen Isolinien die Einhüllende des Tangentenvektorfeldes $\boldsymbol{T}(\boldsymbol{x})$ repräsentieren, können alle möglichen Diskontinuitäten zum Zeitpunkt t_n durch diese Isolinien bestimmt werden. Unter der Annahme, das skalare Feld $\theta(\boldsymbol{x})$ sei bekannt, kann eine bestimmte Diskontinuität Γ_i zum Zeitpunkt t_n mit der Isolinie des skalaren Feldes $\theta(\boldsymbol{x}) = \theta_{\Gamma i} =$ konst. wie folgt beschrieben werden

$$\Gamma_i = \{\boldsymbol{x} \in \Omega \quad | \quad \theta(\boldsymbol{x}) = \theta_{\Gamma i}\}. \tag{2.109}$$

Wie bereits erwähnt wird im Rahmen des *partial domain carck tracking algorithm* das skalare Feld $\theta(\boldsymbol{x})$ nur für das Gebiet Ω jener Elemente bestimmt, die eine aktuelle oder potentielle Diskontinuität Γ_i aufweisen.

Das skalare Feld $\theta(\boldsymbol{x})$ wird aus dem diskretisierten Problem ermittelt. Dazu wird die in Abb. 2.8b mit n_{elem} linearen Dreieckselementen gezeigte finite Elemente Diskretisierung des Gebietes Ω betrachtet. Jede Diskontinuität $\Gamma_i \in \mathcal{G}$ ergibt sich dabei aus einer C^0-stetigen Assemblierung der Diskontinuitätssegmente $\Gamma_i^{(e)}$ innerhalb der einzelnen Elemente zu

$$\Gamma_i = \cup_{e=1}^{n_{\text{elem}}^{i,\text{dis}}} \Gamma_i^{(e)}. \tag{2.110}$$

$e = 1, \ldots, n_{\text{elem}}^{i,\text{dis}}$ in (2.110) steht für jene Elemente, die die Diskontinuität Γ_i aufweisen. Für die in der vorliegenden Arbeit verwendeten linearen Dreieckselemente ergeben sich für die Diskontinuitätssegmente jeweils gerade Linien. Die Schnittmenge der Elementsgrenzen mit dem Diskontinuitätssegment kann im zweidimensionalen Fall durch zwei Punkte abgebildet werden.

Im Rahmen der finiten Elemente Diskretisierung wird der Startpunkt, die so genannte *Wurzel* $\boldsymbol{x}_i$ eines Risspfades durch den Integrationspunkt des entsprechenden linearen Dreieckselementes, des so genannten *Risswurzelelementes* r_i, festgelegt. Es gilt

$$r_i = \{e \quad | \quad \boldsymbol{x}_i \in \Omega_e\}. \tag{2.111}$$

Demzufolge wird ein bestimmtes Element, welches im Rahmen einer numerischen Analyse die Lokalisierungsbedingung erfüllt und nicht zu einer aktuellen Diskontinuität gehört als Wurzelelement r_{s+1} einer neuen Diskontinuität Γ_{s+1} bezeichnet.

Da das Wurzelelement keinerlei Restriktionen bezüglich der Nachbarelemente unterliegt, scheint es für lineare Dreieckselemente sinnvoll, das Diskontinuitätssegment im Schwerpunkt bzw. Integrationspunkt des Wurzelelementes zu positionieren.

Die Richtungsinformation aller aktuellen und potentiellen Diskontinuitäten erhält man für das diskretisierte Problem durch die Vektoren senkrecht zur Diskontinuität $\boldsymbol{n}^{(j)}$ und die Vektoren in Richtung der Tangente an die Diskontinuität $\boldsymbol{t}^{(j)}$, jeweils im Integrationspunkt j. Die zugehörigen Vektorfelder können folgendermaßen angeschrieben werden

$$\boldsymbol{N}(\boldsymbol{x}) \approx \mathcal{N} = \{\boldsymbol{n}^{(1)}, \ldots, \boldsymbol{n}^{(j)}, \ldots, \boldsymbol{n}^{(n_{\text{int}})}\}, \tag{2.112}$$

$$\boldsymbol{T}(\boldsymbol{x}) \approx \mathcal{T} = \{\boldsymbol{t}^{(1)}, \ldots, \boldsymbol{t}^{(j)}, \ldots, \boldsymbol{t}^{(n_{\text{int}})}\}. \tag{2.113}$$

Es gilt die Bedingung

$$\boldsymbol{n}^{(j)} \cdot \boldsymbol{t}^{(j)} = 0 \quad \forall j \in \{1, \ldots, n_{\text{int}}\}. \tag{2.114}$$

Die Rissverfolgung einer bestimmten Diskontinuität $\Gamma_i \in \mathcal{G}$ beginnt sinngemäß beim zugehörigen Wurzelelement $e = r_i$, indem das skalare Feld $\theta(\boldsymbol{x})$ konstruiert wird, dessen Isolinien die Einhüllende des Tangentenfeldes $\boldsymbol{T}(\boldsymbol{x})$ der Diskontinuität repräsentieren. Die Isolinie $\theta(\boldsymbol{x}) = \theta_{\Gamma i} = \text{konst.}$ ist dabei als geometrische Abbildung der Diskontinuität Γ_i zu verstehen.

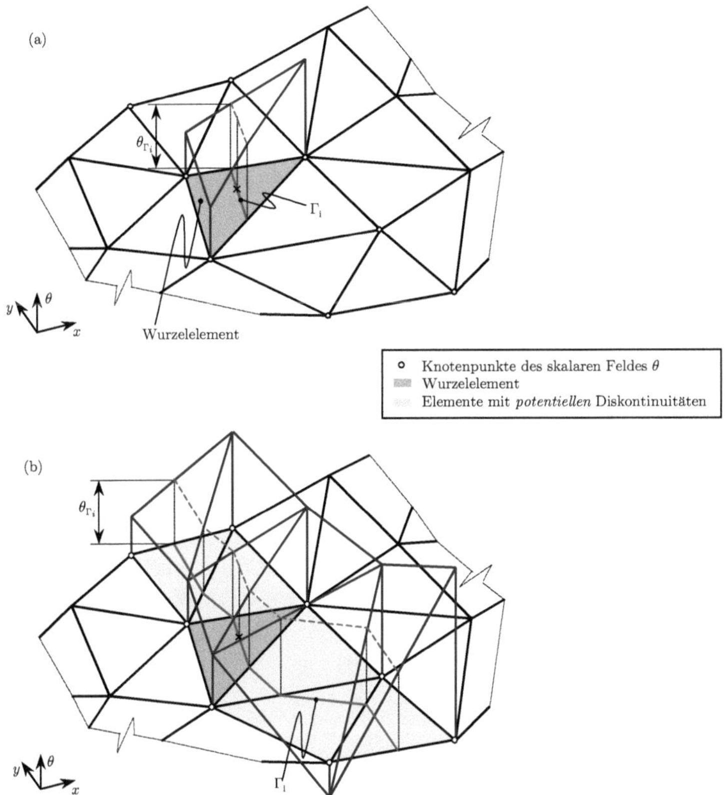

Abbildung 2.9: Schematische Vorgangsweise des *partial domain tracking algorithm* für eine einzelne Diskontinuität Γ_i im Gebiet Ω; (a) Ermittlung des skalaren Feldes Ω des Wurzelelementes und (b) für die Nachbarelemente.

Die Vorgangsweise zur Ermittlung des skalaren Feldes jener Elemente die eine aktuelle oder potentielle Diskontinuität aufweisen, also von der Isolinie $\theta_{\Gamma i}$ gekreuzt werden, ist in Abb. 2.9 dargestellt und wird nachfolgend kurz beschrieben.

Zuerst wird das skalare Feld des Wurzelelementes $e = r_i$ ermittelt, wobei Parallelität der stückweise linearen Isolinien zum Richtungsvektor $\boldsymbol{t}^{(e)}$ des Risspfades gefordert wird. Für das Element e gilt folglich die Bedingung

$$\boldsymbol{t}^{(e)} \cdot \boldsymbol{\nabla}\theta^{(e)} = 0, \tag{2.115}$$

wobei das skalare Feld θ durch die Knotenwerte $\theta_k^{(e)}$ des Elementes e und mit der Interpolationsfunktion $N_k^{(e)}$ des Knotens k wie folgt definiert ist

$$\theta^{(e)} = \sum_{k=1}^{n_e} N_k^{(e)} \theta_k^{(e)}. \tag{2.116}$$

Für den Gradienten des skalaren Feldes des Elementes e gilt

$$\boldsymbol{\nabla}\theta^{(e)} = c \cdot \boldsymbol{n}^{(e)}, \quad c \in \mathbb{R}, \tag{2.117}$$

mit $\boldsymbol{n}$ als den Einheitsnormalenvektor der Diskontinuitätslinie. Der Konstanten c in (2.117) kann außer $c = 0$ jeder beliebige Wert zugewiesen werden, da sie die Orientierung der Isolinie nicht beeinflusst. Einsetzen der in (2.116) gegebenen Definition des skalaren Feldes in (2.117) führt auf folgende Beziehung für den Gradienten des skalaren Feldes

$$\boldsymbol{\nabla}\theta^{(e)} = \sum_{k=1}^{n_e} \frac{\partial N_k^{(e)}}{\partial \boldsymbol{x}} \cdot \theta_k^{(e)} = \sum_{k=1}^{n_e} \frac{\partial N_k^{(e)}}{\partial \boldsymbol{\xi}} \cdot \frac{\partial \boldsymbol{\xi}}{\partial \boldsymbol{x}} \cdot \theta_k^{(e)} = c \cdot \boldsymbol{n}^{(e)}, \quad c \in \mathbb{R}. \tag{2.118}$$

Um das skalare Feld eindeutig bestimmen zu können, wird für einen beliebigen Punkt $\boldsymbol{x} \in \Omega_{e=r_i}$ ein bestimmter skalarer Wert $\theta^{(e=r_i)}$ vorgegeben. Wie bereits erwähnt kann für das Wurzelelement r_i vorausgesetzt werden, dass das Diskontinuitätssegment $\Gamma_i^{(e)}$ durch den Schwerpunkt des Elementes verläuft. Es bietet sich deshalb an, den Wert des skalaren Feldes im Schwerpunkt des Wurzelelementes vorzuschreiben:

$$\theta_{\Gamma i} = \frac{1}{n_e} \sum_{k=1}^{n_e} \theta_k^{(e)}, \quad \theta_{\Gamma i} \in \mathbb{R}. \tag{2.119}$$

An dieser Stelle sei erwähnt, dass die beliebige Wahl der Werte für die Konstante c in (2.117) und für $\theta_{\Gamma i}$ (2.119) möglich ist, weil im Rahmen der Rissverfolgung eine Diskontinuität durch den gewählten Wert $\theta_{\Gamma i}$ identifiziert wird. In [Feist, 2004] wird $c = 1$ und

$\theta_{\Gamma i} = i \cdot 10^2$ gesetzt. Mit (2.118) und (2.119) ist das skalare Feld des Wurzelelementes eindeutig bestimmt.

Anschließend wird die Diskontinuität entlang jener Elemente verfolgt, die unmittelbar an das Wurzelelement angrenzen. Es werden also jene Elemente identifiziert, welche mit dem Wurzelelement *Kantenkonnektivität* aufweisen, was bedeutet, dass Wurzelelement und benachbartes Element jene Kante miteinander teilen, die von einer Diskontinuität gekreuzt wird. Das skalare Feld $\theta(\boldsymbol{x})$ wird dann auf diese benachbarten Elemente ausgedehnt.

Für das zum Wurzelelement e benachbarte Element $e+1$ wird ebenfalls die in (2.115) beschriebene Bedingung gefordert, wobei der Gradient des skalaren Feldes $\theta^{(e+1)}$ in Anlehnung an (2.118) folgendermaßen angegeben werden kann

$$\boldsymbol{\nabla}\theta^{(e+1)} = \sum_{k=1}^{n_{e+1}} \frac{\partial N_k^{(e+1)}}{\partial \boldsymbol{\xi}} \cdot \frac{\partial \boldsymbol{\xi}}{\partial \boldsymbol{x}} \cdot \theta_k^{(e+1)} = c \cdot \boldsymbol{n}^{(e+1)}, \quad c \in \mathbb{R}. \tag{2.120}$$

In (2.120) kann die Konstante c nicht mehr frei gewählt werden weil für das Element $e+1$ nämlich das skalare Feld an jenen Knoten, die mit dem Wurzelelement e die gemeinsame Kante festlegen, bereits bekannt ist. Mit (2.120) kann auch das skalare Feld $\theta^{(e+1)}$ eindeutig bestimmt werden und der Algorithmus kann auf das nächste Element, welches mit dem Element $e+1$ die entsprechende Kantenkonnektivität aufweist, angewandt werden. Der Vorgang wird solange wiederholt bis die Grenzen des Netzes erreicht sind, bzw. solange bis kein Element mit der von der Diskontinuität gekreuzten Kante die so genannte Kantenkonnektivität aufweist.

Mit dem bekannten skalaren Feld $\theta(\boldsymbol{x})$ kann das Diskontinuitätssegment $\Gamma_i^{(e)}$ innerhalb eines Elementes e eindeutig bestimmt werden. Mit der für lineare Dreieckselemente gültigen Bedingung

$$\min(\theta_k) \leq \theta_{\Gamma i} < \max(\theta_k) \quad \forall k \in \{1, \ldots, n_e\} \tag{2.121}$$

kann einfach festgestellt werden, ob die entsprechende Isolinie $\theta_{\Gamma i}$ das Element e kreuzt. Wenn die Bedingung (2.121) erfüllt ist, kann die Funktion $\varphi^{(e)}$ (2.102) anhand der Isolinie $\theta_{\Gamma i}$ folgendermaßen bestimmt werden

$$\varphi^{(e)} = \sum_{k=1}^{n_e^+} N_k^{(e)} \quad | \quad k \quad \text{mit} \quad \theta_k - \theta_{\Gamma i} > 0, \quad e \in \Omega_\varphi. \tag{2.122}$$

Der vorgestellte *partial domain crack tracking algorithm* benötigt neben den Informationen bezüglich der Netztopologie auch Informationen bezüglich der Richtung des Diskontinuitätspfades. Zur Beschreibung des Rissverfolgungsalgorithmus wurden die Vektorfelder $\boldsymbol{N}(\boldsymbol{x})$ (2.106) und $\boldsymbol{T}(\boldsymbol{x})$ (2.107) jeweils als bekannt vorausgesetzt. Im Folgenden wird nun die in [Feist, 2004] vorgestellte Methode zur Bestimmung dieser Vektorfelder, die die Richtungsinformationen für die Rissverfolgung liefern, beschrieben.

2.10 Bestimmung der Rissrichtung

Im Rahmen der Simulation des Verhaltens unbewehrter Betonstrukturen wird häufig die Fließbedingung nach RANKINE verwendet, um die Richtung von Rissen vorherzusagen. Gemäß dieser Hypothese bildet sich bei Erreichen der Zugfestigkeit f_t ein Riss in der Ebene normal zur Richtung der maximalen Hauptspannung $\boldsymbol{n}_p$. Unter Voraussetzung isotropen, linear elastischen Verhaltens bis zur Rissinitiierung entsprechen die Hauptachsen des Spannungstensors jenen des Verzerrungstensors.

Die in einem bestimmten Materialpunkt ermittelte Hauptspannungsrichtung stellt aber insbesondere bei Verwendung linearer Dreieckselemente nur eine grobe Approximation der tatsächlichen Hauptspannungsrichtung dar, was unter anderem auf die niedrige Interpolationsordnung zurückzuführen ist. Die damit verbundene schlechte Approximation des Risspfades kann zu *Locking-Effekten* und damit zu einer verfälschten Energiedissipation führen. Um die Mängel der *lokal* ermittelten Vorhersage der Rissrichtung zu umgehen, wird in [Feist, 2004] das Konzept der *nichtlokalen Mittelung* verwendet.

Die grundlegende Idee des Konzepts der *nichtlokalen Mittelung* besteht darin, eine bestimmte lokale Größe $(\bullet)$ durch das entsprechende nichtlokale Abbild $(\bar{\bullet})$ zu ersetzen, indem die Umgebung des betreffenden Materialpunktes miteinbezogen wird. Die Beziehung zwischen der *lokalen* und der entsprechenden *nichtlokalen* Größe kann wie folgt angegeben werden

$$(\bar{\bullet})(\boldsymbol{x}) = \int_V \alpha(\boldsymbol{x}, \boldsymbol{\xi}) \; [(\bullet)(\boldsymbol{\xi})] \; \mathrm{d}V, \tag{2.123}$$

wobei V das Volumen des Gebietes Ω bedeutet und $\alpha(\boldsymbol{x}, \boldsymbol{\xi})$ für die *nichtlokale Wichtungsfunktion* steht.

Um auch im Randbereich $\delta\Omega$ des Gebietes Ω ein konstantes lokales Feld durch das entsprechende nichtlokale Feld korrekt abbilden zu können, wird die Restriktion

$$\int_V \alpha(\boldsymbol{x}, \boldsymbol{\xi}) \, \mathrm{d}V = 1 \quad \forall \boldsymbol{x} \in V \tag{2.124}$$

gefordert, die man durch die Skalierung der Wichtungsfunktion $\alpha(\boldsymbol{x}, \boldsymbol{\xi})$ zu

$$\alpha(\boldsymbol{x}, \boldsymbol{\xi}) = \frac{\alpha_0(r)}{V_\alpha} \tag{2.125}$$

erfüllt. Das in (2.125) verwendete gewichtete Volumen V_α kann folgendermaßen definiert werden

$$V_\alpha = \int_V \alpha_0(r) \, \mathrm{d}V, \tag{2.126}$$

wobei in [Feist, 2004] die Wichtungsfunktion

$$\alpha_0(r) = \begin{cases} \frac{1}{c}\left(1 - \frac{r^2}{R^2}\right)^2 & \text{für} \quad 0 \leq r \leq R \\ 0 & \text{für} \quad r \geq R \end{cases} \tag{2.127}$$

verwendet wird. Der Interaktionsradius R wird in Abhängigkeit der Größe der Zuschlagskörner des Materials gewählt. Der Skalierungsfaktor c wird in [Feist, 2004] $c = \pi R^2/3$ gesetzt.

Entsprechend der gewählten Wichtungsfunktion kann man für die nichtlokal gemittelte Größe einen Glättungseffekt beobachten. Im Rahmen der vorgestellten Arbeit wird dieser Glättungseffekt verwendet, um die Vorhersage der Rissrichtung zu verbessern. Dazu wird das Konzept der nichtlokalen Mittelung auf den Verzerrungstensor $\boldsymbol{\varepsilon}(\boldsymbol{x})$ angewandt, woraus die nichtlokalen Verzerrungen aus (2.123) zu

$$\bar{\boldsymbol{\varepsilon}}(\boldsymbol{x}) = \int_V \alpha(\boldsymbol{x}, \boldsymbol{\xi}) \, \boldsymbol{\varepsilon}(\boldsymbol{\xi}) \, \mathrm{d}V \tag{2.128}$$

folgen. Zur Bestimmung der Rissrichtung wird folglich nicht die Richtung der maximalen *lokalen* Hauptverzerrung, sondern die Richtung des Vektors der maximalen *nichtlokalen* Hauptverzerrung bei Erreichen der Zugfestigkeit verwendet.

Kapitel 3

Erweiterung des Rissmodells mittels Ansätzen aus der Schädigungsmechanik

3.1 Formulierung für Entlastungszustände

Mit Hilfe des vorgestellten Rissmodells ist es möglich, das Versagen von unbewehrten Betonstrukturen bzw. Teilbereichen davon unter monotoner Belastung zu beschreiben. Die Rissbildung und -öffnung werden auf der Grundlage der Plastizitätstheorie als irreversible Prozesse modelliert. Die Entlastung erfolgt im Rahmen der Plastizitätstheorie unter Beibehaltung der gesamten plastischen Verzerrungen ohne Änderung der elastischen Materialeigenschaften, d.h. ein offener Riss kann sich bei Entlastung erst bei unrealistisch hohen Druckspannungen normal zum Riss wieder schließen (Abb. 3.1).

Im Zuge der numerischen Analyse können lokalisierte Versagenszustände in Teilbereichen der Struktur zu Spannungsumlagerungen führen, die auch lokale Entlastungszustände bewirken. Entlastung infolge zyklischer Belastung und/oder lokale Entlastungszustände führen zu einer Reduktion der Rissöffnung. Dies kann bis zur Schließung bereits offener Risse führen.

Im Rahmen der Schädigungsmechanik wird das Entstehen und die Ausbreitung von Mikrodefekten durch die Degradation der elastischen Materialeigenschaften berücksichtigt. Ein

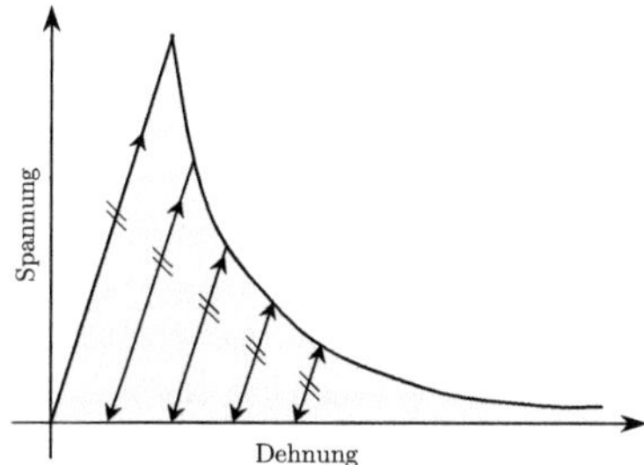

Abbildung 3.1: Ent- und Wiederbelastung im Rahmen der Plastizitätstheorie.

geöffneter Riss kann sich bei Entlastungsvorgängen wieder schließen. Das makroskopische Materialverhalten von Beton kann somit durch eine Kombination der Plastizitätstheorie mit der Schädigungsmechanik realistisch beschrieben werden.

Im Folgenden wird ein *isotropes Schädigungsmodell* mit dem vorgestellten, auf *der Methode der eingebetteten Diskontinuitäten* beruhenden Rissmodell gekoppelt. Durch die Ermittlung des Schädigungsgrades zu Beginn jedes Entlastungsvorganges wird es möglich, eine vollständige Rissschließung zu beschreiben.

Das vorgestellte elasto-plastische Materialmodell wird durch einen skalaren Schädigungsparameter $0 \leq d \leq 1$ erweitert. Mit Hilfe des skalaren Parameters kann die im Zuge von Belastungsvorgängen auftretende Degradation der elastischen Materialeigenschaften, die im Rahmen der reinen Plastizitätstheorie unberücksichtigt bleibt, erfasst werden.

Damit festgestellt werden kann, ob elastische Entlastung oder Entfestigung stattfindet, sind nach [Simo et al., 1993] die Be-/ Entlastungsbedingungen (2.14) in Abhängigkeit der Prädiktorspannung $\boldsymbol{\sigma}^{tr}$ zu formulieren [Menrath, 1999]:

$$f_i < 0 \qquad \text{elastische Be – / Entlastung} \tag{3.1}$$

$$f_i = 0 \quad \begin{cases} \partial_{\sigma} f_i : \dot{\boldsymbol{\sigma}}^{tr} < 0 & \text{Entlastung vom plastischen Zustand} \\ \partial_{\sigma} f_i : \dot{\boldsymbol{\sigma}}^{tr} = 0 & \text{neutrale Belastung} \\ \partial_{\sigma} f_i : \dot{\boldsymbol{\sigma}}^{tr} > 0 & \text{plastische Belastung.} \end{cases} \tag{3.2}$$

Im Rahmen des isotropen Schädigungsmodells ist der Zusammenhang zwischen dem degradierten Elastizitätsmodul E_d und dem Elastizitätsmodul des ungeschädigten Materials E_c zu

$$E_d = (1 - d)\ E_c \tag{3.3}$$

festgelegt. Aus (3.3) folgt, dass $d = 0$ dem ungeschädigten und $d = 1$ dem vollständig geschädigten Material entspricht. Während im Rahmen des Konzepts der verschmierten Risse der Schädigungsgrad d in einem ingenieurmäßigen Ansatz mit der Beziehung zwischen der äquivalenten Spannung und der äquivalenten Dehnung abgeschätzt wird [Crisfield und Wills, 1989], wird der Grad der Schädigung im Zuge des Konzepts der Elemente mit eingebetteten Diskontinuitäten unter dominanter MODE-I Belastung, in der vorliegenden Arbeit, als Beziehung zwischen der aufnehmbaren Zugspannung des Materials $\bar{\sigma}_n(\zeta_n)$ ((2.50) oder (2.51)) und der Normalkomponente des kompatiblen Anteils $\hat{\varepsilon}_n$ des regulären Verzerrungstensors $\bar{\varepsilon}$ (2.7) zum Zeitpunkt t beschrieben. Die Definition des geschädigten Elastizitätsmoduls folgt aus Abb. 3.2a zu

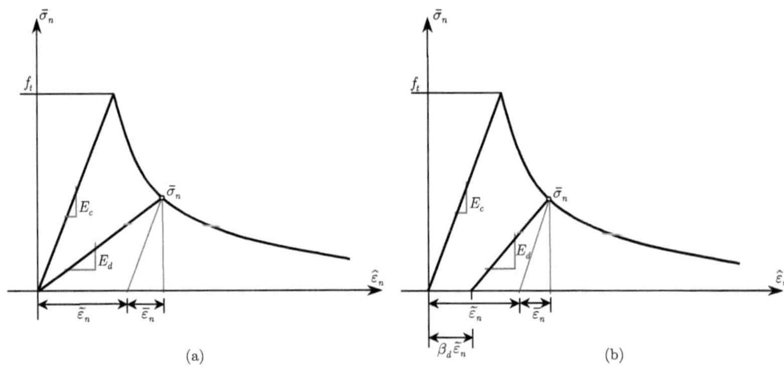

Abbildung 3.2: Beziehung zwischen der äquivalenten Spannung $\bar{\sigma}_n$ und der Normalkomponente des kompatiblen Anteils des Verzerrungstensors $\hat{\varepsilon}_n$ zur Bestimmung des Schädigungsparameters d infolge Zugbeanspruchung unter Berücksichtigung von (a) keinen und (b) teilweise bleibenden Verzerrungen nach vollständiger Entlastung.

$$E_d = \frac{\bar{\sigma}_n}{\bar{\varepsilon}_n + \tilde{\varepsilon}_n}. \tag{3.4}$$

Einsetzen der Beziehung zwischen dem degradierten Elastizitätsmodul und dem Elastizitätsmodul des ungeschädigten Materials (3.3) in (3.4) führt auf folgende Gleichung

$$(1-d) = \frac{\bar{\sigma}_n}{E_c\,(\bar{\varepsilon}_n + \tilde{\varepsilon}_n)}. \tag{3.5}$$

Da der reguläre Anteil des Verzerrungstensors $\bar{\boldsymbol{\varepsilon}}$ in (2.5) dem elastischen Anteil $\boldsymbol{\varepsilon}^e$ der additiven Zerlegung der Verzerrungen in (2.9) entspricht, erhält man für den Schädigungsparameter d folgende Beziehung

$$d = 1 - \frac{\bar{\sigma}_n}{\bar{\sigma}_n + E_c\,\tilde{\varepsilon}_n}. \tag{3.6}$$

Die äquivalente Spannung $\bar{\sigma}_n$ in (3.6) ist gemäß (2.50) bzw. (2.51) abhängig von der Größe des Verschiebungssprunges ζ_n zum Zeitpunkt t, d.h. der Rissöffnung in Richtung senkrecht auf die Diskontinuitätsfläche Γ zum Zeitpunkt t.

Die Verwendung des erweiterten regulären Verzerrungsanteils $\tilde{\varepsilon}_n$ in Richtung senkrecht zur Diskontinuitätsfläche Γ ist nur möglich, wenn die Simulation der Rissbildung auf Basis des Konzepts der unveränderlichen Rissflächen erfolgt. Nur unter der Einschränkung, dass nach der Rissinitiierung der Richtungsvektor $\boldsymbol{n}$ des Verschiebungssprunges ζ_n fest gehalten wird, ist nämlich gewährleistet, dass die erweiterte reguläre Verzerrungskomponente $\tilde{\varepsilon}_n$ senkrecht zur Diskontinuitätsfläche Γ infolge der Belastung zunimmt und niemals abnimmt, wie dies unter Berücksichtigung rotierender Rissflächen infolge von Spannungsumlagerungen möglich wäre.

Mit dem Schädigungsparameter d nach (3.6) wird bei entsprechender Entlastung eine völlige Rissschließung beschrieben (siehe Abb. 3.2a). Experimentelle Untersuchungen allerdings zeigen, dass die Rissöffnung infolge von Entlastungsschritten nicht zur Gänze abgebaut wird. Durch Verwendung eines Skalierungsfaktors β_d [Dahlblom und Ottosen, 1990] in der isotropen Schädigungsgleichung (3.6) wird es möglich, auch eine teilweise Rissschließung zu beschreiben:

$$d = 1 - \frac{\bar{\sigma}_n}{\bar{\sigma}_n + E_c\,(1-\beta_d)\,\tilde{\varepsilon}_n}. \tag{3.7}$$

Der Skalierungsfaktor β_d kann Werte zwischen 0 und 1 annehmen. Aus (3.7) folgt, dass $\beta_d = 0$ den Sonderfall der völligen Rissschließung, also der reinen Kontinuumsschädigungsmechanik bedeutet, während $\beta_d = 1$ auf die Entlastungsbedingung ohne Berücksichtigung der Degradation der elastischen Materialeigenschaften, also den Sonderfall der reinen Plastizitätstheorie (wie in [Feist, 2004]) führt. Abb. 3.2b zeigt die Spannungs-Verzerrungsbeziehung eines Be- und Entlastungsvorganges unter Berücksichtigung von teilweise bleibenden plastischen Verzerrungen $\beta_d \tilde{\varepsilon}_n$, die man durch Einsetzen von (3.7) in (3.3) mit einem Skalierungsfaktor $\beta_d > 0$ erhält.

Bei Ent- und Wiederbelastung im Zuge zyklischer Belastung sind vielfach Wechselspiele zwischen dem Zugbereich und dem Druckbereich zu beobachten. Beim Wechsel vom Elastizitätsmodul im Zugbereich in den Druckbereich tritt infolge der Rissschließung eine erneute Zunahme des degradierten Elastizitätsmoduls auf. In der vorliegenden Arbeit wird aber auf ein eigenes Schädigungsmodell für den Druckbereich verzichtet. Vereinfachend wird für Entlastungsvorgänge und anschließende Belastung im Druckbereich angenommen, dass dann wiederum die ursprünglichen elastischen Materialeigenschaften auftreten. Die Übergangsbedingungen vom Zug- in den Druckbereich können folgendermaßen beschrieben werden

$$t_n > 0 \quad \Rightarrow \quad E = E_d \tag{3.8}$$

$$t_n < 0 \quad \Rightarrow \quad E = E_c. \tag{3.9}$$

3.2 Benchmark-Tests

Im Folgenden wird die im Rahmen der vorliegenden Dissertation vorgenommene Erweiterung des Rissmodells mittels Ansätzen aus der Schädigungsmechanik anhand einzelner Versuchsnachrechnungen verifiziert.

3.2.1 Zyklischer Zugversuch

Die erste Nachrechnung orientiert sich an einem einaxialen Zugversuch unter zyklischer Belastung [Gopalaratnam und Shah, 1985]. Unter der Voraussetzung eines ebenen Span-

Parameter	Material A	Material B	Einheit
E_c	31700.00	39000.00	$[N/mm^2]$
ν	0.18	0.18	
f_t	3.48	3.20	$[N/mm^2]$
G_f	0.040	0.045	$[N/mm]$

Tabelle 3.1: Parameter für: Material A - zyklischer einaxialer Zugversuch; Material B - Versuch mit zyklischer Zug-Druckbelastung.

nungszustandes wird die in Abb. 3.3 gezeigte Versuchskurve, die aus der zyklischen Zugbelastung eines quadratischen Probekörpers mit den Abmessungen 82.6 x 82.6 mm folgt, mit der aus der numerischen Simulation erhaltenen Spannungs-Dehnungsbeziehung unter Verwendung dreiknotiger Kontinuumselemente verglichen. Die verwendeten Materialparame-

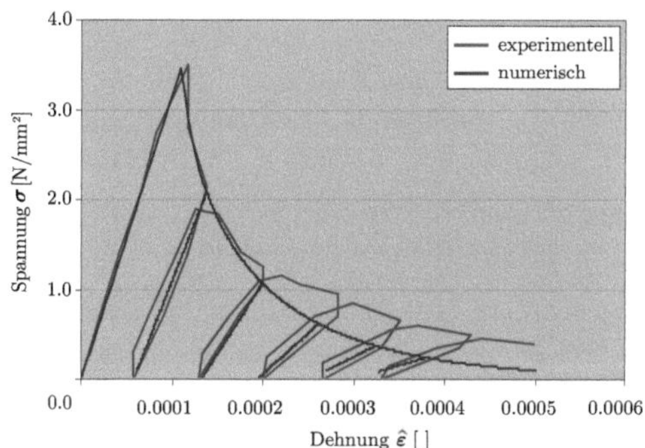

Abbildung 3.3: Einaxialer Zugversuch unter zyklischer Belastung: Spannungs-Dehnungsdiagramm aus dem Versuch nach [Gopalaratnam und Shah, 1985] und aus der numerischen Berechnung.

ter können der Tab. 3.1 (Material-A) entnommen werden. Im Rahmen der numerischen Simulation wird der Probekörper mit dem in Abb. 3.4 gezeigten Netz approximiert und die Be- bzw. Entlastungen werden jeweils verschiebungskontrolliert aufgebracht. Unter der Annahme einer exponentiellen Entfestigungsbeziehung (2.50), der Aufrechterhaltung der vollen Schubkraftübertragung auch nach Ausbildung des durchgehenden Risses und der

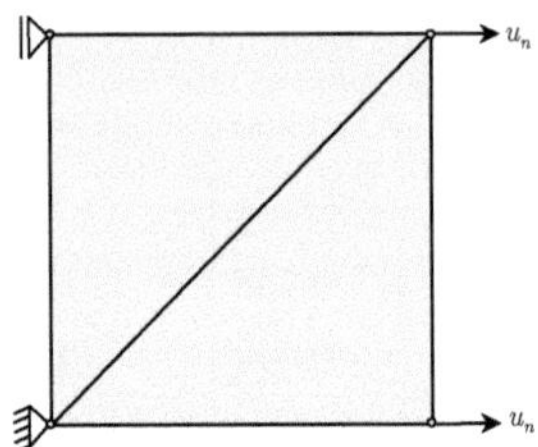

Abbildung 3.4: Diskretisierter Prüfkörper.

Verwendung der Schädigungsgleichung (3.7) mit einem Skalierungsfaktor von $\beta_d = 0.8$, folgt die in Abb. 3.3 gezeigte Spannungs-Dehnungsbeziehung, die die Degradation der elastischen Materialeigenschaften gut wiedergibt, wie der Vergleich mit den Versuchswerten zeigt. Einzig die Hystereseschleifen für die Wiederbelastung können nicht wiedergegeben werden.

Im Kapitel 4.1 dieser Arbeit wird das Rissmodell durch die Berücksichtigung der Schubkraftübertragung entlang rauer Rissufer erweitert. Für gegebenes Beispiel und für die Beschreibung des Materialverhaltens in Richtung des Vektors $\boldsymbol{n}$ allerdings wirkt sich die vereinfachte Annahme der Aufrechterhaltung der vollen Schubkraftübertragung auch nach Ausbildung des durchgehenden Risses nicht negativ aus.

Der Einfluss unterschiedlicher Skalierungsfaktoren β_d in Bezug auf die bei Entlastung verbleibenden Verzerrungen $\beta_d \tilde{\varepsilon}_n$ wird in Abb. 3.5 gezeigt. Im Rahmen der reinen Plastizitätstheorie, die sich als Sonderfall der vorgestellten Kombination mit einem Skalierungsfaktor von $\beta_d = 1.0$ (3.7) ergibt, erhält man jene Spannungs-Dehnungsbeziehung in Abb. 3.5, für welche Ent- bzw. Wiederbelastungspfade jeweils parallel zum Erstbelastungspfad verlaufen. Die Entlastungsschritte erfolgen somit unter Beibehaltung der gesamten plastischen Verzerrungen, d.h ohne Berücksichtigung der Degradation des Elastizitätsmoduls E_c. Im Rahmen der Schädigungsmechanik, die den zweiten Sonderfall mit einem Skalierungsfaktor von $\beta_d = 0.0$ (3.7) darstellt, führen die Verlängerungen der Entlastungsäste in Abb. 3.5 für dieselbe Belastungsgeschichte jeweils durch den Ursprung des Koordinatensystems. Es ist erkennbar, dass mit der Schädigungsmechanik bei vollständiger Entlastung keine irreversiblen Dehnungen bzw. keine verbleibenden Rissöffnungen verbunden sind. Aus der numerischen Berechnung des zyklischen einaxialen Zugversuches [Gopalaratnam und Shah, 1985] mit einem Skalierungsfaktor von $\beta_d = 0.8$ in (3.7) erhält man

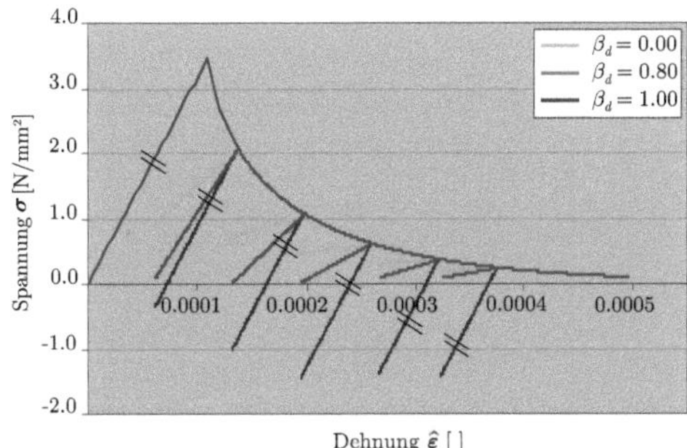

Abbildung 3.5: Vergleich der numerischen Berechnungen des einaxialen zyklischen Zugversuches unter Verwendung unterschiedlicher Skalierungsfaktoren β_d anhand von Spannungs- Dehnungsbeziehungen.

jene Spannungs-Dehnungsbeziehung, die die bei vollständiger Entlastung verbleibenden Rissöffnungen unter Berücksichtigung des degradierten Elastizitätsmoduls E_d gut wiedergibt, wie der Vergleich mit den Versuchswerten zeigt.

3.2.2 Zyklischer Zug-Druckversuch

Mit der zweiten Nachrechnung wird die zyklische Zug-Druckbelastung eines Probekörpers mit quadratischem Querschnitt nachvollzogen. Die verwendeten Materialparameter können Tab. 3.1 (Material-B) entnommen werden. Im Rahmen der numerischen Simulation wird die in Abb. 3.4 gezeigte Diskretisierung verwendet. Der Einfachheit halber wird für Entlastungsschritte mit anschließender Belastung im Druckbereich angenommen, dass der für den Zugbereich verwendete degradierte Elastizitätsmodul E_d im Druckbereich durch den Elastizitätsmodul des ungeschädigten Materials E_c ersetzt wird (siehe Übergangsbedingungen (3.8) und (3.9)). Das Entfestigungsverhalten des unbewehrten Betons wird, wie bei der ersten Nachrechnung, durch die exponentielle Funktion (2.50) definiert. Für die Beschreibung des Materialverhaltens in Richtung des Vektors $\boldsymbol{t}$ wird wiederum die vereinfachte Annahme der vollen Schubkraftübertragung auch nach Ausbildung des durchgehenden Risses getroffen. Die teilweise Rissschließung kann durch Wahl des Skalierungsfaktors $\beta_d = 0.45$ in (3.7) berücksichtigt werden, womit eine gute Übereinstimmung der numerischen und experimentellen Ergebnisse erzielt wird. Die Gegenüberstellung der numeri-

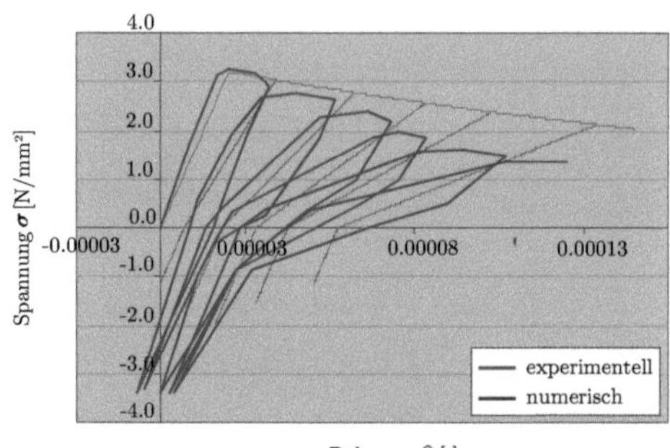

Abbildung 3.6: Einaxialer Zug-Druckversuch unter zyklischer Belastung: Spannungs-Dehnungsdiagramm aus dem Versuch nach [Reinhardt, 1984] und aus der numerischen Berechnung.

schen und experimentellen Ergebnisse [Reinhardt, 1984] erfolgt in Form der Spannungs-Dehnungsbeziehung in Abb. 3.6. Der Vergleich zeigt, dass durch die vorgenommene Erweiterung des Rissmodells mittels Ansätzen aus der Schädigungsmechanik im Hinblick auf zyklische Belastungsschritte die Degradation der Materialeigenschaften im Zugbereich gut approximiert werden kann, dass allerdings die vereinfachende Annahme im Druckbereich zu den erwarteten Abweichungen führt.

3.2.3 Drei-Punkt-Biegeversuch

Das dritte Verifikationsbeispiel beinhaltet die Nachrechnung eines gekerbten Drei-Punkt-Biegeversuches aus unbewehrtem Beton nach [Perdikaris und Romeo, 1995]. Die Geometrie des Versuchskörpers kann der Abb. 3.7, die Materialparameter können der Tab. 3.2 entnommen werden. Im Zuge der numerischen Berechnung wird das in Abb. 3.8 gezeigte Netz verwendet, für das dreiknotige finite Elemente mit eingebetteten Diskontinuitäten unter Voraussetzung eines ebenen Spannungszustands verwendet werden. Die Belastung wird in der Simulation in Form von vertikalen Verschiebungen aufgebracht. Das Entfestigungsverhalten wird mit der hyperbolischen Funktion (2.51) approximiert. Für die Beschreibung der zyklischen Belastungsschritte bzw. der zugehörigen Degradation des Elastizitätsmoduls wird in die Beziehung für den isotropen Schädigungsparameter (3.7) der Skalierungsfaktor $\beta_d = 0.72$ eingesetzt. Der Vergleich der numerischen und experimentellen Berechnungsergebnisse in Form eines Kraft-Verschiebungsdiagrammes in Abb. 3.9 zeigt eine gute Übereinstimmung.

Der Knick in den berechneten Ent- bzw. Wiederbelastungsästen in Abb. 3.9 ist darauf zurückzuführen, dass die über den Riss übertragene Normalspannung t_n (2.48) vom Zug- in den Druckbereich wechselt und damit der Elastizitätsmodul des geschädigten Materials E_d durch den Elastizitätsmodul E_c des ungeschädigten Materials ersetzt wird (siehe (3.8) und (3.9)). Die zunehmend geringere Neigung der einzelnen Ent- bzw. Wiederbelastungsäste in Abb. 3.9 ist auf den fortschreitenden Schädigungsgrad d des Materials zurückführen, der einen stärker degradierten Elastizitätsmodul zur Folge hat.

Der Knick in den Ent- bzw. Wiederbelastungsästen in Abb. 3.9 entspricht dem Zeitpunkt,

Parameter	Wert	Einheit
E	43600.00	[N/mm^2]
ν	0.20	
f_t	4.00	[N/mm^2]
G_f	0.1195	[N/mm]

Tabelle 3.2: Materialparameter für den Drei-Punkt-Biegeversuch nach [Perdikaris und Romeo, 1995].

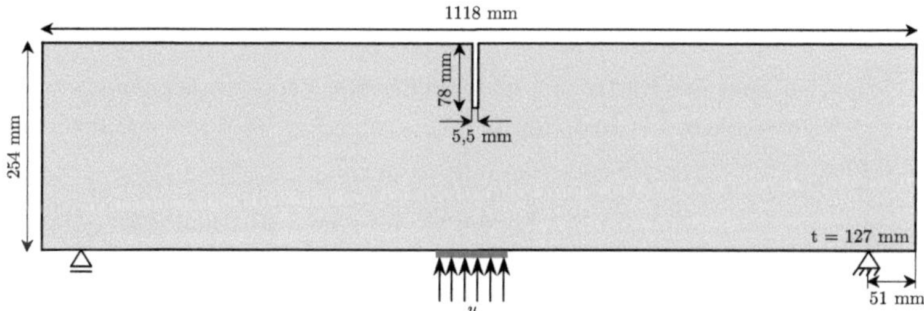

Abbildung 3.7: Versuchsanordnung des Drei-Punkt-Biegeversuches nach [Perdikaris und Romeo, 1995].

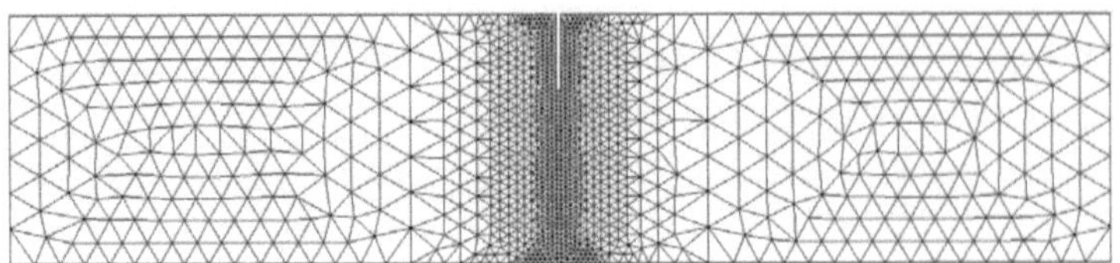

Abbildung 3.8: Verwendete Diskretisierung für den gekerbten Drei-Punkt-Biegebalken aus unbewehrtem Beton.

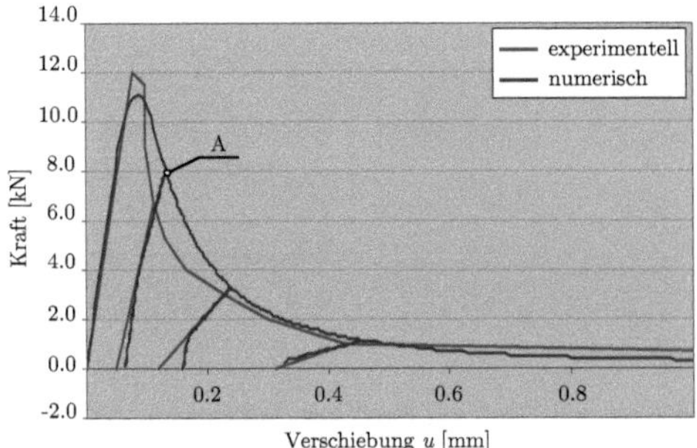

Abbildung 3.9: Gekerbter Drei-Punkt-Biegeversuch: Kraft-Verschiebungsdiagramm resultierend aus dem Versuch nach [Perdikaris und Romeo, 1995] und der numerischen Simulation.

zu welchem im Zuge der Entlastung die verbleibende Verzerrungskomponente $\beta_d\tilde{\varepsilon}_n$ bzw. die zugehörige verbleibende Rissöffnung $\beta_d\zeta_{n,max}$ erreicht wird und somit die Rissschließung erfolgt.

Wenn $\beta_d = 0$ gesetzt wird, für den Sonderfall der reinen Kontinuumsschädigungsmechanik also, sind bei der Rissschließung in guter Näherung keine bleibenden Verzerrungen vorhanden. In guter Näherung deshalb, weil die Übergangsbedingung (3.9) von der Normalspannungskomponente t_n abhängt, die sich im Zuge des vorgestellten Rissmodells als Projektion des Spannungsvektors $\boldsymbol{\sigma}$ in Richtung der nichtlokalen maximalen Hauptdehnung $\boldsymbol{n}_p$ ergibt. Der aus dem Konzept der nichtlokalen Mittelung resultierende Glättungs-

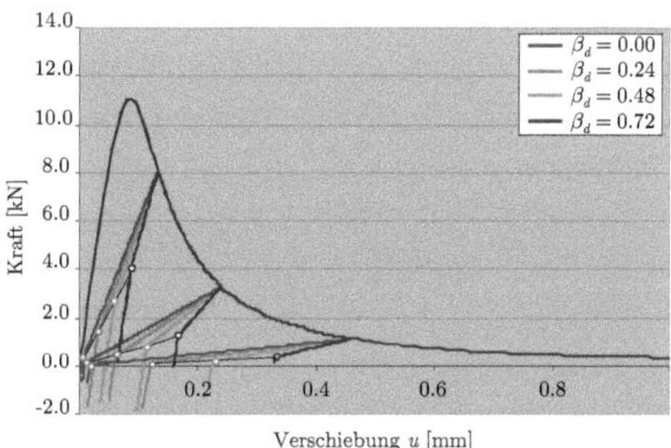

Abbildung 3.10: Kraft-Verschiebungsbeziehungen aus der numerischen Simulation des gekerbten Drei-Punkt-Biegeversuches unter Verwendung unterschiedlicher Skalierungsfaktoren.

effekt ermöglicht eine verbesserte Vorhersage der Rissrichtung. Dieser Glättungseffekt bewirkt allerdings auch, dass $t_n = (\boldsymbol{n}_p \otimes \boldsymbol{n}_p) : \boldsymbol{\sigma}$ zu einem früheren Entlastungszeitpunkt in den Druckbereich wechselt im Vergleich zur lokal ermittelten Spannungskomponente $t_n = (\boldsymbol{n} \otimes \boldsymbol{n}) : \boldsymbol{\sigma}$ (2.48).

Für einen Skalierungsfaktor $\beta_d > 0$ werden über die Rissfläche bereits vor der Rissschließung Druckspannungen übertragen. Abb. 3.10 zeigt die Auswirkungen der Verwendung unterschiedlicher Skalierungsfaktoren β_d auf die Neigungsänderung der Ent- bzw. Wiederbelastungspfade.

3.2.4 Berechnung der Rissschließung

Aus den KUHN-TUCKER-Bedingungen (2.14) folgt, dass die in (2.65) beschriebene Rate des Verschiebungssprunges $\dot{\zeta}_n$ normal zur Diskontinuitätsfläche Γ nur für plastische Belastungsschritte mit $f_n = 0$ (2.48) und $\lambda_n = \lambda_{\delta,n} > 0$ (2.44) gültig ist. Aus dieser Einschränkung zusammen mit der in (2.46) gegebenen Beziehung $\lambda_{\delta,n} = \dot{\zeta}_n$ folgt $\dot{\zeta}_n \geq 0$.

Die Rissöffnung ζ_n zum Zeitpunkt t stellt also jeweils den Maximalwert der bisher aufgetretenen Rissöffnung dar (siehe Abb. 3.11). Dies bedeutet allerdings, dass die Rissschließung, die durch die vorgenommene Erweiterung des Rissmodells mittels Ansätzen aus der Schädigungsmechanik möglich ist, nicht erfasst werden kann.

Obwohl mit der vorgestellten Kombination aus der Plastizitätstheorie und der Kontinuumsschädigungsmechanik beispielsweise im Spannungs-Dehnungsdiagramm in Abb. 3.3 für den einaxialen Zugversuch unter zyklischer Belastung sowohl die teilweise verbleibende erweiterte Verzerrungskomponente $\tilde{\varepsilon}_n \beta_d$ als auch die Degradation des elastischen Elastizitätsmoduls $E_c \rightarrow E_d$ approximiert werden können, ergibt sich für die Rissöffnung ζ_n in Richtung senkrecht auf die Diskontinuitätsfläche Γ der in Abb. 3.11 dargestellte Verlauf. Während der elastischen Ent-/ bzw. Wiederbelastungsschritte bleibt ζ_n konstant.

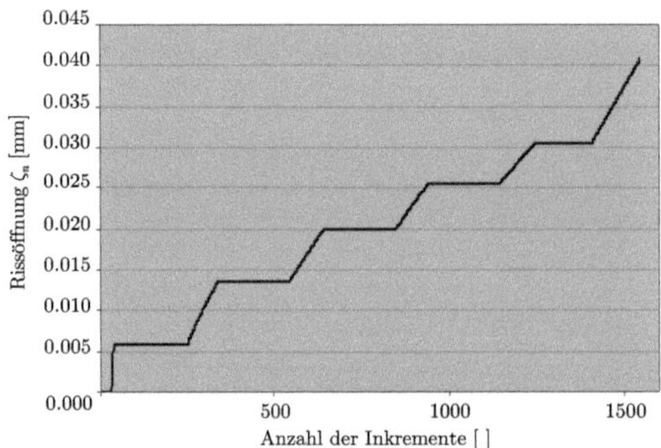

Abbildung 3.11: Verlauf der Rissöffnung ζ_n in Abhängigkeit von der Anzahl der Inkremente der zyklischen Belastung des einaxialen zyklischen Zugversuches nach [Reinhardt, 1984].

Die physikalische Bedeutung von ζ_n als Maximalwert der Rissöffnung ist im Rahmen des Konzepts der Elemente mit eingebetteten Diskontinuitäten darauf zurückzuführen, dass sich für die elastischen Be- und Entlastungsschritte der inkrementelle Zuwachs des Konsistenzparameters zu $\Delta\lambda_{\delta,n} = 0$ (2.68a) ergibt und deshalb $\Delta\zeta_n$ im Zuge elastischer Be- und Entlastungsschritte gleich null ist. Mit der in (2.70a) gegebenen Beziehung zwischen $\Delta\zeta_n$ und $\tilde{\varepsilon}$ folgt, dass auch $\tilde{\varepsilon}_n$, die Normalkomponente des in (2.70a) verwendeten erweiterten Anteils $\tilde{\varepsilon}$ des regulären Verzerrungstensors $\bar{\varepsilon}$, im Zuge elastischer Be- und Entlastungsschritte konstant ist.

Die Rissschließung im Zuge von Entlastungsschritten und damit die jeweils aktuelle Rissöffnung $\zeta_{n,akt}$ in Richtung senkrecht auf die Diskontinuitätsfläche Γ wird in der vorliegenden Arbeit näherungsweise über Ähnlichkeitsbeziehungen berechnet, wobei zur Schädigungsmechanik analoge Beziehungen für das Spannungs-Rissöffnungsdiagramm angenommen werden (siehe Abb. 3.12). Für die elastischen Be- bzw. Entlastungsschritte stimmen die Cauchyschen Spannungen mit den elastischen Prädiktorspannungen $\boldsymbol{\sigma}^{tr}$ überein. Da aus der numerischen Simulation sowohl der Spannungstensor $\boldsymbol{\sigma}$ als auch die jeweils maximale Rissöffnung $\zeta_{n,max} = \zeta_n$ zu jedem beliebigen Zeitpunkt bekannt sind, folgt für die Spannungs- und Rissöffnungskomponente jeweils senkrecht auf die Diskontinuitätsfläche Γ aus den geometrischen Ähnlichkeitsbeziehungen der Abb. 3.12 folgender Zusammenhang:

$$\frac{\zeta_{n,akt}}{\zeta_{n,max}} = \left[\beta_d + (1-\beta_d)\frac{\bar{\sigma}_n(\zeta_{n,akt})}{\bar{\sigma}_n(\zeta_{n,max})}\right]. \tag{3.10}$$

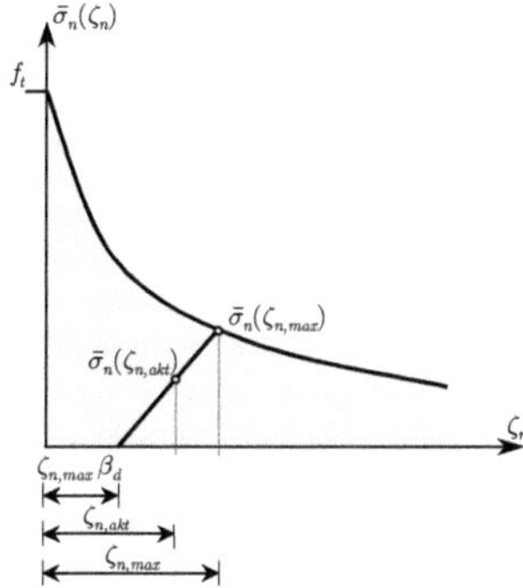

Abbildung 3.12: Ähnlichkeitsbeziehungen im Spannungs-Rissöffnungsdiagramm.

Laut Abb. 3.12 beschreibt $\bar{\sigma}_n(\zeta_{n,max})$ jenen Spannungspunkt auf der Entfestigungsfunktion, von dem aus der Entlastungsschritt beginnt. $\zeta_{n,max}$ beschreibt die zugehörige maximale Rissöffnung senkrecht auf die Diskontinuitätsfläche Γ, die für diesen Spannungspunkt mit der tatsächlichen, aktuellen Rissöffnung $\zeta_{n,akt}$ übereinstimmt. $\bar{\sigma}_n(\zeta_{n,akt})$ beschreibt einen beliebigen Spannungspunkt auf dem Ent- bzw. Wiederbelastungsast. Die Ähnlichkeitsbeziehungen (3.10) können an den zwei möglichen Sonderfällen leicht verifiziert werden.

Für den Sonderfall der reinen Plastizitätstheorie, der sich im Rahmen des vorgestellten Modells mit einem Skalierungsfaktor von $\beta_d = 1.0$ ergibt, folgt aus (3.10) mit $\zeta_{n,akt} = \zeta_{n,max}$, dass die aktuelle Rissöffnung mit der maximalen Rissöffnung übereinstimmt. Die

Entlastung erfolgt unter Beibehaltung der gesamten Rissöffnung. Die konstant gehaltene Rissöffnung während der elastischen Ent- bzw. Wiederbelastungsschritte ist sowohl in Abb. 3.13 als auch in der Spannungs-Rissöffnungsbeziehung in Abb. 3.14 ersichtlich.

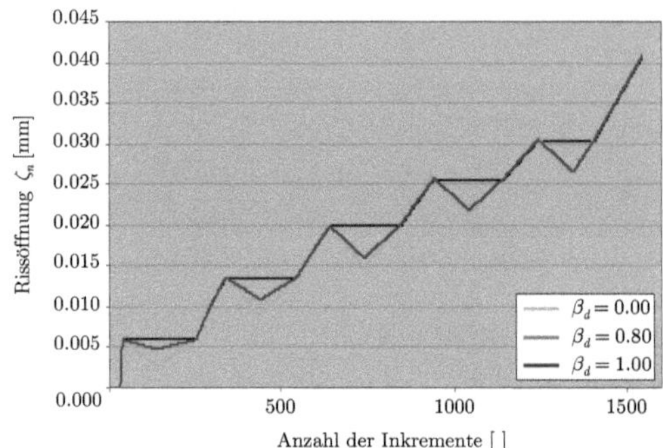

Abbildung 3.13: Vergleich der numerischen Berechnungen des einaxialen zyklischen Zugversuches unter Verwendung unterschiedlicher Skalierungsfaktoren β_d anhand der Entwicklung der Rissöffnung $\zeta_{n,akt}$ über die Anzahl der Inkremente.

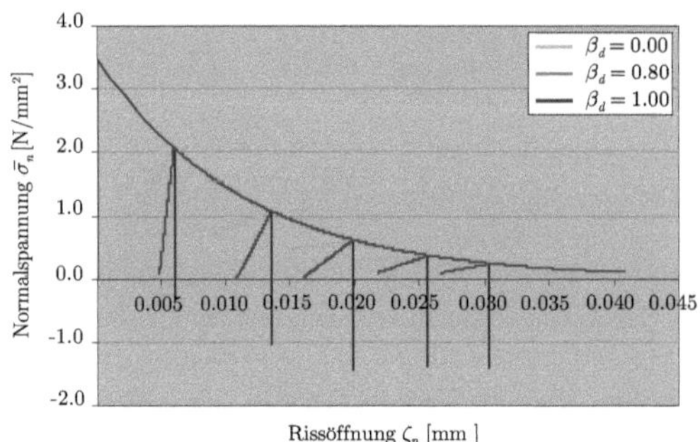

Abbildung 3.14: Vergleich der numerischen Berechnungen des einaxialen zyklischen Zugversuches unter Verwendung unterschiedlicher Skalierungsfaktoren β_d.

Mit dem Skalierungsfaktor $\beta_d = 0.0$ folgt der Sonderfall der reinen Schädigung, für welchen bei vollständiger Entlastung wegen $\bar{\sigma}_n(\zeta_{n,akt}) = 0$ der vorhandene Riss vollkommen geschlossen wird, d.h. $\zeta_{n,akt} = 0$ erhalten wird. Für letzteren Fall führt die Verlängerung der Entlastungsäste der zugehörigen Spannungs-Rissöffnungsbeziehung in Abb. 3.14 jeweils durch den Ursprung. Die entsprechende Kurve in Abb. 3.13 zeigt die Entwicklung des Risses, also die Zu- und Abnahme der Rissöffnung in Abhängigkeit von der Anzahl der Inkremente der zyklischen Belastung. Für Entlastungsschritte, die im Rahmen der vorgestellten Kombination aus Plastizitätstheorie und Schädigungsmechanik mit einem Skalierungsfaktor $0 \leq \beta_d \leq 1$ beschrieben werden, folgen die zugehörigen Rissöffnungen aus (3.10). Zusätzlich zu den zwei erwähnten Grenzfällen sind in Abb. 3.13 und in Abb. 3.14 die entsprechenden Funktionsverläufe eingetragen, die sich aus der numerischen Simulation des einaxialen zyklischen Zugversuches mit einem Skalierungsfaktor $\beta_d = 0.8$ ergeben.

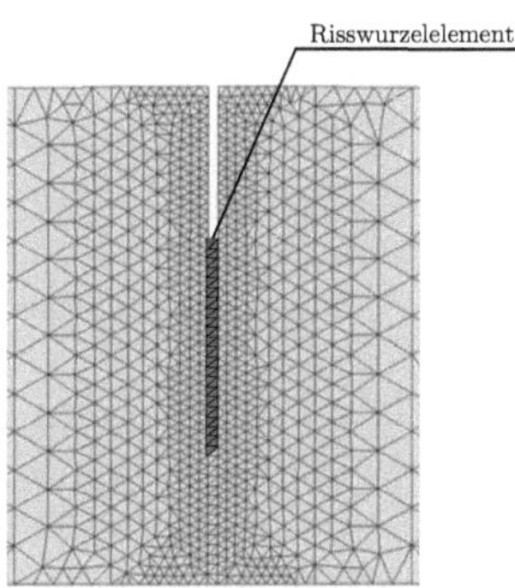

Abbildung 3.15: Elemente die nach der ersten Belastungsphase einen Verschiebungssprung aufweisen.

Für den bereits erwähnten gekerbten Drei-Punkt-Biegeversuch nach [Perdikaris und Romeo, 1995] wird die aktuelle Rissöffnung $\zeta_{n,akt}$ (3.10) in Abhängigkeit von der Anzahl der Inkremente in Abb. 3.16 exemplarisch für das Risswurzelelement dargestellt. Als Risswurzelelement bezeichnet man jenes Element, von welchem aus sich der Riss fortpflanzt (siehe Abschnitt 2.9). Abb. 3.15 zeigt jene Elemente, die am Ende der ersten Belastungsphase (vergleiche Punkt A (Abb. 3.9)) einen Verschiebungssprung aufweisen, sowie rot gefärbt das Risswurzelelement. Aus Abb. 3.16 kann man das Entstehen und die Zu- und Abnahme der Rissöffnung für einen bestimmten Materialpunkt (Risswurzelelement) ablesen.

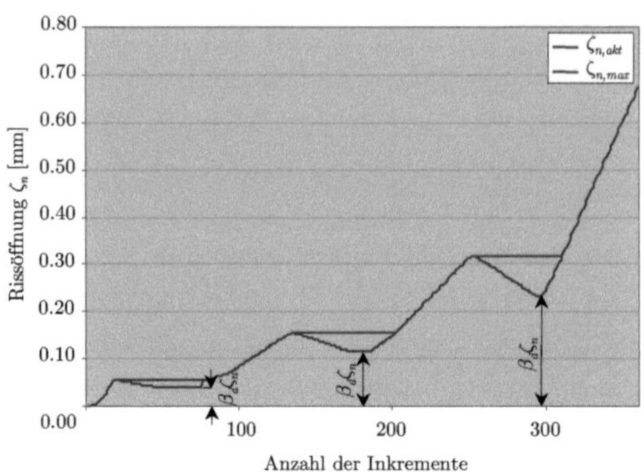

Abbildung 3.16: Maximale und aktuelle Rissöffnung für das Risswurzelelement aus der numerischen Simulation des gekerbten Drei-Punkt-Biegeversuches nach [Perdikaris und Romeo, 1995].

Dabei zeigen sich die Auswirkungen der im Rahmen der vorgenommenen Erweiterung des Rissmodells mittels Ansätzen aus der Schädigungsmechanik eingebauten Übergangsbedingungen vom Zug- in den Druckbereich (3.8) und (3.9). Wenn die in Richtung der nichtlokalen maximalen Hauptdehnung projizierte Spannungskomponente t_n vom Zug- in den Druckbereich wechselt und somit der degradierte Elastizitätsmodul E_d durch den elastischen Elastizitätsmodul des ungeschädigten Materials E_c ersetzt wird, wird die vorhandene Rissöffnung des Risswurzelelementes konstant gehalten. Es entspricht dies jenem Be- bzw. Entlastungszeitpunkt, an welchem die *fiktive* Rissschließung, die unter Berücksichtigung von bei vollständiger Entlastung teilweise bleibenden Rissöffnungen als $\beta_d\zeta_{n,max}$ definiert ist, erreicht wird.

Kapitel 4

Erweiterung des Rissmodells durch Berücksichtigung rauer Rissflächen

4.1 Einleitung

Die Tatsache, dass unbewehrte gerissene Betonstrukturen eine doch beträchtliche Resttragfähigkeit aufweisen können ist neben dem Entfestigungsverhalten auch der Verzahnung der Zuschlagskörner zuzuschreiben. Letzteres Phänomen wird vor allem für die Tragfähigkeit von Betonstrukturen wichtig, die ausgeprägte Risse (Rissöffnungen größer als 0.1 mm) aufweisen.

In den letzten drei Jahrzehnten wurden experimentelle Untersuchungen durchgeführt um dieses Phänomen der Schubkraftübertragung infolge der Verzahnung der rauen Rissoberflächen zu verstehen, mit dem Ziel, die Schubkraftübertragung in finite Elemente Modellen zu berücksichtigen. Von den Modellen zur Beschreibung des Verhaltens rauer Rissflächen sind neben dem Modell nach Bazant und Gambarova [Bažant und Gambarova, 1980], welches sich auf die Versuchsergebnisse von Paulay und Loeber [Paulay und Loeber, 1974] stützt, jenes nach Walraven und Reinhardt [Walraven und Reinhardt, 1981] und das Kontaktdichtemodell nach Li et al. [Li et al., 1989] zu erwähnen.

Das *raue Rissmodell* nach [Bažant und Gambarova, 1980] entstand in Anlehnung an eine der kombinierten Zug- Schubversuchsreihen nach [Loeber, 1970], im Zuge derer die Rissöffnung ζ_n in Normalenrichtung konstant gehalten wurde. In [Feenstra und de Borst,

1991] wird hervorgehoben, dass mit diesem Rissmodell die Schubkraftübertragung entlang rauer Rissufer lediglich in einer qualitativen Form abgeschätzt werden kann.

Die Formulierung des *rauen Rissmodells* nach [Bažant und Gambarova, 1980] basiert auf dem Verhältnis der tangentialen Relativverschiebung ζ_t zur normalen (konstanten) Rissöffnung ζ_n

$$r = \frac{\zeta_t}{\zeta_n}. \tag{4.1}$$

Weiters wird berücksichtigt, dass sich die über die Rissufer übertragbare Schubspannung $\bar{\sigma}_t$ für ein großes Verschiebungsverhältnis r einem asymptotischen Grenzwert nähert und dass für eine (konstante) Rissöffnung in Normalenrichtung von $\zeta_n > D_{max}/2$ (wobei D_{max} = Durchmesser des Größtkornes) die Rissufer einander nicht weiter berühren.

Im Rahmen des *rauen Rissmodells* nach [Bažant und Gambarova, 1980] wird die Beziehung für die über die rauen Rissufer übertragbare Schubspannung zu

$$\bar{\sigma}_t(\zeta_n, \zeta_t) = \tau_u r \, \frac{a_3 + a_4 | \, r \, |^3}{1 + a_4 r^4} \tag{4.2}$$

vorgeschlagen und die Beziehung für die infolge der Verzahnung der Rissufer in Richtung des Normalenvektors $\boldsymbol{n}$ mögliche übertragbare Druckspannung zu

$$\bar{\sigma}_{n,c}(\zeta_n, \zeta_t) = -\frac{a_1}{\zeta_n} \, (a_2 | \, \bar{\sigma}_t \, |)^p \tag{4.3}$$

angegeben. Die in (4.2) und (4.3) verwendeten Funktionen werden zu $p = 1.30 \, [1 - 0.231/(1 + 0.185 \, \zeta_n + 5.63 \, (\zeta_n)^2)]$ und $\tau_u = \tau_0 \, a_0/[a_0 + (\zeta_n)^2]$ mit $a_0 = 0.01 \, D_{max}^2$, $a_1 = 0.000534$, $a_2 = 145.0$, $a_3 = 2.45/\tau_0$ und $a_4 = 2.44 \, (1 - 4/\tau_0)$ mit $\tau_0 = 0.195 \, f_{c,c}$ festgelegt.

Exemplarisch zeigt Abb. 4.1 für die konstanten Rissöffnungen $\zeta_n = 0.1$, 0.5 und 1.0 mm die aus dem *rauen Rissmodell* nach [Bažant und Gambarova, 1980] resultierenden Spannungs-Verschiebungsbeziehungen $\bar{\sigma}_t \zeta_t$ (4.2) in Richtung des Vektors $\boldsymbol{t}$ (Abb. 4.1a) und die Spannungs-Verschiebungsbeziehungen $\bar{\sigma}_{n,c} \zeta_t$ (4.3) (Abb. 4.1b).

Das Modell nach Walraven und Reinhardt [Walraven und Reinhardt, 1981] entstand aus detaillierten experimentellen und numerischen Studien über das Materialverhalten infolge

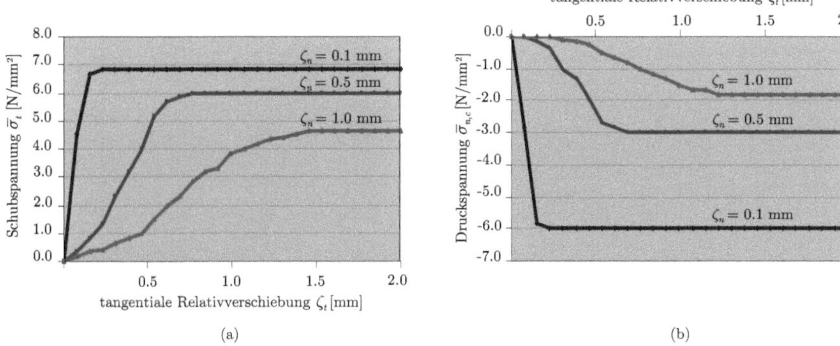

Abbildung 4.1: (a) Spannungs-Verschiebungsbeziehungen $\bar{\sigma}_t\zeta_t$ und (b) Spannungs-Verschiebungsbeziehungen $\bar{\sigma}_{n,c}\zeta_t$ nach [Bažant und Gambarova, 1980].

der Verzahnung der Zuschlagskörner an Rissoberflächen. Aus einer Serie von an gerissenen Betonprobekörpern mit unterschiedlichen Anfangsrissöffnungen ζ_n durchgeführten Schubversuchen [Walraven und Reinhardt, 1981] wurde ein detailliertes und somit komplexes Modell entwickelt, mit welchem die über die Rissufer übertragbare Schubspannung $\bar{\sigma}_t$ und die infolge der Verzahnung der Rissufer mögliche Druckspannung $\bar{\sigma}_{n,c}$ normal zur Diskontinuitätsfläche Γ jeweils als Funktion der Rissöffnung ζ_n in Richtung des Normalenvektors $\boldsymbol{n}$ und der tangentialen Relativverschiebung ζ_t beschrieben wurden. Im Gegensatz zum Modell nach [Bažant und Gambarova, 1980] wurde die Rissöffnung ζ_n im Rahmen dieses Versuchsprogrammes nicht konstant gehalten. In Anbetracht der Implementierung in ein finite Elemente Programm reduzierten Walraven und Reinhardt die komplexen Zusammenhänge mittels linearer Regression auf Beziehungen, in denen für eine gegebene normale Rissöffnung ζ_n die Schubspannung $\bar{\sigma}_t$ und die mögliche Druckspannung $\bar{\sigma}_{n,c}$ mit der tangentialen Relativverschiebung ζ_t verbunden werden.

In Abb. 4.2 sind für die konstanten Rissöffnungen von $\zeta_n = 0.1$, 0.5 und 1.0 mm die aus dem Modell nach Walraven und Reinhardt [Walraven und Reinhardt, 1981] resultierenden Spannungs-Verschiebungsbeziehungen $\bar{\sigma}_t\zeta_t$ (4.4) in Richtung des Vektors $\boldsymbol{t}$ (Abb. 4.2a) und die Spannungs-Verschiebungsbeziehungen $\bar{\sigma}_{n,c}\zeta_t$ (4.5) (Abb. 4.2b) dargestellt. Der Vergleich der Abb. 4.1 und Abb. 4.2 zeigt erwartungsgemäß beträchtliche Unterschiede. Während entsprechend dem Modell nach [Bažant und Gambarova, 1980] auch

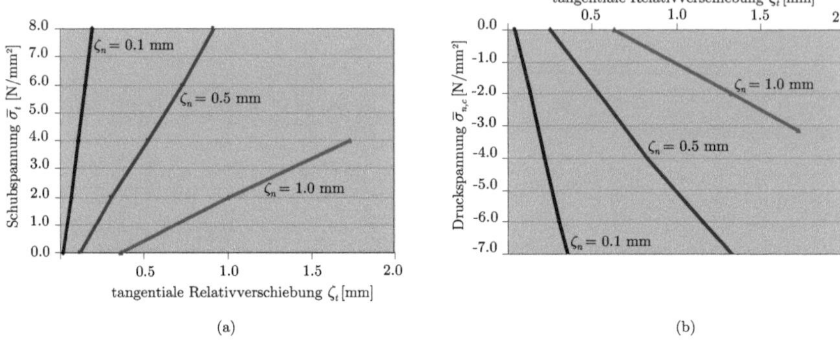

Abbildung 4.2: (a) Spannungs-Verschiebungsbeziehungen $\bar{\sigma}_t\zeta_t$ und (b) Spannungs-Rissöffnungsbeziehungen $\bar{\sigma}_{n,c}\zeta_t$ nach [Walraven und Reinhardt, 1981].

bei einer verschwindend kleinen tangentialen Relativverschiebung ζ_t sowohl eine Schubspannung als auch eine Druckspannung über die Rissufer übertragen werden kann, muss nach dem Modell nach [Walraven und Reinhardt, 1981] eine bestimmte spannungsfreie tangentiale Relativverschiebung überschritten werden, bevor über die Rissufer eine Schubspannung übertragen werden kann bzw. bevor senkrecht zur Diskontinuitätsfläche Γ eine Druckspannung übertragen werden kann. Nach [Feenstra und de Borst, 1991] kann das tatsächliche Materialverhalten im Rahmen kombinierter Zug-Schubversuche mit dem Modell nach [Walraven und Reinhardt, 1981] gut approximiert werden.

Das Kontaktdichtemodell nach Li et al. [Li et al., 1989] basiert auf einer elasto-plastischen Formulierung. Mittels einer trigonometrischen Kontaktdichtefunktion werden die unterschiedlichen effektiven Kontaktwinkel zwischen den einzelnen Abschnitten gegenüberliegender Rissufer berücksichtigt. Ein großer Nachteil des Modells ist die Vielzahl an numerischen Integrationen, die im Rahmen einer finiten Elemente Berechnung benötigt wird, um die Spannungskomponenten der Rissufer zu berechnen. In [Izumo und Okamura, 1990] wird eine vereinfachte Form des Kontaktdichtemodells vorgestellt, welche im Rahmen zweier gekoppelter Gleichungen das Verschiebungsverhältnis ζ_t/ζ_n mit der über die Rissufer übertragbaren Schubspannung bzw. Druckspannung verbindet.

Die Genauigkeit und Stabilität von numerischen Berechnungen unter Berücksichtigung der oben genannten Modelle zur Beschreibung der Verzahnung der Rissoberflächen wird in [Feenstra und de Borst, 1991] bewertet. Dabei wird hervorgehoben, dass die Implementierung der Modelle in finite Elemente Programme unter Verwendung von „interface“ Elementen jeweils zu einer nicht symmetrischen konsistenten Materialtangente führt, deren Verwendung im Rahmen numerischer Berechnungen häufig einen Stabilitätsverlust lange vor Erreichen der maximalen Schubkraft auslöst. In [Feenstra und de Borst, 1991] wird dabei auf die Verwendung „diskreter“ Rissmodelle verwiesen, durch die die globale Stabilität für den Großteil der Belastungsgeschichte gewährleistet wird. Die in (2.99) angeführte konsistente elasto-plastische Materialtangente des vorgestellten, auf der Methode der starken Diskontinuitäten basierenden Rissmodells ist ebenfalls nicht symmetrisch (siehe [Feist, 2004] und [Mosler, 2002]), was allerdings nicht auf die Berücksichtigung des Modells nach Walraven und Reinhardt zurückzuführen ist.

Im Folgenden wird die im Rahmen der vorliegenden Arbeit vorgenommene Erweiterung des Rissmodells mit eingebetteten Diskontinuitäten bezüglich der Schubkraftübertragung entlang rauer Rissufer durch die Implementierung des Modells nach Walraven und Reinhardt vorgestellt.

4.2 Formulierung für das Verhalten rauer Rissflächen

Die in [Feenstra und de Borst, 1991] verwendete Beziehung zwischen der aktuellen über die Rissufer übertragbaren Schubspannung des Materials $\bar{\sigma}_t$, der Rissöffnung ζ_n und der tangentialen Relativverschiebung ζ_t der Form [Walraven, 1980]

$$\bar{\sigma}_t(\zeta_n, \zeta_t) = -\frac{f_{c,c}}{30} + [1.80\,{\zeta_n}^{-0.80} + (0.234\,{\zeta_n}^{-0.707} - 0.20)\,f_{c,c}]\mid \zeta_t \mid \tag{4.4}$$

bzw. zwischen der aktuellen Druckspannung normal zur Diskontinuitätsfläche $\bar{\sigma}_{n,c}$, der Rissöffnung ζ_n und der tangentialen Relativverschiebung ζ_t der Form

$$\bar{\sigma}_{n,c}(\zeta_n, \zeta_t) = \frac{f_{c,c}}{20} - [1.35\,{\zeta_n}^{-0.63} + (0.191\,{\zeta_n}^{-0.552} - 0.15)\,f_{c,c}]\mid \zeta_t \mid, \tag{4.5}$$

gilt nur unter den Bedingungen $\bar{\sigma}_t > 0$ und $\bar{\sigma}_{n,c} < 0$, womit ein so genannter *rauer, offener Riss* definiert wird. Die Würfeldruckfestigkeit $f_{c,c}$ in (4.4) und (4.5) wird jeweils negativ eingesetzt.

An dieser Stelle scheint es sinnvoll die im Rahmen des in [Feenstra und de Borst, 1991] vorgestellten Modells zur Beschreibung der Schubkraftübertragung entlang rauer Rissufer definierten *Risszustände* einzuführen.

Dem *linear-elastischen* Zustand mit

$$f_n < 0, \quad f_t < 0, \quad \text{bzw.} \quad \zeta_n = \zeta_t = 0 \tag{4.6}$$

folgt der so genannte *Entwicklungszustand* des Risses, gekennzeichnet durch

$$f_n > 0, \quad f_t > 0, \quad \zeta_n > 0 \tag{4.7}$$

und durch die so genannte spannungsfreie tangentiale Relativverschiebung

$$\zeta_t^{t,0} = \frac{f_{c,c}}{30 \cdot [1.80\, \zeta_n{}^{-0.80} + (0.234\, \zeta_n{}^{-0.707} - 0.20)\, f_{c,c}]}, \tag{4.8}$$

die für $\bar{\sigma}_t = 0$ aus (4.4) erhalten wird. Nach [Feenstra und de Borst, 1991] ist mit $\zeta_t < \zeta_t^{t,0}$ die Berührungsfläche entlang der rauen Rissufer im *Entwicklungszustand* zu klein, um Schubkräfte übertragen zu können. Erst im so genannten *offenen, rauen Risszustand* mit

$$f_n > 0, \quad f_t > 0 \quad \text{und} \quad \zeta_t > \zeta_t^{t,0} \tag{4.9}$$

können infolge der Rissöffnung ζ_n senkrecht zur Diskontinuitätsfläche Γ und der damit möglichen ausgeprägten tangentialen Relativverschiebung ζ_t der rauen Rissufer Schubkräfte übertragen werden (siehe Abb. 4.3).

Wenn die Oberflächen eines *offenen, rauen Risses* bei weiterer Belastung ineinander verzahnt werden, ist die zusätzlich auftretende Druckspannung $\bar{\sigma}_{n,c}$ normal zur Diskontinuitätsfläche Γ zu berücksichtigen. Das Auftreten einer Druckspannung normal zur Rissoberfläche wird über die Bedingung $\zeta_t > \zeta_t^{n,0}$ abgeschätzt, wobei $\zeta_t^{n,0}$ eine weitere spannungsfreie tangentiale Relativverschiebung der Form

$$\zeta_t^{n,0} = \frac{f_{c,c}}{20 \cdot [1.35\, \zeta_n{}^{-0.63} + (0.191\, \zeta_n{}^{-0.552} - 0.15)\, f_{c,c}]} \tag{4.10}$$

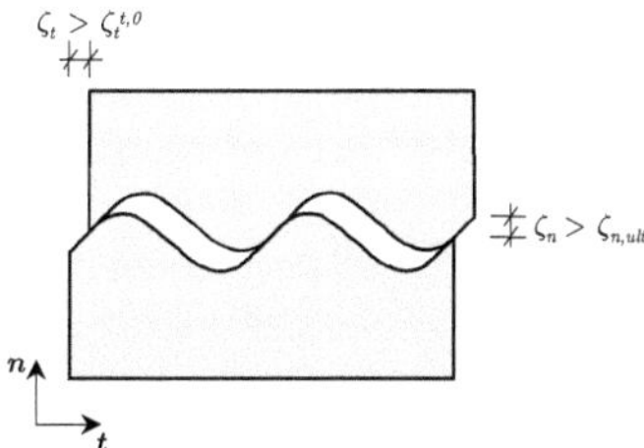

Abbildung 4.3: Beispiel eines *offenen, rauen* Risses.

bedeutet. Die spannungsfreie tangentiale Relativverschiebung $\zeta_t^{n,0}$ in (4.10) erhält man mit $\bar{\sigma}_{n,c} = 0$ aus (4.5).

Mit dem vorgestellten Modell zur Beschreibung der Schubkraftübertragung entlang rauer Rissufer kann das zuvor beschriebene pathologische Verhalten von tangentialen Relativverschiebungen unter einaxialer Zugbeanspruchung allerdings nicht verbessert werden. Mit (4.4) kann man zwar die sich entwickelnde Schubkraftübertragung eines *offenen, rauen Risses* beschreiben, nicht allerdings das sich einstellende Schubverhalten im *Entwicklungszustand* des Risses. Laut [Feenstra und de Borst, 1991] ist es experimentell nicht möglich, im *Entwicklungszustand* Messwerte über das Schubverhalten der Rissufer zu erhalten, weshalb vereinfachend $\bar{\sigma}_t(\zeta_n, \zeta_t) = 0$ gesetzt wird. Somit ist offensichtlich, dass im Rahmen numerischer Simulationen auch unter Verwendung von (4.4) in der Fließbedingung (2.49) zur Beschreibung des Materialverhaltens in Richtung des Vektors $\boldsymbol{t}$ das Auftreten unrealistisch großer tangentialer Relativverschiebungen nicht verhindert werden kann.

Deshalb wird in der vorliegenden Arbeit im *Entwicklungszustand* des Risses eine lineare Verfestigungsbeziehung der Form

$$\bar{\sigma}_t(\zeta_t) = \tilde{f}_\tau + \tilde{H}_{tt}\,\zeta_t \qquad (4.11)$$

verwendet, um die beschriebenen Schwächen des vorgestellten Modells nach Walraven und Reinhardt zu beseitigen. In (4.11) ist die aktuelle übertragbare Schubspannung des Materials $\bar{\sigma}_t$ nur eine Funktion der tangentialen Relativverschiebung ζ_t, nicht aber der Rissöffnung ζ_n. Die fiktive Schubfestigkeit $\tilde{f}_\tau$ und der fiktive konstante Verfestigungsmodul $\tilde{H}_{tt}$ werden jeweils so gewählt, dass im Zuge der numerischen Simulation die Ausbildung eines durchgehenden Risses bzw. in weiterer Folge jene des so genannten *vollständig*

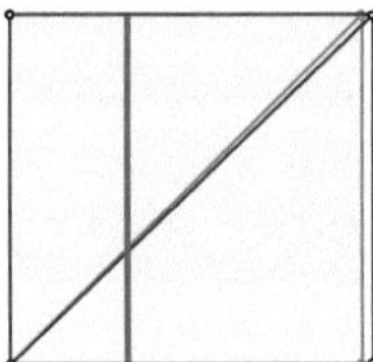

Abbildung 4.4: Reine MODE-I-Belastung: 50-fach überhöhte Verschiebungsfigur mit durchgehendem Riss.

ausgebildeten Risses ohne numerische Instabilitäten dargestellt werden kann. Nach [Jefferson, 2002] kann ein Riss dann als *vollständig ausgebildet* angenommen werden, wenn die übertragbare Zugspannung $\bar{\sigma}_n(\zeta_n)$ weniger als 5% der Zugfestigkeit f_t des Materials beträgt. Aus zahlreichen Entfestigungsbeziehungen für den Werkstoff Beton ergibt sich damit für einen vollständig ausgebildeten Riss ein Näherungswert von $\zeta_n \approx 0.15$ mm.

Die Verfestigungsbeziehung in (4.11) wird also verwendet, um im *Entwicklungszustand* des Risses die sich ergebenden numerischen Instabilitäten zu beseitigen, daher auch die Bezeichnung fiktive Schubfestigkeit bzw. fiktiver Verfestigungsmodul. Die Begründung der Wahl einer Verfestigungsbeziehung im Entwicklungszustand des Risses liegt darin, dass sich eine eindeutige Beziehung zwischen der aktuellen Schubfestigkeit des Materials $\bar{\sigma}_t(\zeta_t)$ und der tangentialen Relativverschiebung ζ_t ergibt.

Mit der vorgestellten Kombination der linearen Verfestigung mit dem Modell nach [Feenstra und de Borst, 1991] zur Beschreibung des Materialverhaltens in Richtung des Vektors $\boldsymbol{t}$ ist es, im Gegensatz zur Rissformulierung nach [Feist, 2004], im Rahmen der numerischen Simulation des in Abb. 2.5a gezeigten Versuches möglich, die Ausbildung eines durchgehenden Risses wirklichkeitsnah zu beschreiben. Abb. 4.4 zeigt die 50-fach überhöhte Verschiebungsfigur mit dem durchgehenden Riss, Abb. 4.5 das zugehörige Last-Verschiebungsdiagramm.

Die Komponente H_{tn} des plastischen Tangentenmodultensors $\boldsymbol{H}$ (2.29) resultiert aus der partiellen Ableitung der in (4.4) beschriebenen Beziehung für die übertragbare Schubspannung des Materials $\bar{\sigma}_t$ nach der Rissöffnung ζ_n zu

$$H_{tn} = \partial\bar{\sigma}_t(\zeta_n, \zeta_t)\,/\partial\zeta_n = (-1.44\,\zeta_n^{-1.8} - 0.165\,f_{c,c}\,\zeta_n^{-1.707}) \mid \zeta_t \mid . \tag{4.12}$$

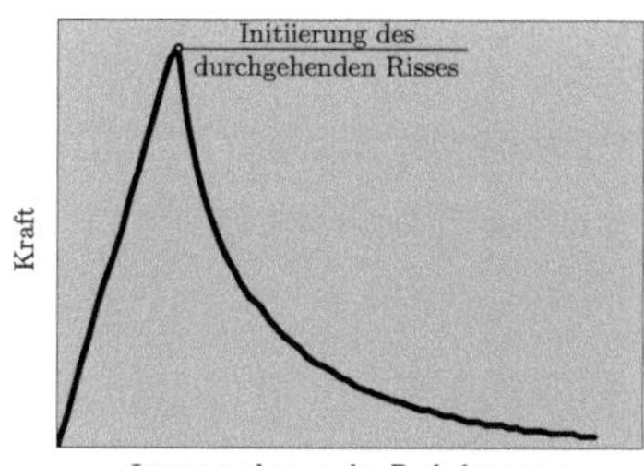

Abbildung 4.5: Reine MODE-I-Belastung: Last-Verschiebungsdiagramm.

Die Komponente H_{tt} des plastischen Tangentenmodultensors $\boldsymbol{H}$ ergibt sich als Summe des konstanten, fiktiven Verfestigungsmoduls $\tilde{H}_{tt}$ und der partiellen Ableitung der in (4.4) beschriebenen Beziehung für die übertragbare Schubspannung des Materials $\bar{\sigma}_t$ nach der tangentialen Relativverschiebung ζ_t zu

$$\begin{aligned} H_{tt} &= \tilde{H}_{tt} + \partial\bar{\sigma}_t(\zeta_n, \zeta_t) \,/\partial\zeta_t \\ &= \tilde{H}_{tt} + [1.80\,\zeta_n^{-0.80} + (0.234\,\zeta_n^{-0.707} - 0.20)\, f_{c,c}]\,\mathrm{sign}(\zeta_t). \end{aligned} \tag{4.13}$$

Wenn die tangentiale Relativverschiebung ζ_t die spannungsfreie tangentiale Relativverschiebung $\zeta_t^{n,0}$ (4.10) überschreitet und somit infolge der Verzahnung der rauen Rissoberflächen auch eine Druckspannung $\bar{\sigma}_{n,c}$ normal zur Diskontinuitätsfläche Γ zu berücksichtigen ist, ist die Komponente H_{nn} in (2.55) bzw. (2.56) (exponentielle oder hyperbolische Entfestigungsbeziehung) des plastischen Tangentenmodultensors $\boldsymbol{H}$ durch die partielle Ableitung der Druckspannung $\bar{\sigma}_{n,c}$ (4.5) normal zur Diskontinuitätsfläche Γ nach der Rissöffnung ζ_n der Form

$$H_{nn}^{n,c} = \partial\bar{\sigma}_{n,c}(\zeta_n, \zeta_t) \,/\partial\zeta_n = (0.85\,\zeta_n^{-1.63} + 0.15\, f_{c,c}\,\zeta_n^{-1.552}) \mid \zeta_t \mid \tag{4.14}$$

zu erweitern. Entsprechend (2.54) ergibt sich die Komponente H_{nt} des plastischen Tangentenmodultensors $\boldsymbol{H}$ unabhängig von der Wahl der Entfestigungsbeziehung zu Null. Wenn allerdings die Bedingung $\zeta_t > \zeta_t^{n,0}$ erfüllt ist, resultiert aus der partiellen Ableitung der Druckspannung $\bar{\sigma}_{n,c}$ normal zur Diskontinuitätsfläche Γ nach der tangentialen Relativverschiebung ζ_t für H_{nt} folgender Ausdruck

$$
\begin{aligned}
H_{nt} &= H_{nt}^{n,c} = \partial\bar{\sigma}_{n,c}(\zeta_n, \zeta_t)\,/\partial\zeta_t \\
&= -[1.35, \zeta_n^{-0.63} + (0.191\,\zeta_n^{-0.552} - 0.15)\,f_{c,c}]\,\mathrm{sign}(\zeta_t).
\end{aligned} \tag{4.15}
$$

4.3 Benchmark-Tests

Im Folgenden wird das in der vorliegenden Arbeit durch die Berücksichtigung der Schubkraftübertragung entlang rauer Rissoberflächen erweiterte Rissmodell vorerst im Zuge sehr einfacher numerischer Berechnungen angewendet, um die einzelnen Risszustände und die Kombination des Modells nach Walraven und Reinhardt ((4.4) und (4.5)) mit dem linearen Verfestigungsgesetz (4.11) zu bewerten und anschließend im Rahmen einiger Versuchsnachrechnungen zu verifizieren.

Die numerische Analyse von reiner MODE-I-Belastung mit zwei dreiknotigen finiten Elementen zeigt, dass die im Rahmen des vorgestellten Rissmodells berücksichtigte Schubkraftübertragung entlang der Zuschlagskörner der Rissoberflächen ((4.4), (4.5), (4.11)) es ermöglicht, die Ausbildung eines durchgehenden Risses numerisch zu simulieren (siehe Abb. 4.4 und Abb. 4.5). Unter Verwendung des in [Feist, 2004] beschriebenen Rissmodells hingegen, in dem glatte Rissoberflächen ohne Schubkraftübertragung vorausgesetzt werden, führt die Simulation eines Risses, welcher den Versuchskörper entlang der gesamten Querschnittsfläche durchtrennt, auf pathologische Verschiebungszustände (Abb. 2.5c). Durch die vorgestellte Berücksichtigung der Schubkraftübertragung entlang rauer Rissufer in Form einer Kombination des Modells nach Walraven und Reinhardt [Feenstra und de Borst, 1991] mit einer linearen Verfestigungsbeziehung kann das auf der Methode der starken Diskontinuitäten und im Rahmen des Konzepts der Elemente mit eingebetteten Diskontinuitäten formulierte Rissmodell nun auch für die wirklichkeitsnahe Modellierung von reiner Zugbeanspruchung mit einer sich einstellenden Rissöffnung $\zeta_n > 0.15$ mm (d.h. für vollständig geöffnete Risse), sowie von kombinierter Zug-Schubbeanspruchung verwendet werden.

4.3.1 Kombinierte Zug-Schubversuche an zwei dreiknotigen finiten Elementen

Im Rahmen einer numerischen Berechnung wird nun mit der in Abb. 2.5a dargestellten, aus zwei dreiknotigen finiten Elementen mit diskontinuierlichem Verschiebungsansatz bestehenden Diskretisierung, eine kombinierte Zug-Schubbeanspruchung simuliert. Der modellierte Körper wird dabei im ersten Teil der Belastungsgeschichte einer reinen Zugbeanspruchung ausgesetzt. Die numerischen Ergebnisse werden in Abb. 4.6 in Form eines Spannungs-Verschiebungsdiagrammes dargestellt. Unter der aufgebrachten Zugbelastung bildet sich mit Erreichen der Spitze des Spannungs-Verschiebungsdiagrammes ein Riss aus, der den Querschnitt vollkommen durchtrennt und sich entsprechend der angenommenen exponentiellen Entfestigungsbeziehung (2.50) öffnet. In Abb. 4.6 werden drei

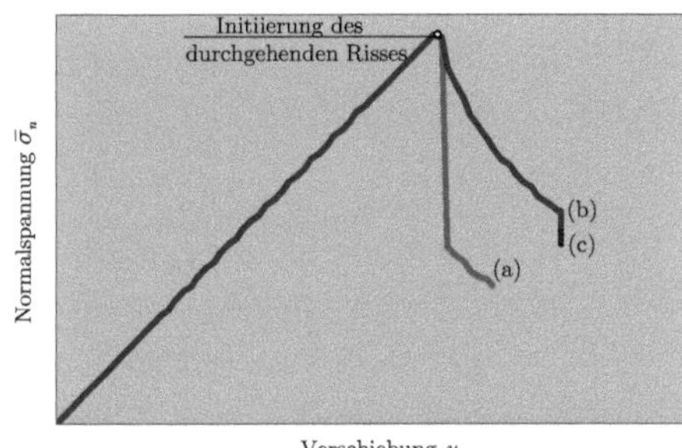

Abbildung 4.6: Spannungs-Verschiebungsdiagramm in Richtung des Normalenvektors $\boldsymbol{n}$ unter Verwendung des (a) Modells nach [Feist, 2004] mit schlagartigem Abbruch der Schubkraftübertragung, (b) des Modells nach [Feist, 2004] mit Aufrechterhaltung der vollen Schubkraftübertragung und (c) der Kombination des Modells nach [Walraven und Reinhardt, 1981] mit der linearen Verfestigungsbeziehung.

Spannungs-Verschiebungsbeziehungen verglichen, nämlich jene, die aus der numerischen Simulation unter Verwendung des in [Feist, 2004] vorgestellten Rissmodells einmal unter Voraussetzung glatter Rissoberflächen mit schlagartigem Abbruch der Schubkraftübertragung mit der Rissinitiierung (siehe Kurve (a)) und einmal durch Annahme der Aufrechterhaltung der vollen Schubkraftübertragung auch nach Ausbildung des durchgehenden

Risses (siehe Kurve (b)) mit jener, die sich im Rahmen des vorgestellten Rissmodells unter Berücksichtigung der Kombination des Modells nach Walraven und Reinhardt mit der linearen Verfestigungsbeziehung ergibt (siehe Kurve (c)). Der Vergleich zeigt, dass die Kurven (b) und (c) für die reine Zugbeanspruchung exakt übereinstimmen. In beiden Fällen werden durch die Schubkraftübertragung entlang der Rissoberflächen die bei fehlender Schubsteifigkeit auftretenden pathologischen Gleitungen nach Initiierung des durchgehenden Risses verhindert. Die Unterschiede zwischen den Modellen (b) und (c) werden erst im zweiten Teil der Belastungsgeschichte ersichtlich, in dem die Verschiebung u_n konstant gehalten wird (vertikaler Abschnitt der Kurven (b) und (c) in Abb. 4.6) und zusätzlich eine Schubbelastung angesetzt wird. Abb. 4.7 zeigt, dass die Annahme der Aufrechterhaltung der vollen Schubkraftübertragung auch nach Initiierung des durchgehenden Risses (Kurve (b)) dazu führt, dass mit zunehmender tangentialer Relativverschiebung ζ_t die über den Riss übertragbare Schubspannung unbeschränkt linear zunimmt.

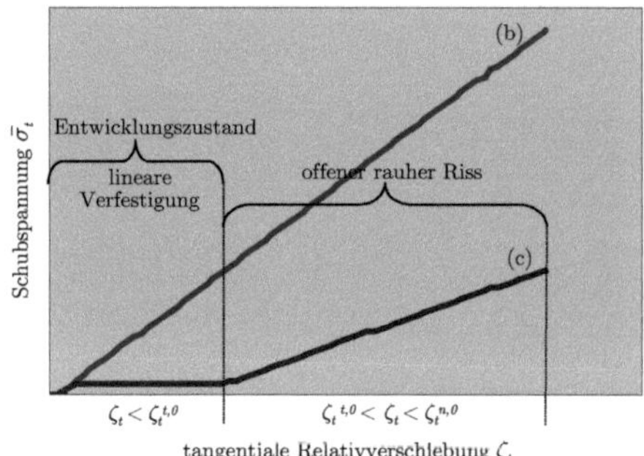

Abbildung 4.7: Spannungs-Verschiebungsdiagramm in Richtung des Vektors $\boldsymbol{t}$ unter Verwendung des (b) des Modells nach [Feist, 2004] mit Aufrechterhaltung der vollen Schubkraftübertragung und (c) der Kombination des Modells nach [Walraven und Reinhardt, 1981] mit der linearen Verfestigungsbeziehung.

Dies entspricht allerdings nicht dem tatsächlichen Materialverhalten, was in zahlreichen experimentellen Studien bestätigt wird [Walraven und Reinhardt, 1981]. Das tatsächliche Materialverhalten nach Ausbildung eines durchgehenden Risses (MODE-I) unter Schubbelastung kann mit dem Modell nach [Walraven und Reinhardt, 1981] gut beschrieben werden. Die Schubkraftübertragung über die Zuschlagskörner der Rissoberflächen im *Ent-*

wicklungszustand (4.7) des Risses wird in der vorliegenden Arbeit mit der linearen Verfestigungsbeziehung (4.11) beschrieben. Diese lineare Verfestigungsbeziehung wird so gewählt, dass unmittelbar nach Initiierung des Risses sich zwar eine tangentiale Relativverschiebung $\zeta_t < \zeta_t^{t,0}$ einstellen kann, allerdings die Schubkraftübertragung entlang der Rissoberflächen ausreicht, um die bei fehlender Schubsteifigkeit auftretenden pathologischen Gleitungen zu verhindern, was einer fiktiven Schubfestigkeit $\tilde{f}_\tau$ von 0.1 N/mm^2 und einem fiktiven Verfestigungsmodul $\tilde{H}_{tt}$ von 0.1 N/mm^2 entspricht. Wenn infolge weiterer Schubbelastung der *offene, raue Risszustand* (4.9) erreicht wird und somit die Berührungsfläche der rauen Rissoberflächen (siehe Abb. 4.3) ausreicht, um, wie aus den Experimenten hervorgeht, doch beträchtliche Schubkräfte zu übertragen, wird das Schubverhalten mit der linearen Beziehung (4.4) beschrieben. Die Spannungs-Verschiebungsbeziehung in Richtung des Vektors $\boldsymbol{t}$, die unter der Annahme glatter Rissoberflächen erhalten wird (Kurve (a) in Abb. 4.6), wird in Abb. 4.7 wegen der auftretenden pathologischen Verschiebungen nicht gezeigt. Bedingt durch die Querdehnung führt der zweite Teil der Belastungsgeschichte, obwohl die Verschiebung u_n konstant gehalten wird, zu einer Abnahme der über den Riss übertragbaren Zugspannung $\bar{\sigma}_n$ (siehe Abb. 4.6).

Im Folgenden werden weitere Berechnungsergebnisse der numerischen Simulation des in Abb. 2.5a modellierten Probekörpers unter einer kombinierten Zug-Schubbeanspruchung gezeigt. Der Unterschied im Vergleich zur vorher beschriebenen Simulation liegt darin, dass nun im zweiten Teil der Belastungsgeschichte die Verschiebung u_n nicht konstant gehalten wird. Die Ergebnisse dieser einfachen Simulation sind interessant, weil sich einerseits im Zuge der Zugbelastung der Riss mit einer Rissöffnung von $\zeta_n > 0.15$ mm vollständig öffnen kann und andererseits infolge der zusätzlichen Schubbeanspruchung sich die Zuschlagskörner der offenen, rauen Rissoberflächen derart ineinander verzahnen, dass sich normal zur Diskontinuitätsfläche Γ eine Druckspannung $\bar{\sigma}_{n,c}$ aufbaut. In Abb. 4.8 wird die Spannungs-Verschiebungsbeziehung (Kurve (b)) in Richtung des Normalenvektors $\boldsymbol{n}$ unter Aufrechterhaltung der vollen Schubkraftübertragung auch nach Ausbildung des durchgehenden Risses [Foist, 2004] mit jener (Kurve (c)) verglichen, die aus der Modellierung der verschiedenen Risszustände gemäß Abschnitt 4.2 resultiert, also unter Verwendung des erweiterten Rissmodells.

Die Beziehungen stimmen solange überein, bis sich die rauen Rissoberflächen ineinander verzahnen und somit senkrecht zur Diskontinuitätsfläche Γ eine Druckspannung $\bar{\sigma}_{c,n}$ auftritt. Wenn infolge der wachsenden Rissöffnung ζ_n die aktuelle Zugfestigkeit $\bar{\sigma}_n$ unter der Annahme einer exponentiellen Entfestigungsbeziehung (2.50) gegen Null strebt, allerdings

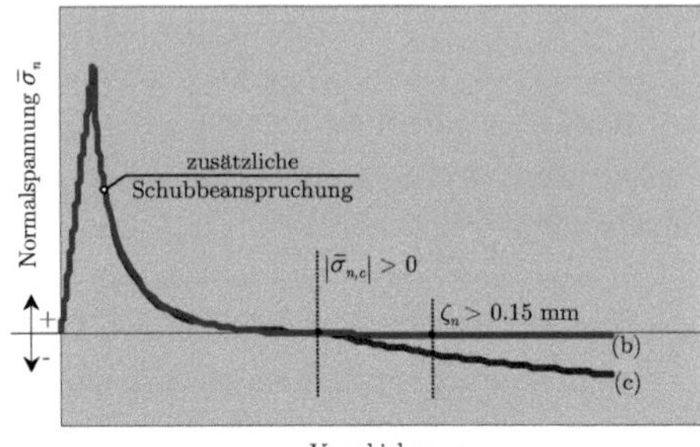

Abbildung 4.8: Spannungs-Verschiebungsdiagramm in Richtung des Vektors $\boldsymbol{n}$ unter Verwendung des (b) des Modells nach [Feist, 2004] mit Aufrechterhaltung der vollen Schubkraftübertragung und (c) der Kombination des Modells nach [Walraven und Reinhardt, 1981] mit der linearen Verfestigungsbeziehung.

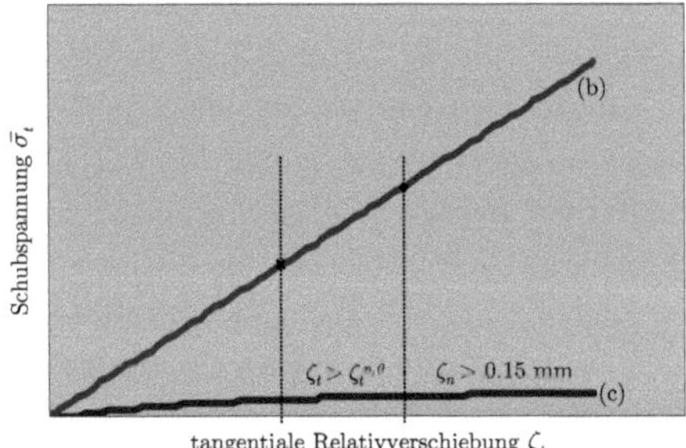

Abbildung 4.9: Spannungs-Verschiebungsdiagramm in Richtung des Vektors $\boldsymbol{t}$ unter Verwendung des (b) des Modells nach [Feist, 2004] mit Aufrechterhaltung der vollen Schubkraftübertragung und (c) der Kombination des Modells nach [Walraven und Reinhardt, 1981] mit der linearen Verfestigungsbeziehung.

aufgrund der ausgeprägten tangentialen Relativverschiebung ζ_t sich die Zuschlagskörner der Rissoberflächen ineinander verzahnen, zeigt die Kurve (c) den Übergang der normal zur Diskontinuitätsfläche Γ übertragbaren Normalspannung in den Druckbereich, während die Kurve (b) unter der Annahme glatter Rissoberflächen und somit unabhängig von der

Ausbildung der tangentialen Relativverschiebung ζ_t die weitere Rissöffnung ζ_n ohne auftretende Druckspannung beschreibt.

In Abb. 4.9 werden die zugehörigen Spannungs-Verschiebungsbeziehungen in Richtung des Vektors $\boldsymbol{t}$ dargestellt. Entsprechend der getroffenen Annahme der vollen Schubkraftübertragung auch nach Ausbildung des durchgehenden Risses beschreibt die Kurve (b) einen linearen Zusammenhang unabhängig von der Größenordnung der tangentialen Relativverschiebung, während mit der Kurve (c) das tatsächliche Materialverhalten nach Ausbildung eines durchgehenden Risses (MODE-I) unter Schubbelastung mit den im Abschnitt 4.2 vorgestellten Risszuständen beschrieben wird. Der Vergleich zeigt, dass durch die Annahme der vollen Schubkraftübertragung auch nach Ausbildung des durchgehenden Risses die Schubspannung unrealistisch hohe Werte annimmt.

Abb. 4.10 zeigt die einzelnen Risszustände der Kurve (c) der Abb. 4.9. Dem *Entwicklungszustand* des Risses in Form einer fiktiven linearen Verfestigungsbeziehung für die über die rauen Rissoberflächen übertragene Schubspannung $\bar{\sigma}_t$ folgt der so genannte *offene, raue Risszustand*, für welchen sich im Gegensatz zur Abb. 4.7 Kurve (c), der im zweiten Teil der Belastungsgeschichte eine konstante Verschiebung u_n zugrunde liegt, eine nichtlineare Beziehung ergibt, welche sich dann, wenn die Rissoberflächen derart ineinander verzahnt werden, dass normal zur Diskontinuitätsfläche Γ eine Druckspannung $\bar{\sigma}_{c,n}$ auftritt, einem Grenzwert nähert.

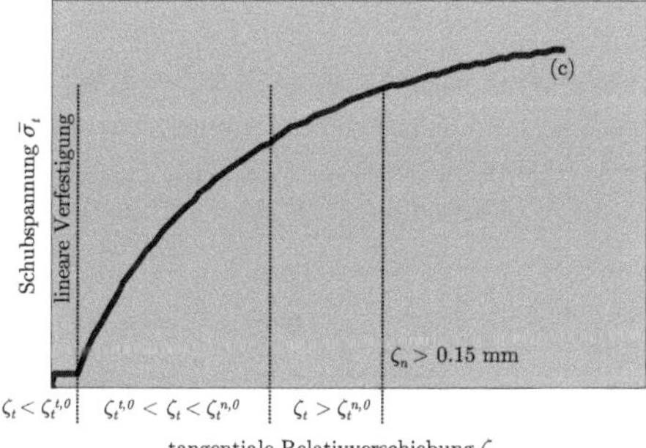

Abbildung 4.10: Spannungs-Rissöffnungsdiagramm in Richtung des Vektors $\boldsymbol{t}$ unter Verwendung (c) der Kombination des Modells nach [Walraven und Reinhardt, 1981] mit der linearen Verfestigungsbeziehung.

An dieser Stelle sei erwähnt, dass sowohl die Spannungs-Verschiebungsbeziehungen in Richtung des Normalenvektors $\boldsymbol{n}$ als auch jene in Richtung des Vektors $\boldsymbol{t}$ sehr stark vom Belastungspfad, also im Falle von verschiebungsgesteuerten Versuchen vom Verhältnis der Verschiebung u_n in Richtung des Normalenvektors $\boldsymbol{n}$ zur Verschiebung u_t in Richtung des Vektors $\boldsymbol{t}$ abhängen. Detaillierte Informationen diesbezüglich werden im folgenden Abschnitt im Rahmen der Nachrechnung und Beschreibung von Versuchen nach Hassanzadeh [Hassanzadeh, 1992] gegeben.

4.3.2 Kombinierte Zug-Schubversuche nach Hassanzadeh

Die in [Hassanzadeh, 1992] dokumentierte Versuchsreihe bietet sich an, um die vorgestellte Erweiterung des auf der Methode der starken Diskontinuitäten basierenden Rissmodells bezüglich der Berücksichtigung der Schubkraftübertragung entlang rauer Rissufer zu verifizieren. Bei der genannten Versuchsreihe handelt es sich um Versuchskörper aus unbewehrtem Beton, welche im ersten Teil der Belastungsgeschichte einer reinen Zugbeanspruchung bis zum Erreichen der Zugfestigkeit f_t ausgesetzt werden und im zweiten Teil der Belastungsgeschichte mit einer kombinierten Zug-Schubbeanspruchung belastet werden. Die Geometrie der Versuchskörper kann der Abb. 4.11, die Materialparameter können Tab. 4.1 entnommen werden. Die Versuche werden jeweils verschiebungsgesteuert gefahren. Detaillierte Informationen zum Versuchsaufbau können [Hassanzadeh, 1992] entnommen werden.

Wichtig für die Interpretation eines kombinierten Zug-Schubversuches ist die Festlegung des Belastungspfades. Im Rahmen der verschiebungsgesteuerten Belastung wird das Ver-

Parameter	Wert	Einheit
E	32000.00	[N/mm^2]
ν	0.18	
f_t	2.80	[N/mm^2]
$f_{c,c}$	50.00	[N/mm^2]
G_f	0.108	[N/mm]

Tabelle 4.1: Materialparameter für den kombinierten Zug-Schubversuch nach [Hassanzadeh, 1992].

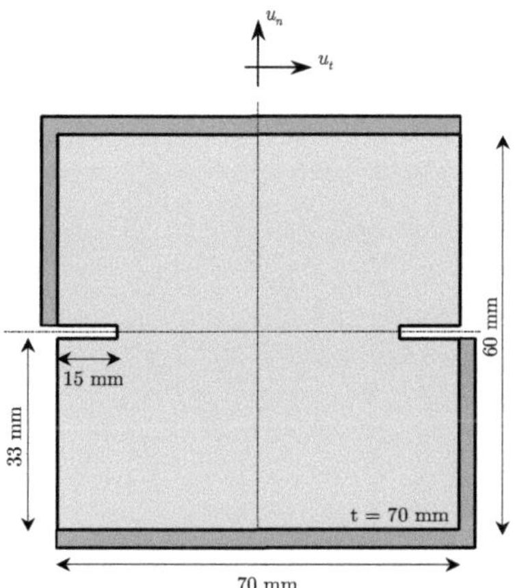

Abbildung 4.11: Versuchsanordnung der kombinierten Zug-Schubversuche nach [Hassanzadeh, 1992].

hältnis u_n/u_t vorgegeben. In der genannten Versuchsreihe werden nur monoton wachsende Verschiebungen u_n und u_t berücksichtigt und deren Beziehung zueinander entweder durch eine lineare Funktion

$$u_n = \tan\alpha \; u_t \tag{4.16}$$

oder eine parabolische Funktion

$$u_n = \beta \sqrt{u_t} \tag{4.17}$$

festgelegt. In Abb. 4.12 sind einige lineare und parabolische Verschiebungspfade in der $u_n u_t$-Ebene dargestellt, für welche nachfolgend die numerischen Ergebnisse mit den Versuchsergebnissen verglichen werden. In [Hassanzadeh, 1992] wird festgehalten, dass sich in realen Strukturen die Rate der Verschiebungen u_t bis zur Rissinitiierung bzw. dem Lokalisierungsbeginn zu Null ergibt, während sie dann sukzessive ansteigt. Deshalb wird im Versuchsprojekt dem parabolischen Verschiebungspfad, der die reale Situation besser beschreibt, größere Aufmerksamkeit geschenkt als dem linearen Pfad, der vom Lokalisierungsbeginn bis zum Ende der Belastungsgeschichte eine konstante Rate der Verschiebungen u_t aufweist.

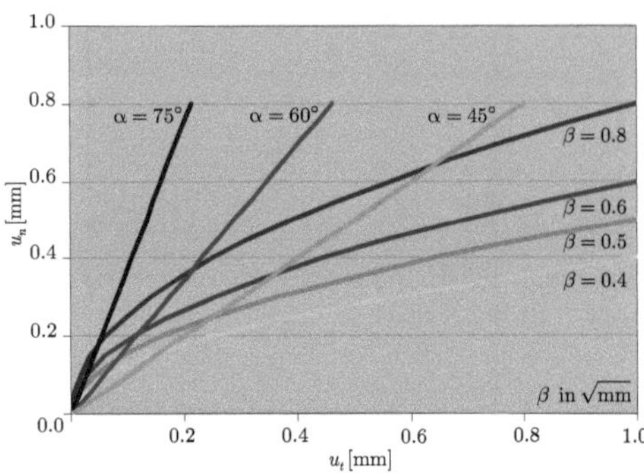

Abbildung 4.12: Lineare und parabolische Verschiebungspfade in der $u_n u_t$-Ebene.

Ein weiterer wichtiger Gesichtspunkt für die Interpretation kombinierter Zug-Schubversuche ist die Kontrolle der Rissentwicklung. Im Rahmen der genannten Versuchsreihe wird zwischen einem primären und einem sekundären Risssystem unterschieden. Das primäre Risssystem umfasst Risse innerhalb und in der unmittelbaren Nähe der Lokalisierungszone, die sich unter reiner MODE-I-Belastung ausbilden. Mit der Geometrie des Versuchskörpers entsprechend Abb. 4.11 wird sich die *primäre* Lokalisierungszone nach Erreichen der Zugfestigkeit f_t in jenem Versuchsteil ausbilden, welcher von den Kerben begrenzt wird. Demgegenüber umfasst das *sekundäre* Risssystem Risse außerhalb der primären Lokalisierungszone, also jene, die sich nach Aufbringen der Schubbelastung ausbilden können. Ein Beispiel möglicher sekundärer Risse sind Diagonalrisse, die dann auftreten, wenn die sich einstellenden Zugspannungen im Entfestigungsbereich unter reiner MODE-I-Belastung im Vergleich zu den Schubspannungen bzw. Druckspannungen zufolge der Verzahnung der Rissflächen am Ende des Versuches niedrig sind.

Ziel des Versuchsprojektes nach [Hassanzadeh, 1992] war, das Materialverhalten im Bereich jener Lokalisierungszone zu beschreiben, welche sich unter reiner MODE-I-Belastung ausbildet und erst zu einem späteren Zeitpunkt durch kombinierte Zug-Schubbelastung beansprucht wird. Es wird gefordert, dass die sich einstellende Bruchfläche nicht wesentlich von jener unter reiner MODE-I-Belastung abweicht. Die geforderte Rissentwicklung

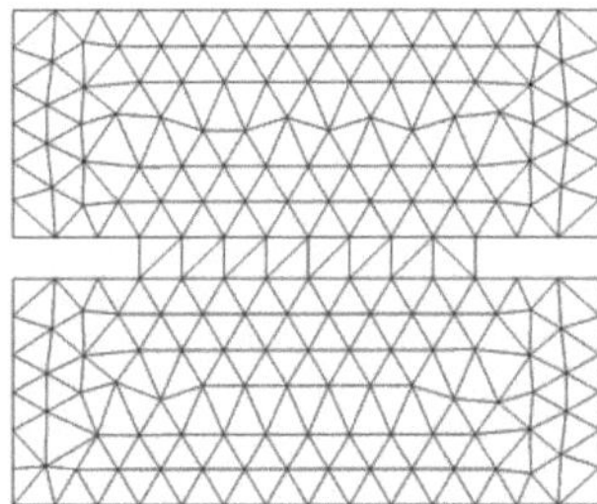

Abbildung 4.13: Diskretisierung für die numerische Simulation des kombinierten Zug-Schubversuches nach [Hassanzadeh, 1992].

(primäres Risssystem) kann im Versuch erreicht werden, indem im Falle eines linearen Belastungspfades (4.16) $\alpha > 30°$ und im Falle des parabolischen Pfades (4.17) $\beta > 0.4$ gesetzt wird.

Für die numerische Simulation des kombinierten Zug-Schubversuches wird die in Abb. 4.13 dargestellte grobe Diskretisierung, bestehend aus dreiknotigen finiten Elementen mit eingebetteten Diskontinuitäten verwendet. In den Abbildungen 4.14 bis 4.17 werden die aus der numerischen Berechnung erhaltenen Spannungs-Rissöffnungsdiagramme in Richtung des Vektors $\boldsymbol{n}$ und in Richtung des Vektors $\boldsymbol{t}$ für die parabolischen Belastungspfade ($\beta = 0.4$, 0.5, 0.6, 0.8) mit den zugehörigen Versuchswerten verglichen. In diesen Abbildungen stellt die mit (a) bezeichnete Kurve jeweils die experimentellen Beziehungen dar, die Kurve (b) jene resultierend aus den Berechnungsergebnissen unter Verwendung des Rissmodells nach [Feist, 2004] mit Aufrechterhaltung der vollen Schubkraftübertragung nach Ausbildung des durchgehenden Risses und die mit (c) bezeichnete Kurve stellt jeweils die numerischen Ergebnisse unter Verwendung der vorgestellten Kombination der linearen Verfestigung (4.11) mit dem Modell nach [Walraven und Reinhardt, 1981] ((4.4) und (4.5)) dar.

Der Vergleich der Berechnungsergebnisse in Form der Spannungs-Rissöffnungsdiagramme in Richtung des Vektors $\boldsymbol{n}$ mit den entsprechenden Versuchswerten (jeweils linkes Bild der Abbildungen 4.14 bis 4.17) kann folgendermaßen interpretiert werden: Für $\beta = 0.4$ in der Beziehung (4.17) zur Beschreibung des parabolischen Verschiebungspfades erhält man sowohl aus dem Versuch als auch aus der numerischen Simulation unter Verwendung der

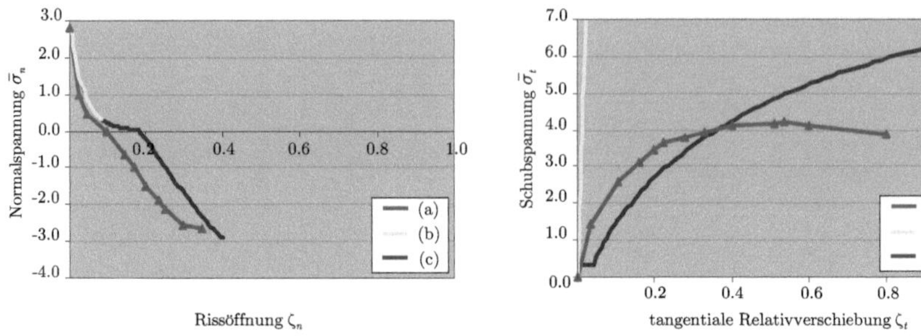

Abbildung 4.14: Vergleich der (a) experimentellen [Hassanzadeh, 1992] Spannungs-Rissöffnungsdiagramme in Richtung des Vektors $\boldsymbol{n}$ (links) und in Richtung des Vektors $\boldsymbol{t}$ (rechts) für den parabolischen Verschiebungspfad mit $\beta = 0.4$ mit den entsprechenden numerischen Beziehungen unter Verwendung des (b) Rissmodells nach [Feist, 2004] und (c) der Kombination der linearen Verfestigung mit dem Modell nach [Walraven und Reinhardt, 1981].

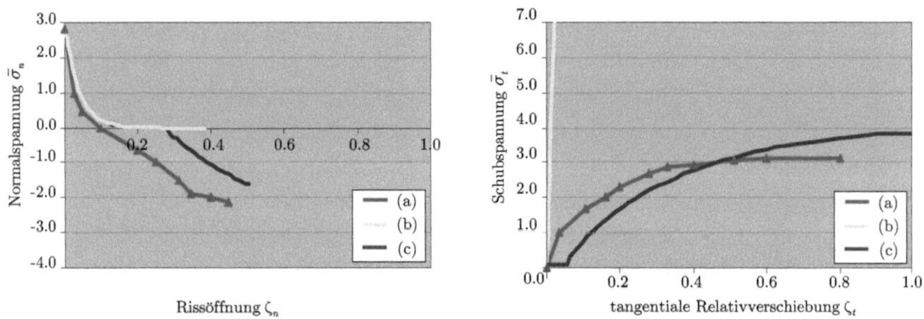

Abbildung 4.15: Vergleich der (a) experimentellen [Hassanzadeh, 1992] Spannungs-Rissöffnungsdiagramme in Richtung des Vektors $\boldsymbol{n}$ (links) und in Richtung des Vektors $\boldsymbol{t}$ (rechts) für den parabolischen Verschiebungspfad mit $\beta = 0.5$ mit den entsprechenden numerischen Beziehungen unter Verwendung des (b) Rissmodells nach [Feist, 2004] und (c) der Kombination der linearen Verfestigung mit dem Modell nach [Walraven und Reinhardt, 1981].

vorgestellten Erweiterung des Rissmodells durch Berücksichtigung der Schubkraftübertra-

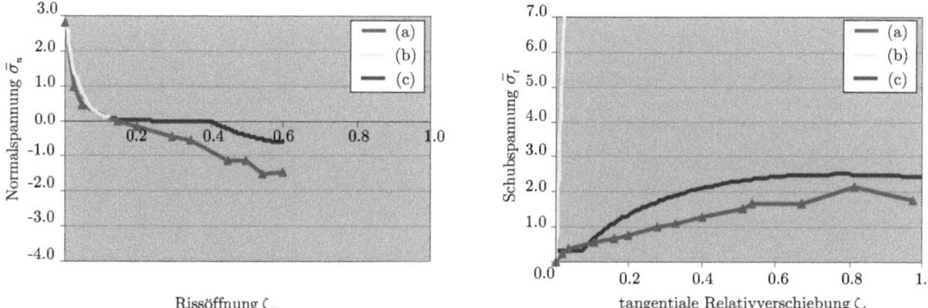

Abbildung 4.16: Vergleich der (a) experimentellen [Hassanzadeh, 1992] Spannungs-Rissöffnungsdiagramme in Richtung des Vektors $\boldsymbol{n}$ (links) und in Richtung des Vektors $\boldsymbol{t}$ (rechts) für den parabolischen Verschiebungspfad mit $\beta = 0.6$ mit den entsprechenden numerischen Beziehungen unter Verwendung des (b) Rissmodells nach [Feist, 2004] und (c) der Kombination der linearen Verfestigung mit dem Modell nach [Walraven und Reinhardt, 1981].

gung entlang rauer Rissoberflächen, eine Spannungs-Rissöffnungsbeziehung, die am Ende des Versuches eine hohe Druckspannung aufweist. Dieses Verhalten ist darauf zurückzuführen, dass für den parabolischen Verschiebungspfad mit $\beta = 0.4$ die aufgebrachten Verschiebungen in Richtung des Vektors $\boldsymbol{t}$ im Vergleich zu jenen in Richtung des Vektors $\boldsymbol{n}$ dominieren (siehe Abb. 4.12). Durch die Wahl höherer β-Werte (0.5, 0.6, 0.8) in (4.17) werden dieses Verhältnis und somit auch die auftretende Druckspannung $\bar{\sigma}_{n,c}$ am Ende des Versuches kleiner; die $\bar{\sigma}_n\zeta_n$-Beziehung des kombinierten Zug-Schubversuches ähnelt dann zunehmend der eines Versuches unter reiner MODE-I-Belastung.

Unabhängig von der Wahl der β-Werte in (4.17) stimmen die numerischen Ergebnisse (jeweils Kurve (c)) in den linken Bildern der Abb. 4.14 bis 4.17 unter Verwendung der vorgestellten Kombination der linearen Verfestigung (4.11) mit dem Modell nach [Walraven und Reinhardt, 1981] ((4.4) und (4.5)) gut mit den Versuchswerten (Kurve (a)) überein. Unterschiede zwischen Versuch und Rechnung treten lediglich hinsichtlich jenes Wertes der tangentialen Relativverschiebung auf, ab dem die Übertragung von Druckspannungen über den Riss prognostiziert werden. Zur Simulation der parabolischen Verschiebungspfade mit $\beta = 0.4$, 0.5 und 0.6 wird in der linearen Verfestigungsbeziehung (4.11) $\tilde{f}_\tau = 0.1$ N/mm^2 und $\tilde{H}_{tt} = 0.1$ N/mm^2 gesetzt, während für die Nachrechnung des parabolischen Verschiebungspfades mit $\beta = 0.8$ $\tilde{f}_\tau = 0.15$ N/mm^2 und $\tilde{H}_{tt} = 1.0$ N/mm^2 gewählt wird.

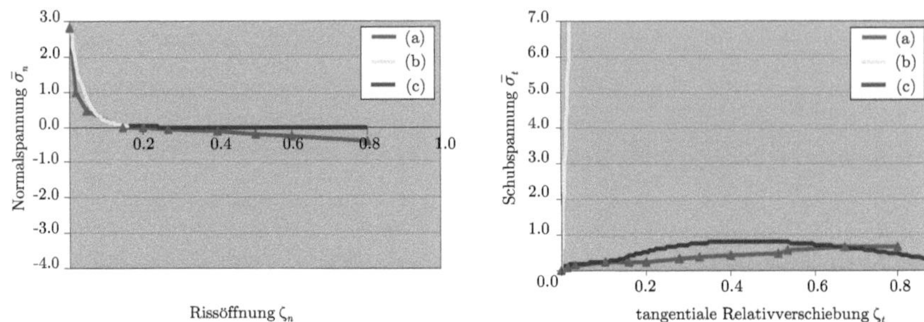

Abbildung 4.17: Vergleich der (a) experimentellen [Hassanzadeh, 1992] Spannungs-Rissöffnungsdiagramme in Richtung des Vektors $\boldsymbol{n}$ (links) und in Richtung des Vektors $\boldsymbol{t}$ (rechts) für den parabolischen Verschiebungspfad mit $\beta = 0.8$ mit den entsprechenden numerischen Beziehungen unter Verwendung des (b) Rissmodells nach [Feist, 2004] und (c) der Kombination der linearen Verfestigung mit dem Modell nach [Walraven und Reinhardt, 1981].

Die Berechnungsergebnisse unter Verwendung des Rissmodells nach [Feist, 2004] (Kurve (b)) mit Aufrechterhaltung der vollen Schubkraftübertragung auch nach Ausbildung des durchgehenden Risses, stimmen dann, wenn infolge der Verzahnung der Rissoberflächen senkrecht zur Diskontinuitätsfläche Γ eine Druckspannung $\bar{\sigma}_{n,c}$ auftritt, nicht mit den Versuchsergebnissen überein. Die Prognose von Druckspannungen $\bar{\sigma}_{n,c}$ ist mit dem Modell nach [Feist, 2004] im Rahmen dieser Versuche nicht möglich.

In den jeweils rechten Bildern der Abb. 4.14 bis 4.17 werden die Versuchsergebnisse und die Berechnungsergebnisse in Form der Spannungs-Rissöffnungsbeziehungen in Richtung des Vektors $\boldsymbol{t}$ miteinander verglichen. Entsprechend den Verschiebungspfaden in Abb. 4.12 nimmt die auftretende Schubspannung $\bar{\sigma}_t$ im Rahmen der kombinierten Zug-Schubversuche mit höheren β-Werten in (4.17) ab. Wesentliches Kennzeichen der $\bar{\sigma}_t\zeta_t$-Beziehungen aus den Versuchen ist das Erreichen eines Größtwertes der Schubspannung; die Schubspannung $\bar{\sigma}_t$ steigt also nicht unbegrenzt an.

Während die numerische Simulation unter Verwendung des Modells nach [Feist, 2004] mit Aufrechterhaltung der vollen Schubkraftübertragung infolge der linearen Beziehung zwischen $\bar{\sigma}_t$ und ζ_t (Kurve (b) in jeweils rechten Bildern der Abb. 4.14 bis 4.17) unrealistische Ergebnisse liefert, stimmen die $\bar{\sigma}_t\zeta_t$-Beziehungen, die aus der numerischen Simulation unter Verwendung der linearen Verfestigung kombiniert mit dem Modell nach [Walraven und Reinhardt, 1981] (Kurve (c)) resultieren, relativ gut mit den Versuchsergebnissen (Kurve (a)) überein. Für höhere β-Werte (0.6, 0.8) zur Beschreibung der parabolischen Verschiebungspfade in (4.17) stimmen die Versuchs- und Berechnungsergebnisse besser überein, während für den Belastungspfad mit $\beta = 0.4$ in der numerischen Simulation die auftretenden Schubspannungen $\bar{\sigma}_t$ überschätzt werden.

In den Abb. 4.18 bis 4.20 werden die Spannungs-Rissöffnungsbeziehungen in Richtung des Vektors $\boldsymbol{n}$ und in Richtung des Vektors $\boldsymbol{t}$, die sich aus den Versuchswerten unter der Voraussetzung linearer Verschiebungspfade (4.16) ergeben, mit jenen verglichen, die aus der numerischen Simulation resultieren. Während die aus den Versuchen resultierenden $\bar{\sigma}_n\zeta_n$-Beziehungen für die linearen Verschiebungspfade mit $\alpha = 45°$ und $\alpha = 60°$ jeweils auch Druckspannungen normal zum Riss ergeben, führen die numerischen Berechnungsergebnisse mit dem erweiterten Rissmodell (für $\alpha = 45°$ wird in (4.11) $\tilde{f}_\tau = 2.5$ N/mm^2 und $\tilde{H}_{tt}$ = 40 N/mm^2 gewählt, für $\alpha = 60°$ wird $\tilde{f}_\tau = 0.1$ N/mm^2 und $\tilde{H}_{tt} = 65$ N/mm^2 gewählt) zwar auf dieselben Rissöffnungen ζ_n, allerdings ohne damit verbundener Druckspannung $\bar{\sigma}_{n,c}$ senkrecht zur Diskontinuitätsfläche Γ. Im Rahmen des Modells nach [Walraven und Reinhardt, 1981] ((4.4) und (4.5)) wird nämlich die Bedingung $\zeta_t > \zeta_t^{n,0}$ nicht erfüllt, womit keine Druckspannung $\bar{\sigma}_{n,c}$ normal zum Riss zu berücksichtigen ist.

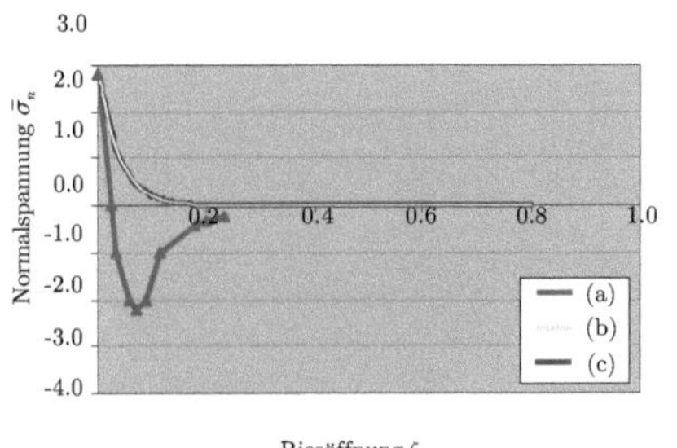

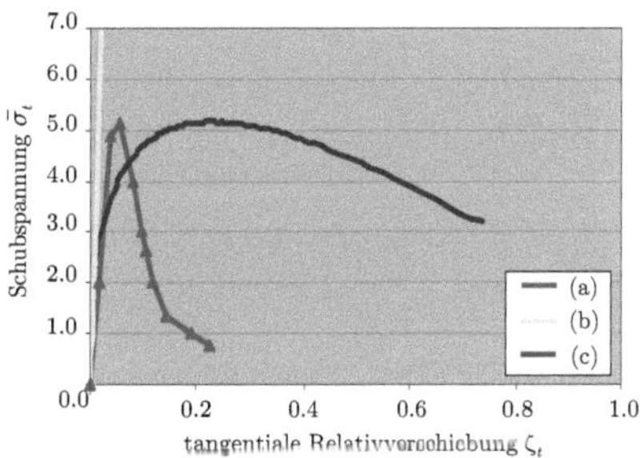

Abbildung 4.18: Vergleich der (a) experimentellen [Hassanzadeh, 1992] Spannungs-Rissöffnungsdiagramme in Richtung des Vektors $\boldsymbol{n}$ (links) und in Richtung des Vektors $\boldsymbol{t}$ (rechts) für den linearen Verschiebungspfad mit $\alpha = 45°$ mit den entsprechenden numerischen Beziehungen unter Verwendung des (b) Rissmodells nach [Feist, 2004] und (c) der Kombination der linearen Verfestigung mit dem Modell nach [Walraven und Reinhardt, 1981].

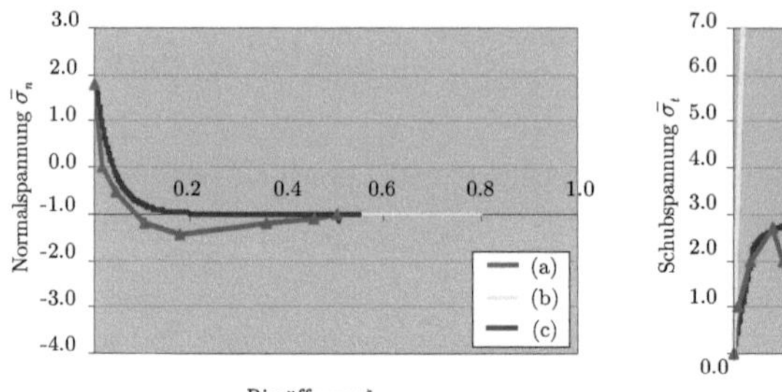

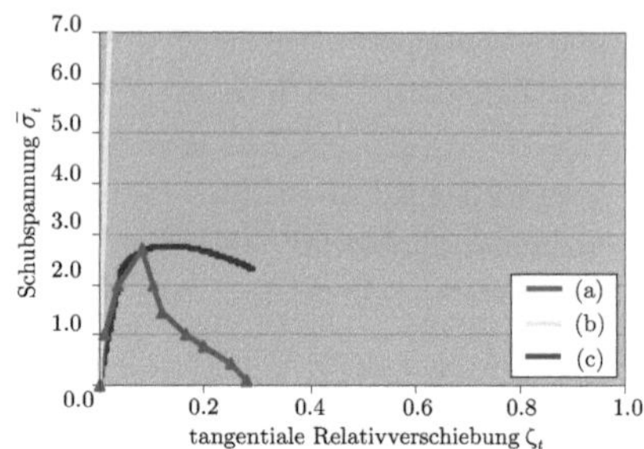

Abbildung 4.19: Vergleich der (a) experimentellen [Hassanzadeh, 1992] Spannungs-Rissöffnungsdiagramme in Richtung des Vektors $\boldsymbol{n}$ (links) und in Richtung des Vektors $\boldsymbol{t}$ (rechts) für den linearen Verschiebungspfad mit $\alpha = 60°$ mit den entsprechenden numerischen Beziehungen unter Verwendung des (b) Rissmodells nach [Feist, 2004] und (c) der Kombination der linearen Verfestigung mit dem Modell nach [Walraven und Reinhardt, 1981].

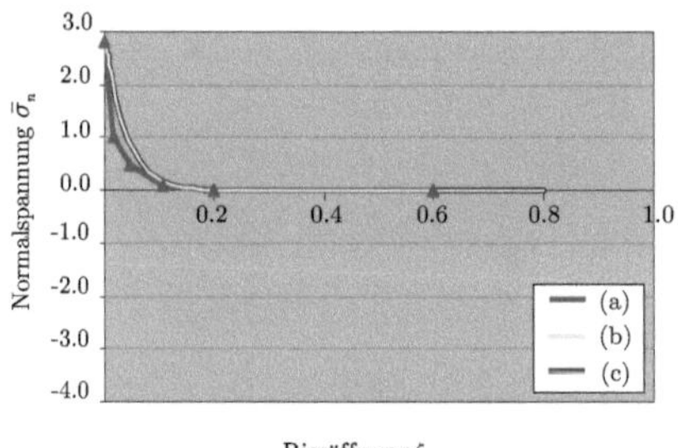

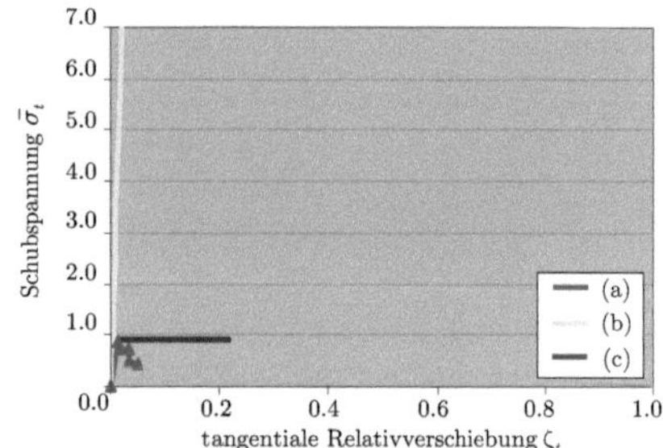

Abbildung 4.20: Vergleich der (a) experimentellen [Hassanzadeh, 1992] Spannungs-Rissöffnungsdiagramme in Richtung des Vektors $\boldsymbol{n}$ (links) und in Richtung des Vektors $\boldsymbol{t}$ (rechts) für den linearen Verschiebungspfad mit $\alpha = 75°$ mit den entsprechenden numerischen Beziehungen unter Verwendung des (b) Rissmodells nach [Feist, 2004] und (c) der Kombination der linearen Verfestigung mit dem Modell nach [Walraven und Reinhardt, 1981].

Das vorgestellte, erweiterte Rissmodell liefert im Rahmen der numerischen Simulation der kombinierten Zug-Schubversuche mit linearen Verschiebungspfaden $\bar{\sigma}_n\zeta_n$-Beziehungen, die mit jenen des Rissmodells nach [Feist, 2004] (Aufrechterhaltung der vollen Schubkraftübertragung auch nach Ausbildung des durchgehenden Risses) übereinstimmen (siehe jeweils linke Bilder der Abb. 4.18 bis 4.20).

Entsprechend den verschiedenen Annahmen der Rissmodelle in Bezug auf die Schubkraftübertragung zeigen sich die Unterschiede in den zugehörigen $\bar{\sigma}_t\zeta_t$-Beziehungen in den jeweils rechten Bildern der Abb. 4.18 bis 4.20. Während die numerische Simulation unter Verwendung des Modells nach [Feist, 2004] mit Aufrechterhaltung der Schubkraftübertragung nach Ausbildung des durchgehenden Risses (Kurve (b) in den jeweils rechten Bildern der Abb. 4.18 bis 4.20) unrealistische Ergebnisse liefert, resultieren aus der Berechnung unter Verwendung des vorgestellten, in Bezug auf die Schubkraftübertragung entlang rauer Rissufer erweiterten Rissmodells $\bar{\sigma}_t\zeta_t$-Beziehungen (Kurve (c)), die das Verhalten zumindest bezüglich der Größe der übertragbaren Schubspannung besser wiederspiegeln. Wesentliche Kennzeichen der $\bar{\sigma}_t\zeta_t$-Beziehungen unter Voraussetzung linearer Verschiebungspfade (α = 45°, 60°, 75°) sind der nichtlineare Verlauf der auftretenden Schubspannung $\bar{\sigma}_t$ bis zum Erreichen eines Maximalwertes und die anschließende kontinuierliche Abnahme von $\bar{\sigma}_t$. Die Berechnungsergebnisse unter Verwendung der linearen Verfestigung kombiniert mit dem Modell nach [Walraven und Reinhardt, 1981] zur Modellierung der Schubkraftübertragung entlang rauer Rissufer zeigen für die linearen Belastungspfade $\alpha = 45°$ und $\alpha = 60°$ des kombinierten Zug-Schubversuches die wesentlichen Merkmale der entsprechenden Versuchswerte, nämlich die Ausbildung eines Maximalwertes von $\bar{\sigma}_t$ und den anschließenden kontinuierlichen Rückgang der Schubspannung. Während der aus dem Versuch gemessene Maximalwert der Schubspannung $\bar{\sigma}_t$ im Rahmen der numerischen Simulation gut approximiert werden kann, wird die daran anschließende Abnahme von $\bar{\sigma}_t$ unterschätzt.

Abschließend zeigt Abb. 4.21a die 5-fach überhöhte Verschiebungsfigur des kombinierten Zug-Schubversuches für den parabolischen Verschiebungspfad mit $\beta = 0.4$ in (4.17) und Abb. 4.21b jene Elemente, die im Rahmen der numerischen Simulation unter Verwendung des vorgestellten, erweiterten Rissmodells im ersten Teil der Belastungsgeschichte eine Rissöffnung ζ_n aufweisen und im zweiten Teil der Belastungsgeschichte zusätzlich noch einen Verschiebungssprung ζ_t in Richtung des Vektors $\boldsymbol{t}$ erfahren. Die abgebildete Lokalisierungszone bzw. Rissentwicklung entspricht den Anforderungen des *primären* Risssystems.

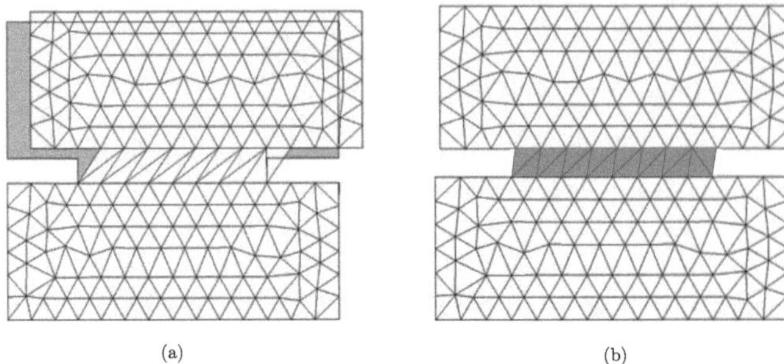

Abbildung 4.21: (a) 5-fach überhöhte Verschiebungsfigur des Zug-Schubversuches nach [Hassanzadeh, 1992] unter Voraussetzung des parabolischen Verschiebungspfades mit $\beta = 0.4$; (b) Elemente die am Ende des kombinierten Zug-Schubversuches einen Verschiebungssprung in Richtung des Vektors $\boldsymbol{n}$ und in Richtung des Vektors $\boldsymbol{t}$ aufweisen.

Kapitel 5

Alternative Formulierungen für die Bestimmung des Risspfades

5.1 Einleitung

Im Rahmen des vorgestellten, auf *der Methode der eingebetteten Diskontinuitäten* beruhenden Rissmodells wird der Normalenvektor $\boldsymbol{n}$ der Diskontinuität Γ auf der Grundlage des *Konzepts der unveränderlichen Rissflächen* nach der Rissinitiierung fest gehalten, d.h. die Richtung einer eingebetteten Diskontinuität wird ab dem Zeitpunkt der Rissinitiierung für den Rest der Berechnung konstant gehalten. Demgegenüber stehen Veröffentlichungen, in denen Rissmodelle mit *rotierenden* Diskontinuitäten vorgestellt werden, wie beispielsweise in [Mosler, 2002] und [Sluys und Berends, 1998]. Fraglich allerdings ist, ob derartige Formulierungen zu effizienten und robusten numerischen Algorithmen führen können. Der im Rahmen von Modellen mit *rotierenden* Rissebenen mögliche Positionswechsel eines Knotens von einer Seite der Diskontinuität auf die andere kann zu numerischen Instabilitäten führen.

Beobachtet man die Rissentwicklung im Zuge einer numerischen Simulation unter Verwendung eines *verschmierten Rissmodells*, so kann beobachtet werden, dass die anfänglich prognostizierte Rissrichtung sich meist mit fortschreitender Lokalisierung ändert. Daher kann erwartet werden, dass die Simulation eines makroskopischen Risses verbessert wird, wenn die Diskontinuität nicht unmittelbar nach der Rissinitiierung eingebettet wird, sondern wenn man den Lokalisierungsprozess zu Beginn mit einem verschmierten Rissmodell beschreibt und eine Diskontinuität erst dann einführt, wenn die Rissöffnung einen bestimmten Grenzwert überschreitet. Diese alternative Formulierung des Risspfades wird in [Jirásek und Zimmermann, 2001] im Rahmen eines Schädigungsmodells vorgestellt und im Folgenden auf das auf dem Konzept der eingebetteten Diskontinuitäten basierende Rissmodell angewandt, indem ein auf dem Konzept der verschmierten Risse basierendes Rissmodell mit ersterem kombiniert wird.

Eine weitere alternative Formulierung zur Bestimmung des Risspfades, die im Rahmen der vorliegenden Arbeit in das Rissmodell mit eingebetteten Diskontinuitäten implementiert wird, wird in [Sancho et al., 2005] und [Oliver und Huespe, 2004] vorgestellt. Wie bereits im Abschnitt 2.9 erwähnt, werden im Rahmen *der Methode der eingebetteten Diskontinuitäten* die Diskontinuitätssegmente $\Gamma^{(e)}$ nicht beliebig innerhalb eines finiten Elementes e platziert, sondern es wird die Stetigkeit der Diskontinuitätssegmente entlang benachbarter finiter Elemente durch Verwendung des so genannten *partial domain crack tracking algorithm* erfüllt [Feist, 2004]. Allerdings weist auch dieser Rissverfolgungsalgorithmus das typische Problem der klassischen lokalen und globalen Rissverfolgungsalgorithmen auf, dass durch die erzwungene Stetigkeit des Risspfades eine Art *Riss-Locking* möglich wird. Dieser *Locking*-Effekt ist darauf zurückzuführen, dass durch die erzwungene Stetigkeit des Risspfades Situationen auftreten können, in denen der Normalenvektor $\boldsymbol{n}$ der Diskontinuität Γ und der Gradient der Funktion $\varphi(\boldsymbol{x})$ (welche den Effekt des Verschiebungssprunges $[\![\boldsymbol{u}]\!](\boldsymbol{x})$ auf das Untergebiet Ω_φ beschränkt (2.3)) nahezu senkrecht aufeinander stehen. Man spricht in diesem Zusammenhang auch davon, dass die Vektoren $\boldsymbol{n}$ und $\boldsymbol{\nabla}\varphi$ schlecht orientiert sind (siehe [Feist, 2004]). Die in [Sancho et al., 2005] vorgestellte Vorgangsweise, die möglichen *Locking*-Effekte zu beseitigen, ist sehr einfach: da bei dreiknotigen finiten Elementen nicht die exakte Position der Diskontinuität im finiten Element wichtig ist, sondern lediglich die Art wie die Knoten durch die Diskontinuität geteilt werden wird der Vektor $\boldsymbol{\nabla}\varphi$ so gewählt, dass der mit dem Vektor $\boldsymbol{n}$ eingeschlossene Winkel möglichst klein ist. Mit dieser Forderung werden in [Sancho et al., 2005] die Risssegmente innerhalb der einzelnen finiten Elemente angeordnet und somit auf die Verwendung eines Rissverfolgungsalgorithmus zur Gewährleistung eines über die Elementsgrenzen hinweg stetigen Rissverlaufes verzichtet. Ähnlich zu [Jirásek und Zimmermann, 2001] wird bis zu einem bestimmten Grenzwert der Rissöffnung die Rissrichtung in jedem Belastungsinkrement neu berechnet und erst ab Erreichen des Grenzwertes die Rissrichtung konstant gehalten.

Die Idee, im frühen Stadium der Lokalisierung die Rissrichtung ständig neu zu berechnen, wird in beiden zuvor beschriebenen Varianten zur verbesserten Vorhersage des Risspfades verfolgt, wenngleich auf unterschiedliche Art und Weise. Beim direkten Vergleich der beiden Formulierungen allerdings zeigt die Variante nach [Sancho et al., 2005] den großen Vorteil, dass im Zuge dieser Formulierung auch nach endgültiger Festlegung der Richtung eines Rissegmentes innerhalb eines finiten Elementes auf einen Rissverfolgungsalgorithmus verzichtet wird und lediglich die Bedingung, dass $\boldsymbol{n}$ und $\boldsymbol{\nabla}\varphi$ einen möglichst kleinen Winkel einschließen, gefordert wird. In den folgenden Kapiteln werden einige Versuchsnachrechnungen vorgestellt, die bestätigen, dass die Variante nach [Sancho et al., 2005] nur bei Erfüllung bestimmter Anforderungen an die Diskretisierung erfolgreich angewendet werden kann und ansonsten so genannte *mesh-bias Effekte* auftreten. Hingegen ermöglicht die Anwendung der Formulierung nach [Jirásek und Zimmermann, 2001] ohne Einschränkungen hinsichtlich der Diskretisierung eine verbesserte Approximation des Risspfades, wie anschließend gezeigt wird.

Im Folgenden wird das in [Feist, 2004] vorgestellte Rissmodell als *Rissmodell mit eingebetteten Diskontinuitäten* bezeichnet, die im Rahmen der vorliegenden Arbeit entwickelte Erweiterung dieses Modells durch die Kombination mit einem verschmierten Rissmodell [Jirásek und Zimmermann, 2001] als *Rissmodell mit verzögert eingebetteten Diskontinuitäten* und die vorgenommene Modifikation des Rissmodells mit eingebetteten Diskontinuitäten durch die Einbettung von lokalen, über die Elementsgrenzen nicht stetigen Diskontinuitäten [Sancho et al., 2005] als *Rissmodell mit lokal eingebetteten Diskontinuitäten.*

5.2 Rissmodell mit verzögert eingebetteten Diskontinuitäten

Im Folgenden wird das Rissmodell mit eingebetteten Diskontinuitäten durch die Kombination mit einem verschmierten Rissmodell erweitert. Dadurch erhält man ein *Rissmodell mit verzögert eingebetteten Diskontinuitäten* [Jirásek und Zimmermann, 2001].

Die anfängliche Lokalisierung wird in jedem Integrationspunkt auf der Grundlage des Konzepts der *verschmierten* Risse in Abhängigkeit der so genannten äquivalenten Spannung $\bar{\sigma}$ und der äquivalenten plastischen Verzerrung κ modelliert (siehe [Winkler, 2001]). Das *Konzept der verschmierten Risse* basiert darauf, dass auch das gerissene Material weiterhin als Kontinuum betrachtet wird, wobei auftretende Risse durch eine Verringerung der Steifigkeit und Festigkeit in jenen Integrationspunkten von finiten Elementen erfasst werden, in denen das vorgegebene Risskriterium erfüllt ist. Hierbei ist es auch auf einfache Weise möglich, mehrere Risse beliebiger Orientierung zu berücksichtigen.

In der vorliegenden Arbeit wird das Zugverhalten des Betons auch im Rahmen des *Konzepts der verschmierten Risse* durch die Bruchhypothese nach RANKINE angenähert (wie im Rahmen des Rissmodells, basierend auf der Methode der eingebetteten Diskontinuitäten (siehe Abschnitt 2.4)). Wird also die Fließbedingung gemäß dem Kriterium nach RANKINE

$$f(\boldsymbol{\sigma}, q) = (\boldsymbol{n} \otimes \boldsymbol{n}) : \boldsymbol{\sigma} - \bar{\sigma}(\kappa) \tag{5.1}$$

in einem Integrationspunkt erfüllt, wird der auftretende Riss im Falle von dreiknotigen finiten Elementen mit nur einem Integrationspunkt über das gesamte Element verschmiert berücksichtigt.

Als Beziehung zwischen der äquivalenten Spannung $\bar{\sigma}$ und der äquivalenten plastischen Verzerrung κ wird ein exponentielles Entfestigungsgesetz der Form

$$\bar{\sigma}(\kappa) = f_t \exp\left(-\frac{\kappa}{\kappa_u}\right) \tag{5.2}$$

gewählt. Die Fläche unter der Kurve (5.2) entspricht der spezifischen Bruchenergie G_f für Zugversagen, bezogen auf die charakteristische Länge l des Elementes. Durch die Bildung des Integrals der exponentiellen Funktion in den Grenzen 0 bis ∞ mit

$$\frac{G_f}{l} = \int_0^\infty \bar{\sigma}(\kappa)\,\mathrm{d}\kappa = f_t\,\kappa_u, \tag{5.3}$$

kann der den Verlauf der Funktion bestimmende Parameter $\kappa_u = \frac{G_f}{l\,f_t}$ ermittelt werden.

Der Vergleich des Entfestigungsgesetzes (2.50) für das Rissmodell, basierend auf der Methode der eingebetteten Diskontinuitäten, mit jenem, formuliert im Rahmen des Konzepts der verschmierten Risse (5.2), zeigt den wesentlichen Unterschied beider Formulierungen. Wie bereits erwähnt, wird das Materialverhalten im Rahmen von verschmierten Rissmodellen mit Spannungs-Dehnungsbeziehungen beschrieben. Um objektive, also netzunabhängige Berechnungsergebnisse zu erhalten, wird die charakteristische Länge l, über die der Riss verschmiert wird, eingeführt. Demgegenüber steht die Formulierung basierend auf der Methode der eingebetteten Diskontinuitäten, im Zuge derer das Materialverhalten über eine Spannungs-Rissöffnungsbeziehung beschrieben wird. Die Einführung einer charakteristischen Länge entfällt wegen der Berücksichtigung des Risses als Diskontinuität im Verschiebungsfeld.

Für die numerische Umsetzung des Materialmodells im Rahmen des Konzepts der verschmierten Risse wird wiederum das Projektionsverfahren (Return-Mapping-Algorithm) verwendet. Dieser Integrationsalgorithmus wurde bereits im Abschnitt 2.7 im Rahmen des Konzepts der starken Diskontinuitäten unter Berücksichtigung der Mehrflächen-Plastizitätstheorie beschrieben und wird daher in diesem Abschnitt nicht mehr vorgestellt. Für detaillierte Informationen siehe [Winkler, 2001].

Die Erweiterung des Rissmodells mit eingebetteten Diskontinuitäten durch die Kombination mit dem in diesem Abschnitt vorgestellten verschmierten Rissmodell zur verbesserten Vorhersage der Rissrichtung und somit des Risspfades wird wie folgt ausgeführt:

Wenn die Rissöffnung ζ_n, die sich aus der Multiplikation der äquivalenten plastischen Verzerrung κ mit der charakteristischen Elementslänge l ergibt, eine kritische Rissöffnung $\zeta_{n,krit}$ überschreitet, wird von der verschmierten Formulierung auf jene mit eingebetteten Diskontinuitäten umgeschaltet.

Die charakteristische Elementslänge l wird in der vorliegenden Arbeit näherungsweise aus $l = \sqrt{A}$ berechnet, wobei A die Fläche des finiten Elementes darstellt.

In jedem Integrationspunkt, in dem ζ_n die kritische Rissöffnung $\zeta_{n,krit}$ überschreitet, wird der bis dahin über das gesamte Element verschmierte Riss im Weiteren durch einen diskreten Riss bzw. eine Diskontinuität ersetzt. Bis zum Erreichen der kritischen Rissöffnung, also unter Verwendung des verschmierten Rissmodells, wird die Rissrichtung in jedem Belastungsinkrement neu berechnet. In diesem Fall treten also keine Schubspannungen auf, da sich die Rissrichtung jeweils in der Ebene senkrecht zur Richtung der maximalen Hauptnormalspannung ausbildet.

Mit Erfüllung der Bedingung $\zeta_n \geq \zeta_{n,krit}$ in einem finiten Element e wird der im Rahmen des verschmierten Rissmodells berechnete Schädigungsgrad des Materials sozusagen eingefroren, während die weitere Entfestigung des Materials mit dem auf dem Konzept der eingebetteten Diskontinuitäten basierenden Rissmodell beschrieben wird, wobei natürlich auch wiederum tangentiale Relativverschiebungen ζ_t zu berücksichtigen sind. Infolge des

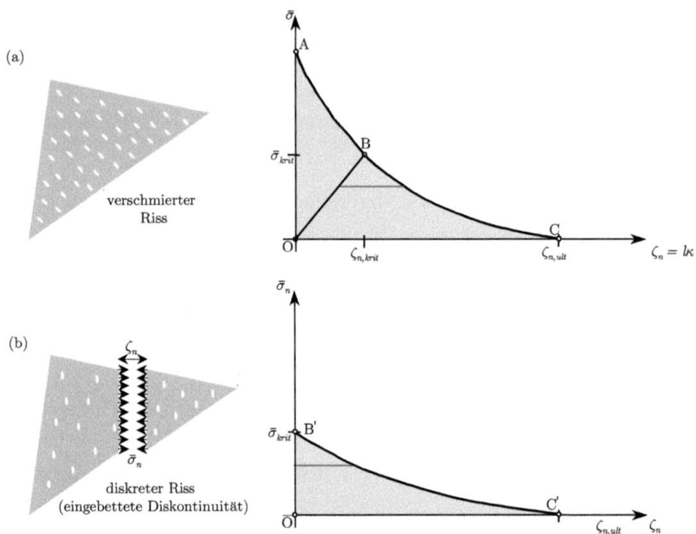

Abbildung 5.1: Anpassung des Materialgesetzes für (a) das verschmierte und (b) das diskrete (eingebettete) Rissmodell.

Konzepts der unveränderlichen Rissflächen nämlich wird die Rissrichtung nach der Rissinitiierung, also nach der Einbettung der Diskontinuität konstant gehalten, womit diese im Laufe weiterer Belastung nicht mehr senkrecht auf die Richtung der maximalen Hauptnormalspannung steht. Dieses Phänomen wurde bereits im Abschnitt 2.3 beschrieben.

Natürlich ist es notwendig die Materialparameter beider Rissmodelle zu adaptieren - sowohl für die Spannungs-Dehnungsbeziehung des verschmierten Rissmodells, als auch für die Spannungs-Rissöffnungsbeziehung des diskreten Rissmodells - und zwar so, dass ein *glatter* Übergang möglich ist und die totale Energiedissipation korrekt erfasst wird. Die Adaptierung der konstitutiven Beziehungen wird in Abb. 5.1 gezeigt.

Das Diagramm in Abb. 5.1a entspricht dem Spannungs-Rissöffnungsgesetz. Um die für verschmierte Rissmodelle übliche Spannungs-Dehnungsbeziehung zu erhalten, muss lediglich die Rissöffnung ζ_n in Richtung des Vektors $\boldsymbol{n}$ in die äquivalente plastische Verzerrungskomponente $\kappa = \frac{\zeta_n}{l}$ transformiert werden. Ein verschmiertes Rissmodell würde zur

Beschreibung des Entfestigungsverhaltens von Beton der kompletten Entfestigungskurve A-B-C in Abb. 5.1a folgen. Die Fläche unter der Kurve entspricht dabei der spezifischen Bruchenergie G_f. Im Zuge der vorgenommenen Kombination eines verschmierten und eingebetteten Rissmodells allerdings wird im Rahmen der verschmierten Rissmodellierung dieser Entfestigungskurve nur solange gefolgt, bis eben die kritische Rissöffnung $\zeta_{n,krit}$ erreicht wird. Mit Erreichen des zur kritischen Rissöffnung zugehörigen Spannungspunktes B in Abb. 5.1a, wird also die diffuse Schädigung eingefroren und somit die verschmierte Rissmodellierung in den entsprechenden Integrationspunkten gestoppt.

Gleichzeitig wird nun die Diskontinuität Γ in das entsprechende finite Element eingebettet und das Materialverhalten über die in Abb. 5.1b dargestellte Spannungs-Rissöffnungsbeziehung beschrieben. Die Entfestigungskurve B'-C' ergibt sich als Differenz zwischen der Kurve B-C und der Geraden B-O in Abb. 5.1a. Folglich weisen die gekrümmten Dreiecke O-B-C und O-B'-C' die selbe Fläche auf. Dies bedeutet, dass die zufolge der eingebetteten Diskontinuität dissipierte Energie der Differenz zwischen der spezifischen Bruchenergie (Fläche von O-A-B-C) und der vom verschmierten Riss dissipierten Energie (Fläche von O-A-B-O) entspricht.

Im Abschnitt 2.10 wurde bereits beschrieben, dass eine *lokal* ermittelte Vorhersage der Rissrichtung zu *Locking*-Effekten und damit zu einer verfälschten Energiedissipation führen kann. Wenn die Diskretisierung unabhängig vom zu erwartenden Risspfad vorgenommen wird, können *lokale* Abweichungen des prognostizierten Risspfades auftreten, wenngleich *global* betrachtet der Risspfad korrekt abgebildet wird. Im Rahmen des Rissmodells, basierend auf der Methode der eingebetteten Diskontinuitäten, wird dieses Phänomen durch die Berücksichtigung des Konzepts der *nichtlokalen Mittelung*, angewandt auf den Verzerrungstensor $\boldsymbol{\varepsilon}(\boldsymbol{x})$, abgeschwächt. Im Zuge des Konzepts der nichtlokalen Mittelung kann ein Glättungseffekt beobachtet werden, der zu einer verbesserten Vorhersage der Rissrichtung führt.

Im Rahmen der Erweiterung des auf der Methode der eingebetteten Diskontinuitäten basierenden Rissmodells unter Verwendung eines Rissverfolgungsalgorithmus durch die Kombination mit einem verschmierten Rissmodell können zwar durch die ständig neu berechnete Rissrichtung im frühen Stadium der Lokalisierung die zuvor erwähnten *Locking*-Effekte beseitigt werden, allerdings führt die verschmierte Rissmodellierung zu so genannten *mesh-bias-Effekten*. Die Rissrichtung wird also von der Diskretisierung beeinflusst, wodurch keine objektiven Ergebnisse möglich sind.

Somit scheint es nahe liegend, das im Abschnitt 2.10 vorgestellte Konzept der nichtlokalen Mittelung im Rahmen des *Rissmodells mit verzögert eingebetteten Diskontinuitäten* auch für die verschmierte Rissmodellierung anzuwenden. Die Verwendung der nichtlokalen Mittelung im Zuge des verschmierten Rissmodells wird hier nicht mehr weiter erläutert.

Wie im Abschnitt 5.4 anhand einiger Versuchsnachrechnungen gezeigt wird, bietet die vorgestellte Kombination des Konzepts der verschmierten Risse mit dem Rissmodell mit eingebetteten Diskontinuitäten die Möglichkeit, Risspfade in unbewehrten Betonstrukturen zufriedenstellend zu approximieren. Weiters wird im Abschnitt 5.4.3 gezeigt, dass es mit dem entwickelten Rissmodell mit verzögert eingebetteten Diskontinuitäten im Gegensatz zum Rissmodell nach [Feist, 2004] auch möglich ist, das Materialverhalten bewehrter Betonstrukturen zu erfassen.

5.3 Rissmodell mit lokal eingebetteten Diskontinuitäten

Wie bereits im vorigen Abschnitt erwähnt und im Abschnitt 2.9 ausführlich beschrieben, führt die beliebige Platzierung eines Diskontinuitätssegmentes $\Gamma^{(e)}$ innerhalb eines finiten Elementes e zu so genannten *mesh-bias-Effekten.* Dieser Netzabhängigkeit der Ergebnisse wird im Rahmen des Rissmodells nach [Feist, 2004] durch die Gewährleistung der Stetigkeit des Risspfades mit Hilfe des *partial domain crack tracking algorithm* entgegengewirkt. Mit der damit erzwungenen Stetigkeit des Risspfades werden allerdings *Locking*-Effekte möglich, wenn die Vektoren $\boldsymbol{n}$ und $\boldsymbol{\nabla}\varphi$ schlecht orientiert sind. Zudem wird durch die Verwendung eines Rissverfolgungsalgorithmus und der damit verbundenen nötigen Information bezüglich der Netztopologie der *lokale* Charakter der finite Elemente Methode aufgegeben, was zusätzliche Schwierigkeiten bei der Implementierung in kommerzielle finite Elemente Programme mit sich bringt.

Im Folgenden wird nun das im Zuge dieser Arbeit (in Anlehnung an [Sancho et al., 2005]) entwickelte *Rissmodell mit lokal eingebetteten Diskontinuitäten* vorgestellt. Die Beschreibung „*lokal*“ ist dabei so zu interpretieren, dass auf die Verwendung eines Rissverfolgungsalgorithmus verzichtet wird.

Die wesentlichen Elemente der in [Sancho et al., 2005] vorgestellten *lokalen* Formulierung des Rissmodells sind:

1. die Kinematik der starken Diskontinuitäten,
2. ein kohäsives Rissmodell,
3. ein dreiknotiges finites Element,
4. die Elimination der zusätzlichen Freiheitsgrade auf Elementsebene,
5. die Anpassung der Rissrichtung im frühen Stadium der Rissbildung.

Die Kinematik der starken Diskontinuitäten wurde bereits in den Abschnitten 2.1 und im Rahmen der finite Elemente Diskretisierung im Abschnitt 2.8 dieser Arbeit beschrieben. Weist ein finites Element e eine eingebettete Diskontinuität Γ auf, so kann das zugehörige diskontinuierliche Verschiebungsfeld mit (2.100) approximiert werden. Der zugehörige reguläre Anteil des Verzerrungstensors $\bar{\varepsilon}(\boldsymbol{x})$ kann mit (2.103) beschrieben werden, wobei $\boldsymbol{\nabla}\varphi$ den Gradient der Funktion φ bezeichnet, die aus den Interpolationsfunktionen jener Knoten des Elementes e gebildet wird, die auf der positiven Seite der Diskontinuität Γ, also in Ω_e^+ (siehe Abb. 2.7b) liegen.

Die Punkte 2, 3 und 4 der vorigen Aufzählung bedürfen keinen weiteren Erläuterungen, deshalb wird im Folgenden nur auf die unter Punkt 5 genannte *Anpassung der Rissrichtung* näher eingegangen.

In jenen finiten Elementen, in denen das Risskriterium nach RANKINE (2.48) erfüllt ist, wird die Diskontinuität Γ unter Berücksichtigung der Forderung, dass die Vektoren $\boldsymbol{n}$ und $\boldsymbol{\nabla}\varphi$ einen möglichst kleinen Winkel einschließen, eingebettet. Laut dem Kriterium nach RANKINE tritt der Riss bei Erreichen der Zugfestigkeit des Betons in der Ebene normal zur Richtung der Hauptnormalspannung auf, womit der Vektor $\boldsymbol{n}$ bekannt ist.

Es gilt jetzt noch $\boldsymbol{\nabla}\varphi$ zu bestimmen, womit die Lage der Diskontinuität Γ im betreffenden finiten Element festgelegt wird. In der in [Sancho et al., 2005] vorgestellten rein lokalen Formulierung wird $\boldsymbol{\nabla}\varphi$ so bestimmt, dass der Winkel zwischen $\boldsymbol{n}$ und $\boldsymbol{\nabla}\varphi$ möglichst klein ist. Damit wird der Fall $\boldsymbol{n}$ nahezu senkrecht auf $\boldsymbol{\nabla}\varphi$ und somit die Singularität der zu invertierenden Matrix in (2.91) ausgeschlossen.

Für ein dreiknotiges finites Element e existieren bei bekannter Rissrichtung zwei unterschiedliche Möglichkeiten wie die Diskontinuität Γ das finite Element schneidet: entweder so, dass ein oder so, dass zwei Knoten auf der positiven Seite der Diskontinuitätslinie Γ, also in Ω_e^+ von Abb. 2.7a liegen. Damit ergeben sich zwei mögliche Vektoren $\boldsymbol{\nabla}\varphi$.

Die Forderung, dass die Vektoren $\boldsymbol{n}$ und $\boldsymbol{\nabla}\varphi$ einen möglichst kleinen Winkel einschließen, wird so umgesetzt, dass aus den zwei möglichen Vektoren $\boldsymbol{\nabla}\varphi$ jener ausgewählt wird, für den

$$\frac{|\,\boldsymbol{\nabla}\varphi \cdot \boldsymbol{n}\,|}{|\,\boldsymbol{\nabla}\varphi\,|} \Rightarrow \max \tag{5.4}$$

gilt.

Im frühen Stadium der Lokalisierung, bis zum Erreichen einer festgelegten kritischen Rissöffnung $\zeta_{n,krit}$ also, wird der Normalenvektor $\boldsymbol{n}$ der Diskontinuität Γ in jedem Belastungsinkrement neu berechnet. Die Diskontinuität kann sozusagen „rotieren". Ab Erreichen einer festgelegten kritischen Rissöffnung wird die Rissrichtung während der weiteren Berechnung konstant gehalten.

Während der gesamten Berechnung kann im Rahmen der vorgestellten, erweiterten Formulierung des Rissmodells also auf die Verwendung eines Rissverfolgungsalgorithmus verzichtet werden. Dies stellt zweifelsohne einen großen Vorteil gegenüber dem in [Feist, 2004] formulierten Rissmodell, im Zuge dessen der *partial domain crack tracking algorithm* verwendet wird, dar.

Ähnlich wie in [Jirásek und Zimmermann, 2001] wird in [Sancho et al., 2005] die Notwendigkeit der anfänglichen Rissanpassung beschrieben. Die Vorhersage der Rissrichtung in einem dreiknotigen finiten Element ist vor allem zum Zeitpunkt der Rissinitiierung nicht zufriedenstellend. Dies ist darauf zurückzuführen, dass durch die niedrige Interpolationsordnung der dreiknotigen finiten Elemente der Spannungsverlauf in der Umgebung der Rissspitze nur unzureichend wiedergegeben wird. Allerdings wird genau mit diesen Elementen die Richtung der potentiellen bzw. neuen Diskontinuitätssegmente festgelegt. Im Zuge der Rissentwicklung „richtet" sich die Rissrichtung dann so zusagen von selbst ein.

In [Sancho et al., 2005] wird die Bestimmung der kritischen Rissöffnung, also des Grenzwertes bis zu welchem die Rissrichtung in jedem Belastungsinkrement neu berechnet wird, an das Entfestigungsverhalten gekoppelt und mittels

$$\zeta_{n,krit} = \frac{(0.1\,\text{bis}\,0.2)\,G_f}{f_t} \tag{5.5}$$

bestimmt.

Das vorgestellte *Rissmodell mit lokal eingebetteten Diskontinuitäten* wird im Rahmen dieser Arbeit dahin gehend erweitert, dass die *lokal* ermittelte Vorhersage der Rissrichtung, die wie beschrieben zu *Locking*-Effekten führen kann, durch die Verwendung des Konzepts der nichtlokalen Mittelung und die damit mögliche Glättung der Rissrichtung verbessert wird. Das Konzept der nichtlokalen Mittelung wurde bereits im Abschnitt 2.10 vorgestellt.

Im nächsten Abschnitt wird das im Zuge dieser Arbeit entwickelte *Rissmodell mit lokal eingebetteten Diskontinuitäten* anhand einiger Versuchsnachrechnungen überprüft und die Vorteile und eventuelle Mängel aufgezeigt.

5.4 Benchmark-Tests

Zu Beginn dieses Abschnittes wird ein Drei-Punkt-Biegeversuch nachgerechnet, der auch mit dem Rissmodell nach [Feist, 2004] zufriedenstellend simuliert werden kann. Die Nachrechnung des Versuches unter Verwendung des vorgestellten *Rissmodells mit verzögert eingebetteten Diskontinuitäten* und des vorgestellten *Rissmodells mit lokal eingebetteten Diskontinuitäten* und der Vergleich mit den Ergebnissen nach [Feist, 2004] soll vorerst die Anwendbarkeit der alternativen Formulierungen zur Bestimmung des Risspfades nach [Jirásek und Zimmermann, 2001] und [Sancho et al., 2005] bestätigen. Im Anschluss daran wird die Nachrechnung eines einaxialen Zugversuches präsentiert, welche zeigt, dass das *Rissmodells mit lokal eingebetteten Diskontinuitäten* nicht uneingeschränkt objektive Ergebnisse liefert. Letztlich wird die Kombination des *Rissmodells mit eingebetteten Diskontinuitäten* mit einem *verschmierten Rissmodell* auch für die Berechnung bewehrter Betonstrukturen angewendet. Der Vergleich der Berechnungs- und Versuchsergebnisse axial beanspruchter Stahlbetonstäbe zeigt, dass das *Rissmodell mit verzögert eingebetteten Diskontinuitäten* auch für die numerische Simulation bewehrter Betonstrukturen gut einsetzbar ist.

5.4.1 Drei-Punkt-Biegeversuch

Beim ersten Verifikationsbeispiel handelt es sich um den in [Feist, 2004] dokumentierten PCT-2D-Test, einen gekerbten Drei-Punkt-Biegeversuch eines unbewehrten Betonprobekörpers. Die Geometrie des Versuchskörpers und der Angriffspunkt der Belastung in Form

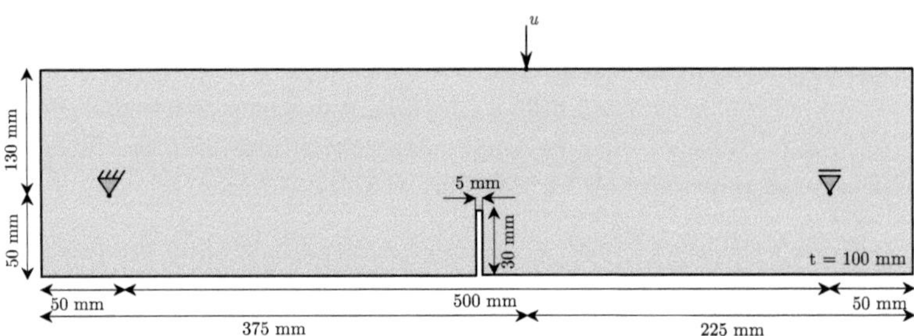

Abbildung 5.2: Versuchsanordnung des Drei-Punkt-Biegeversuches nach [Feist, 2004].

einer Vertikalverschiebung können Abb. 5.2, die Materialparameter können Tab. 5.1 entnommen werden. Im Rahmen der numerischen Berechnung werden dreiknotige finite Elemente unter Voraussetzung eines ebenen Spannungszustandes verwendet. Für die in Abb. 5.3 gezeigte relativ grobe Diskretisierung des Versuchskörpers werden im Folgenden nun die aus der numerischen Simulation erhaltenen Ergebnisse den experimentellen Werten gegenübergestellt.

In Abb. 5.4a werden die aus den numerischen Simulationen unter Verwendung (i) des Rissmodells nach [Feist, 2004] (Kurve a), (ii) des vorgestellten *Rissmodells mit verzögert eingebetteten Diskontinuitäten* (Kurve b) und (iii) des vorgestellten *Rissmodells mit lokal eingebetteten Diskontinuitäten* (Kurve c) erhaltenen Last-Verschiebungsdiagramme einander gegenübergestellt. Die zugehörige experimentelle Last-Verschiebungskurve ist leider nicht bekannt. Die mit dem vorgestellten *Rissmodell mit verzögert eingebetteten Diskon-*

Parameter	Wert	Einheit
E	34759.40	$[\mathrm{N/mm^2}]$
ν	0.20	
f_t	3.00	$[\mathrm{N/mm^2}]$
G_f	0.0656	$[\mathrm{N/mm}]$
$f_{c,c}$	30.500	$[\mathrm{N/mm^2}]$

Tabelle 5.1: Materialparameter für den Drei-Punkt-Biegeversuch nach [Feist, 2004].

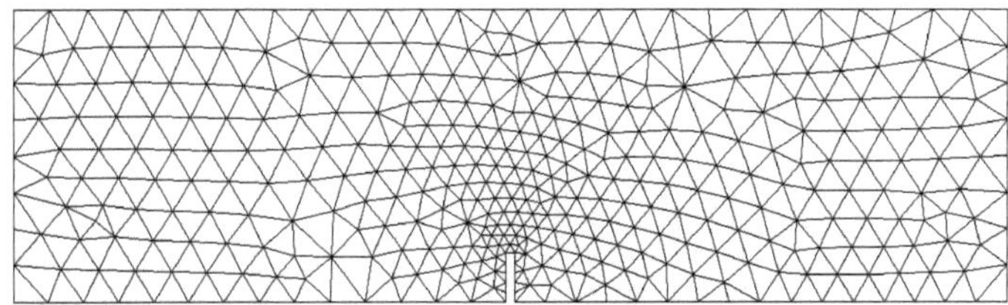

Abbildung 5.3: Diskretisierung für den gekerbten Drei-Punkt-Biegebalken aus unbewehrtem Beton.

tinuitäten ermittelte Last-Verschiebungsbeziehung stimmt sehr gut mit jener überein, die aus der Berechnung mit dem in [Feist, 2004] vorgestellten Rissmodell resultiert.

Unter Verwendung des *Rissmodells mit verzögert eingebetteten Diskontinuitäten* wird die Vorhersage der Rissrichtung mittels der nichtlokalen Mittelung, angewandt auf den Verzerrungstensor $\boldsymbol{\varepsilon}(\boldsymbol{x})$, geglättet. Während in [Feist, 2004] der Interaktionsradius R über den Durchmesser des Größtkornes D_{max} bestimmt und für vorliegende Nachrechnung zu $R = 5D_{max}$ festgelegt wurde, scheint es nach der Auffassung der Verfasserin sinnvoller, den Bereich der nichtlokalen Mittelung an die durchschnittliche Elementsgröße der Diskretisierung zu binden, weil dieser Radius ja nicht die Bedeutung einer charakteristischen Länge hat, sondern lediglich einen Glättungseffekt bewirken soll. Somit wird der Interaktionsradius für die verschmierte Rissmodellierung und die gezeigte Diskretisierung zu $R = 50$ mm gewählt.

Der Übergang von der verschmierten zur diskreten Rissmodellierung wird bei einer kritischen Rissöffnung von $\zeta_{n,krit} = 0.001$ mm vorgenommen, womit das erste Diskontinuitätssegment Γ im Risswurzelelement bei einer Belastung von ungefähr 8.0 kN eingebettet wird.

Auch die numerische Simulation unter Verwendung des *Rissmodells mit lokal eingebetteten Diskontinuitäten* liefert eine ähnliche Last-Verschiebungsbeziehung wie jene, ermittelt mit dem Rissmodell nach [Feist, 2004] bzw. dem *Rissmodell mit verzögert eingebetteten Diskontinuitäten* (Abb. 5.4), wenngleich der Wert der Traglast etwas höher ist. Es wir darauf hingewiesen, dass das *Rissmodell mit lokal eingebetteten Diskontinuitäten* zur Nachrechnung des Versuches mit der im Abschnitt 2.4.2 beschriebenen Berücksichtigung der Schubkraftübertragung entlang rauer Rissufer kombiniert wurde. Nur unter Berücksichtigung

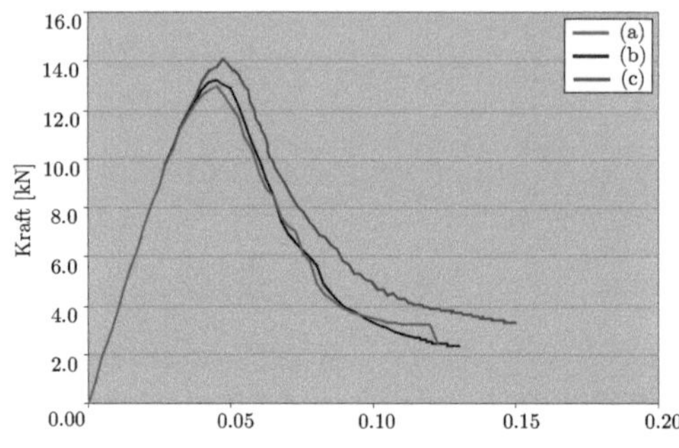

Abbildung 5.4: Vergleich der numerisch ermittelten Last-Verschiebungsdiagramme unter Verwendung des: (a) Rissmodells nach [Feist, 2004], (b) des *Rissmodells mit verzögert eingebetteten Diskontinuitäten* und (c) des *Rissmodells mit lokal eingebetteten Diskontinuitäten.*

der über die rauen Oberflächen der Rissufer übertragbaren Schubspannung, ist es auch mit dem *Rissmodell mit lokal eingebetteten Diskontinuitäten* möglich, das Entfestigungsverhalten zu simulieren. Diese Forderung rührt daher, dass im Zuge der Anpassung der Rissrichtung im frühen Stadium der Rissbildung, also bis zum Erreichen des in (5.5) angegebenen Grenzwertes der kritischen Rissöffnung $\zeta_{n,krit}$, viele benachbarte Elemente im Bereich der Kerbe Diskontinuitätssegmente aufweisen und somit ein vorzeitiges verfälschtes lokales Versagen nur über die Berücksichtigung der tatsächlichen Schubspannungsübertragung über die rauen Rissoberflächen verhindert werden kann. Im Zuge der Simulation des gekerbten Drei-Punkt-Biegeversuches mit dem Rissmodell nach [Feist, 2004] und dem *Rissmodell mit verzögert eingebetteten Diskontinuitäten* ist die Berücksichtigung der über die rauen Rissufer übertragbaren Schubspannung nicht zwingend notwendig.

Die kritische Rissöffnung $\zeta_{n,krit}$, bis zu welcher die Richtung der eingebetteten Diskontinuitätssegmente in jedem Belastungsinkrement neu berechnet wird, wird im vorliegenden Beispiel entgegen den in [Sancho et al., 2005] empfohlenen Grenzwerten (siehe (5.5)) zu $\zeta_{n,krit} = \frac{0.25\,G_f}{f_t}$ gewählt.

Im Rahmen des *Rissmodells mit lokal eingebetteten Diskontinuitäten* wird also für vorliegendes Beispiel die Rissrichtung ab einer kritischen Rissöffnung $\zeta_{n,krit} = 0.0055$ mm konstant gehalten, während im Rahmen des *Rissmodells mit verzögert eingebetteten Dis-*

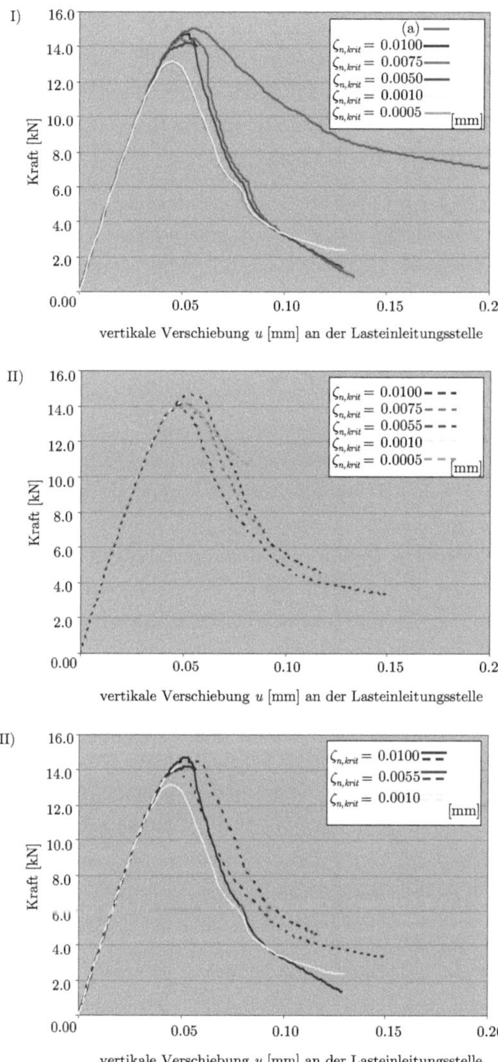

Abbildung 5.5: Last-Verschiebungsdiagramme unter I) Verwendung des *Rissmodells mit verzögert eingebetteten Diskontinuitäten* und des verschmierten Rissmodells (a), unter II) Verwendung des *Rissmodells mit lokal eingebetteten Diskontinuitäten* für verschiedene Werte für $\zeta_{n,krit}$ und III) Vergleich der Ergebnisse für charakteristische Rissöffnungen.

kontinuitäten, wie bereits erwähnt, ab einer kritischen Rissöffnung $\zeta_{n,krit} = 0.001$ mm Diskontinuitätssegmente Γ eingebettet werden. Mit den gewählten Grenzwerten ergibt die numerische Simulation unter Verwendung der vorgestellten Erweiterungen des Rissmodells bezüglich der Formulierungen zur Bestimmung des Risspfades die beste Übereinstimmung mit den Versuchswerten für die Traglast.

Abb. 5.5I) zeigt die Last-Verschiebungsdiagramme der numerischen Berechnung unter Verwendung des *Rissmodells mit verzögert eingebetteten Diskontinuitäten* und zwar für unterschiedliche Werte von $\zeta_{n,krit}$ sowie die Beziehung unter Verwendung des *verschmierten Rissmodells* (Kurve (a)). Es ist deutlich zu erkennen, dass die prognostizierte Traglast kleiner ist, wenn $\zeta_{n,krit}$ kleiner gewählt wird, also früher Diskontinuitätssegmente eingebettet werden. Abb. 5.5II) zeigt die Last Verschiebungsbeziehungen der Berechnung unter Verwendung des *Rissmodells mit lokal eingebetteten Diskontinuitäten*, wiederum für unterschiedliche Werte von $\zeta_{n,krit}$. Auch hier kann die experimentell ermittelte Traglast von 12.10 kN um so besser approximiert werden, je früher die Rissrichtung konstant gehalten wird. In Abb.5.5III) werden letztlich jeweils die Last-Verschiebungsdiagramme einander gegenübergestellt, für die sowohl im Rahmen des *Rissmodells mit lokal* als auch mit *verzögert eingebetteten Diskontinuitäten* dieselbe kritische Rissöffnung gewählt wurde. Die Berechnungsergebnisse stimmen recht gut überein, bis auf die Beziehungen für $\zeta_{n,krit} = 0.001$ mm, für die mit dem *Rissmodell mit lokal eingebetteten Diskontinuitäten* eine höhere Traglast prognostiziert wird.

In Abb. 5.6 werden die numerischen Last-Rissöffnungsbeziehungen der experimentellen Beziehung gegenübergestellt, der Vergleich zeigt eine gute Übereinstimmung. Die experimentell ermittelte Traglast von 12.10 kN (strichlierte Kurve) wird mit dem Rissmodell nach [Feist, 2004] (Kurve a) zu 12.70 kN bzw. mit dem *Rissmodell mit verzögert eingebetteten Diskontinuitäten* (Kurve b) zu 13.10 kN berechnet und somit sehr gut approximiert. Mit dem *Rissmodell mit lokal eingebetteten Diskontinuitäten* (Kurve c) wird die Traglast zu 13.90 kN bestimmt und somit leicht überschätzt.

Auch der Vergleich der in Abb. 5.7a, Abb. 5.7b und Abb. 5.7c gezeigten Elemente, die jeweils ein eingebettetes Diskontinuitätssegment aufweisen und somit den Risspfad beschreiben, zeigt eine gute Übereinstimmung mit den Versuchsergebnissen. Die Übereinstimmung des experimentellen Risspfades mit dem prognostizierten Risspfad in Abb. 5.7d und Abb. 5.7e kann vor allem bei der relativ groben Diskretisierung des Versuchskörpers als positiv bewertet werden. Die Elemente, die im Zuge der numerischen Simulation unter

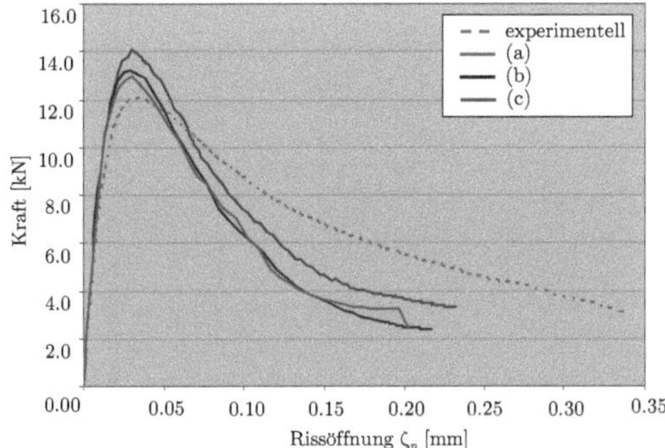

Abbildung 5.6: Vergleich der experimentell ermittelten Last-Rissöffnungsbeziehung mit jenen der numerischen Berechnungen unter Verwendung: (a) des Rissmodells nach [Feist, 2004], (b) des *Rissmodells mit verzögert eingebetteten Diskontinuitäten* und (c) des *Rissmodells mit lokal eingebetteten Diskontinuitäten.*

Verwendung des *Rissmodells mit lokal eingebetteten Diskontinuitäten* ein aktives eingebettetes Diskontinuitätssegment aufweisen (siehe Abb. 5.7c), beschreiben den experimentell ermittelten Risspfad noch genauer (siehe 5.7f).

Die Eignung der vorgestellten Rissmodelle mit *verzögert* bzw. *lokal* eingebetteten Diskontinuitäten scheint durch den Vergleich der experimentellen und numerischen Ergebnisse des PCT-2D-Tests bestätigt.

Allerdings können sowohl das experimentell ermittelte Last-Verschiebungsdiagramm bzw. die Last-Rissöffnungsbeziehung als auch der zugehörige Risspfad auch mit dem Rissmodell nach [Feist, 2004] zufriedenstellend approximiert werden. Der Vorteil der vorgenommenen Erweiterung des Rissmodells spiegelt sich beim vorliegenden Test zwar nicht direkt in den gezeigten Ergebnissen wieder, zeichnet sich allerdings in der Art und Weise der Rissentwicklung ab. Während im Rahmen der Rissmodellierung nach [Feist, 2004] bereits zum Zeitpunkt der Rissinitiierung eine Diskontinuität Γ eingebettet wird, kann der Prozess der Rissbildung, beginnend mit der verteilten Schädigung in Form von verteilten Mikrorissen und der spätere Übergang zu einem oder mehreren makroskopischen Rissen mit den vorgestellten *Rissmodellen mit verzögert bzw. lokal eingebetteten Diskontinuitäten* modelliert werden. Abb. 5.8 zeigt die Rissentwicklung kurz nach Erreichen der Traglast, wobei Abb. 5.8a jene Elemente zeigt, in denen mit dem *verzögert eingebetteten Rissmodell* zunächst

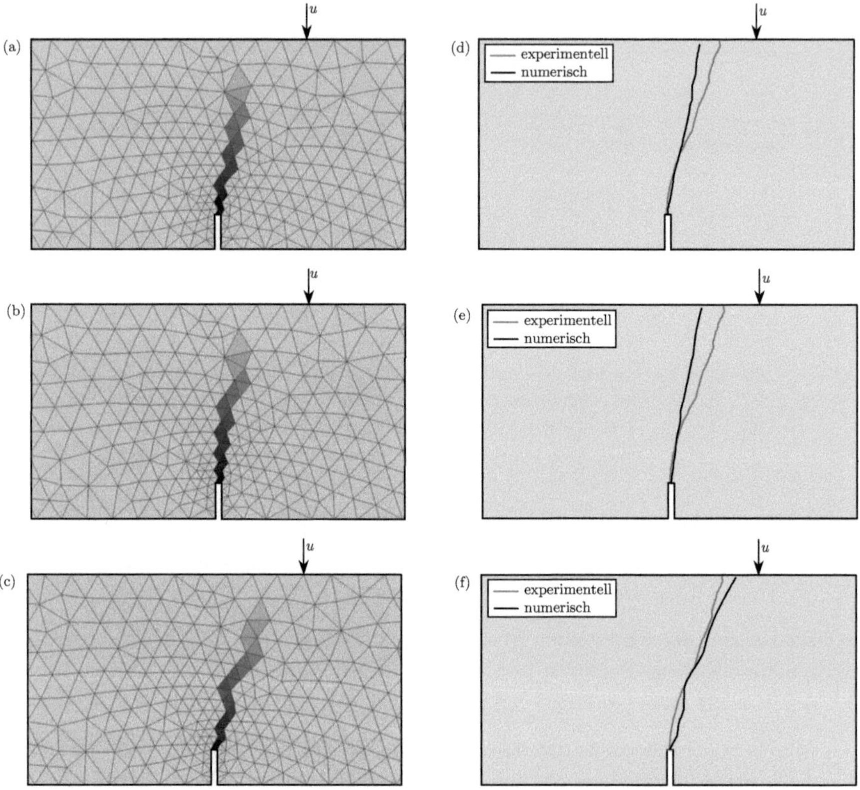

Abbildung 5.7: Vergleich der numerisch ermittelten Risspfade mit dem experimentellen Risspfad bzw. jenen Elementen, die ein eingebettetes Diskontinuitätssegment aufweisen (jeweils die dunkelgrauen Elemente in (a), (b) und (c)): unter Verwendung des Rissmodells nach [Feist, 2004] (a) und (d), des *Rissmodells mit verzögert eingebetteten Diskontinuitäten* (b) und (e) und des *Rissmodells mit lokal eingebetteten Diskontinuitäten* (c) und (f).

verschmierte Risse berücksichtigt werden, während in Abb. 5.8b jene Elemente gezeigt werden, die im Zuge des *Rissmodells mit lokal eingebetteten Diskontinuitäten* kurz nach

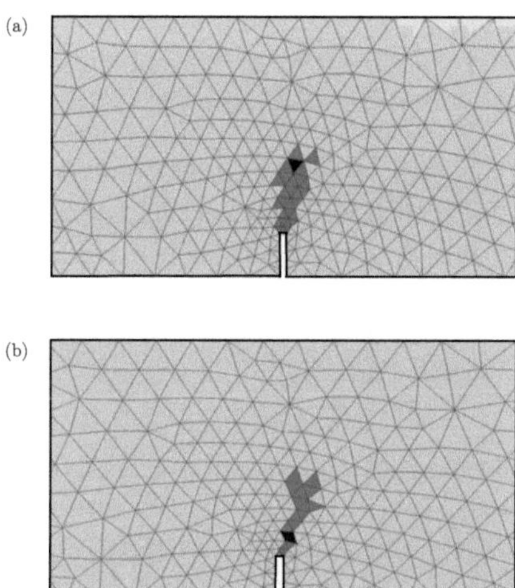

Abbildung 5.8: Vergleich der Rissentwicklung kurz nach Erreichen der Traglast bei Verwendung von (a) verschmierten Rissen im Rahmen des *Rissmodells mit verzögert eingebetteten Diskontinuitäten* und (b) Elementen mit einer lokalen, über die Elementsgrenzen nicht stetigen eingebetteten Diskontinuität.

Erreichen der Traglast, also zum selben Belastungszeitpunkt, jeweils eine eingebettete Diskontinuität Γ aufweisen, deren Richtungen $\boldsymbol{n}$ in jedem Belastungsinkrement neu berechnet werden. Die in Abb. 5.8 gezeigten Rissbilder beschreiben folglich ein frühes Rissstadium in Form von verteilten Mikrorissen vor Erreichen des kritischen Grenzwertes $\zeta_{n,krit}$.

5.4.2 Einaxialer Zugversuch an einer unbewehrten Scheibe

Anhand der Berechnung eines einaxialen Zugversuches an einer unbewehrten Scheibe wird überprüft, ob die im Rahmen der vorliegenden Arbeit entwickelten Formulierungen zur Bestimmung des Risspfades für bestimmte Diskretisierungen eine Netzabhängigkeit aufweisen.

Abb. 5.9 zeigt die für die numerische Simulation des einaxialen Zugversuches gewählte Diskretisierung unter Verwendung von dreiknotigen finiten Elementen für den ebenen

Spannungszustand.

In Abb. 5.10 sind die auf der Grundlage der drei Varianten des Rissmodells erstellten Ergebnisse dargestellt. Während sowohl mit dem Rissmodell nach [Feist, 2004] (Abb. 5.10a und Abb. 5.10d) als auch mit dem *Rissmodell mit verzögert eingebetteten Diskontinuitäten* (Abb. 5.10b und Abb. 5.10e) der zu erwartende Rissverlauf in Richtung normal zur auftretenden Zugspannung sehr gut approximiert werden kann, zeigt der aus der numerischen Simulation resultierende Risspfad unter Verwendung des *Rissmodells mit lokal eingebetteten Diskontinuitäten* (Abb. 5.10c und Abb. 5.10f) ein pathologisches Verhalten, einen so genannten *mesh-bias*-Effekt.

Mit der in [Sancho et al., 2005] vorgestellten und im Zuge dieser Arbeit verwendeten Bedingung (5.4) zur Einbettung der Diskontinuität Γ in das entsprechende finite Element, ohne Forderung der Stetigkeit des Risspfades über die Elementskanten, ist es folglich nicht möglich, objektive Berechnungsergebnisse für beliebige Diskretisierungen zu erhalten. Der wesentliche Vorteil des *Rissmodells mit lokal eingebetteten Diskontinuitäten*, nämlich gänzlich auf einen Rissverfolgungsalgorithmus zu verzichten, wird durch die Beschränkung auf bestimmte Netzgeometrien relativiert.

Im Folgenden wird auf die Ursache der festgestellten Netzabhängigkeit des mit dem vorgestellten *Rissmodell mit lokal eingebetteten Diskontinuitäten* bestimmten Risspfades näher eingegangen.

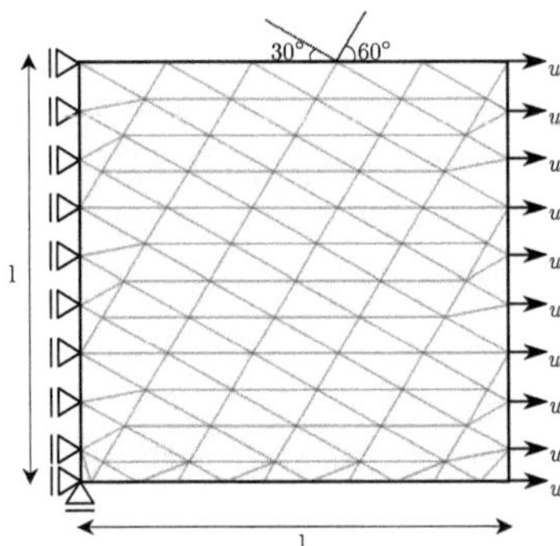

Abbildung 5.9: Verwendete Diskretisierung für den einaxialen Zugversuch mit Netzgeometrie und Lagerungsbedingungen.

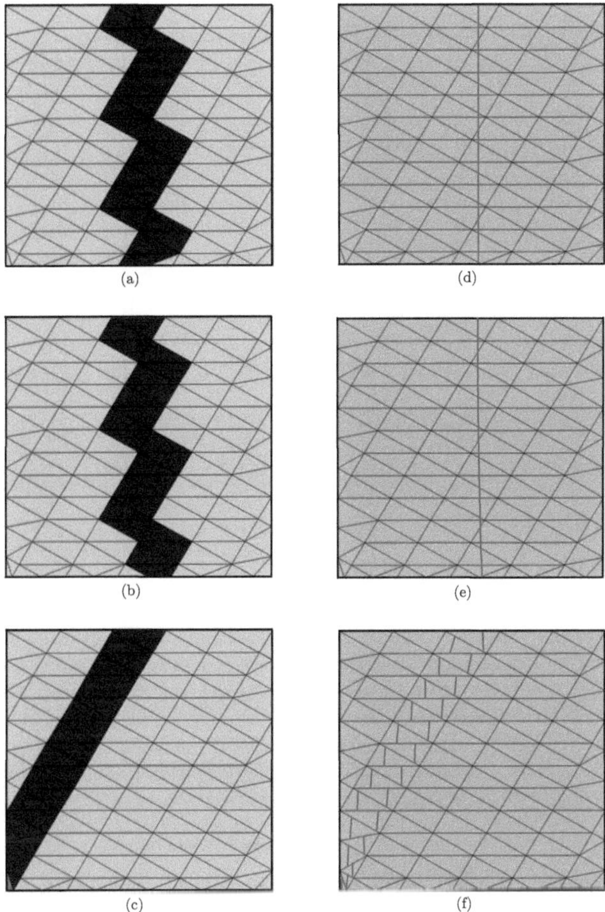

Abbildung 5.10: Vergleich der Elemente, die einen Verschiebungssprung aufweisen, bzw. der eingebetteten Diskontinuitätssegmente unter Verwendung des Rissmodells nach [Feist, 2004] (a) und (d), des *Rissmodells mit verzögert eingebetteten Diskontinuitäten* (b) und (e) sowie des *Rissmodells mit lokal eingebetteten Diskontinuitäten* (c) und (f).

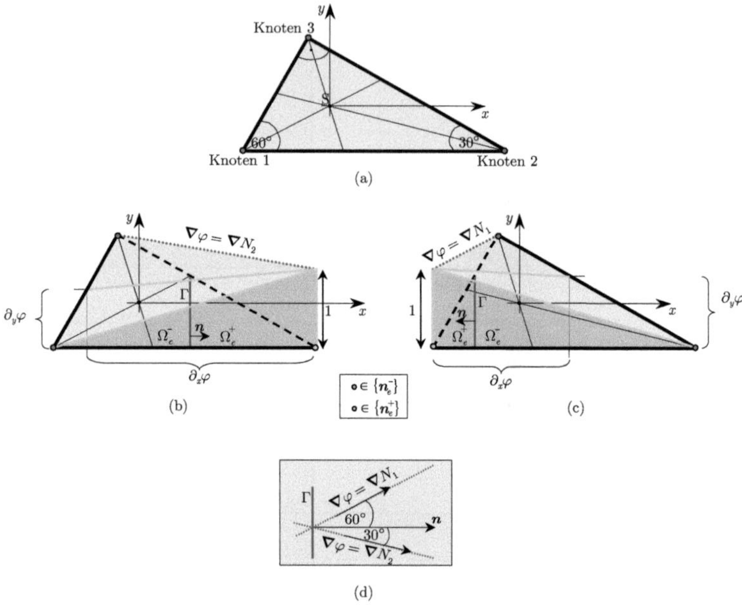

Abbildung 5.11: Beweis der Abhängigkeit der Einbettung der Diskontinuität Γ im (a) dreiknotigen rechtwinkligen finiten Element von der Neigung der Schenkel des Dreiecks: (b) Knoten 2 im Gebiet $\Omega_e{}^+$ mit dem Gradient der zugehörigen Interpolationsfunktion $\nabla\varphi = \nabla N_2$, (c) Knoten 1 im Gebiet $\Omega_e{}^+$ mit dem Gradient der zugehörigen Interpolationsfunktion $\nabla\varphi = \nabla N_1$ und (d) der zwischen $\boldsymbol{n}$ und ∇N_1 bzw. $\boldsymbol{n}$ und ∇N_2 eingeschlossene Winkel.

Die in der Abb. 5.9 dargestellten finiten Elemente bestehen größtenteils aus rechtwinkligen Dreiecken mit Innenwinkeln von 30°, 60° und 90°. In Abb. 5.11 wird für ein solches finites Element gezeigt, dass unter Verwendung der in (5.4) beschriebenen Bedingung zur Einbettung der Diskontinuität Γ eine Abhängigkeit des Risspfades von der Elementsgeometrie und damit insgesamt eine Netzabhängigkeit vorhanden ist.

Abb. 5.11a zeigt ein rechtwinkliges dreiknotiges finites Element mit dem Schwerpunkt und der gewählten Knotenbezeichnung, während Abb. 5.11b und Abb. 5.11c zwei unterschiedliche Positionen der Diskontinuität Γ (mit vorgeschriebener Rissrichtung) im Element zeigen. Durch den Normalenvektor $\boldsymbol{n}$ wird jeweils das Gebiet $\Omega_e{}^+$ definiert, womit in Abb. 5.11b der Knoten 2 bzw. in Abb. 5.11c der Knoten 1 auf der „positiven“ Seite der Diskontinuitätslinie liegt. Mit den Interpolationsfunktionen jener Knoten, die in $\Omega_e{}^+$ liegen, wird gemäß (2.102) die Diskontinuitätsinterpolationsfunktion φ festgelegt. Deshalb entspricht φ gemäß der Abb. 5.11b der Interpolationsfunktion des Knotens 2, d.h. $\varphi = N_2$ bzw. gemäß der Abb. 5.11c der Interpolationsfunktion des Knotens 1, d.h. $\varphi = N_1$. Für das gewählte dreiknotige rechtwinklige finite Element wird das Diskontinuitätssegment Γ unter Berücksichtigung der in (5.4) definierten Bedingung „immer“ so eingebettet, dass der Knoten 2 auf der „positiven“ Seite der Diskontinuität Γ liegt. Der zwischen $\boldsymbol{n}$ und $\boldsymbol{\nabla}\varphi = \boldsymbol{\nabla}N_2$ eingeschlossene Winkel ist nämlich immer kleiner als jener zwischen $\boldsymbol{n}$ und $\boldsymbol{\nabla}\varphi = \boldsymbol{\nabla}N_1$ (siehe Abb. 5.11d).

Für die in Abb. 5.9 gewählte Diskretisierung mit einer prognostizierten vertikalen Rissrichtung wird das Diskontinuitätssegment Γ stets die beiden längeren Elementseitenkanten schneiden. In Verbindung mit der Funktion φ (Abb. 5.11b, c, d), die das Elementsband festlegt, in dem der Riss auftritt, ist dann nur noch der Rissfortschritt in dem schrägen Elementsband möglich, deshalb tritt die Netzabhängigkeit auf (siehe Abb. 5.10f).

Der Vollständigkeit halber sei erwähnt, dass die Variante mit den Knoten 1 und 3 im Gebiet $\Omega_e{}^+$ auf denselben Betrag des Skalarprodukts von $\boldsymbol{n}$ und $\boldsymbol{\nabla}\varphi$ führt wie die Variante mit dem Knoten 2 im Gebiet $\Omega_e{}^+$.

5.4.3 Einaxiale Zugversuche an Stahlbetonstäben

Mit der numerischen Simulation bewehrter Betonprüfkörper unter einaxialer Zugbeanspruchung aus der Versuchsreihe nach [Hartl, 1977] und der anschließenden Gegenüberstellung der Berechnungs- und Versuchsergebnisse in Form von Last-Verschiebungsbeziehungen bzw. in Form von Rissbildern wird gezeigt, dass das im Rahmen der vorliegenden Dissertation entwickelte *Rissmodell mit verzögert eingebetteten Diskontinuitäten* auch für die Berechnung bewehrter Betonstrukturen verwendet werden kann.

Im Rahmen des erwähnten Versuchsprogrammes nach [Hartl, 1977] wurden experimentelle Untersuchungen zum Materialverhalten von bewehrtem Beton unter einaxialer Zugbeanspruchung durchgeführt, mit dem Ziel, Kraft-Verschiebungsbeziehungen von einaxial beanspruchten in Beton eingebetteten Bewehrungsstählen zu bestimmen. Die Versuche wurden an Dehnkörpern mit einer Länge von 1000 mm durchgeführt, wobei die Betonprüfkörper die Abmessungen 750/80/80 mm hatten und die Messlänge 500 mm betrug. Abb. 5.12 zeigt die Versuchsanordnung und Geometrie eines Dehnkörpers. Für die einzelnen Versuchsreihen wurde der Stabdurchmesser mit 8, 12, 18 und 24 mm festgelegt.

Das Versuchsprogramm nach [Hartl, 1977] umfasste mehrere Versuchsreihen. Im Rahmen einer Versuchsreihe wurden jeweils sechs Versuche pro Stabdurchmesser durchgeführt. Zur Verifikation des *Rissmodells mit verzögert eingebetteten Diskontinuitäten* wird in der vorliegenden Arbeit die numerische Simulation der Versuchsreihe 1 (siehe [Hartl, 1977]) präsentiert.

In [Hartl, 1977] werden die zentrische Zugfestigkeit f_t, die mittlere Würfeldruckfestigkeit $f_{c,c}$ und der Elastizitätsmodul E des Betons angegeben. Die einzelnen Bewehrungsstäbe wurden vor dem Einbetonieren bis zur rechnungsmäßigen Streckgrenze von 420 N/mm^2 belastet und die zugehörigen Elastizitätsmoduli bestimmt. Für die numerische Simulation wird zusätzlich die spezifische Bruchenergie G_f des Betons benötigt, welche laut [CEB-FIP, 1991] aus der mittleren Zylinderdruckfestigkeit f_{cm} und dem Grundwert der Bruchenergie G_{Fo} berechnet werden kann. Mit dem in [Hartl, 1977] angegebenen Durchmesser des Größtkornes der Zuschlagskörner von $D_{max} = 16$ mm ergibt sich für den Grundwert der Bruchenergie ein Wert von $G_{Fo} = 0.030$ N/mm. In Tab 5.2 werden die zur numerischen Simulation erforderlichen Materialparameter angegeben, sowie die Elastizitätsmoduli der Bewehrungsstäbe, welche jeweils dem Mittelwert der sechs Versuche je Stabdurchmesser entsprechen.

Für die numerische Simulation der einaxialen Zugversuche wird die in Abb. 5.13 dargestellte Diskretisierung, bestehend aus dreiknotigen finiten Elementen mit eingebetteten Diskontinuitäten für den Beton sowie aus dreiknotigen finiten Elementen mit elastoplastischem Materialverhalten für die Verbundschicht und den Stahlstab verwendet. Unter Berücksichtigung der Symmetriebedingungen wird jeweils nur ein Viertel des Prüfkörpers

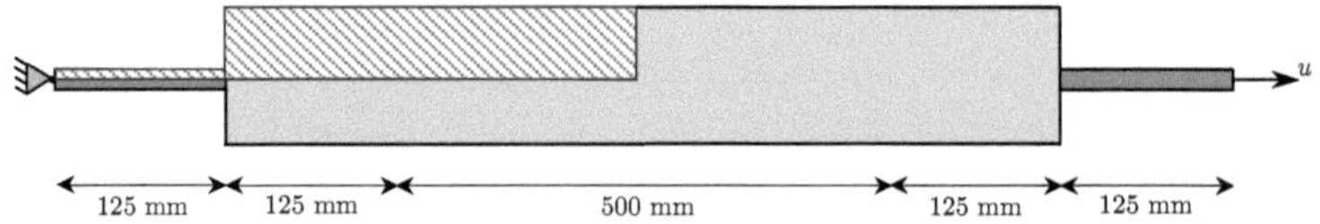

Abbildung 5.12: Versuchsanordnung nach [Hartl, 1977], Markierung des im Rahmen der numerischen Simulation diskretisierten Bereiches.

Parameter	Einheit	⌀ 8	⌀ 12	⌀ 18	⌀ 24
f_t	[N/mm²]	2.73	3.05	3.04	2.80
G_f	[N/mm]	0.0692	0.0692	0.0764	0.0964
E_{Beton}	[N/mm²]	30770.00	27951.00	31541.00	36035.00
E_{Stahl}	[N/mm²]	195750.00	195698.00	203610.00	204745.00

Tabelle 5.2: Materialparameter für Beton und Bewehrung der Dehnkörper mit unterschiedlichen Bewehrungsstabdurchmessern (⌀ 8, ⌀ 12, ⌀ 18, ⌀ 24) nach [Hartl, 1977].

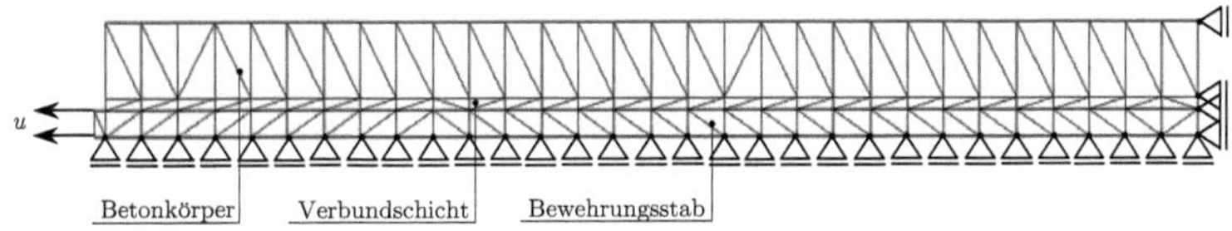

Abbildung 5.13: Diskretisierung eines Viertels des Dehnkörpers mit einem Stabdurchmesser von 18 mm nach [Hartl, 1977] mit einer konstanten Elementsseitenlänge von 12.50 mm und Lagerungsbedingungen.

modelliert (siehe Abb. 5.12). Unabhängig vom Stabdurchmesser wird über die Höhe des Betonprüfkörpers nur ein dreiknotiges finites Element verwendet, was infolge des über die Höhe konstanten Spannungszustandes möglich ist. In Längsrichtung wird der Betonprüfkörper für alle vier Versuchsnachrechnungen mit einer konstanten Elementsseitenlänge von 12.5 mm diskretisiert. Die Höhe der Verbundschicht wird in Abhängigkeit vom Durchmesser d des Bewehrungsstabes zu $h_{verb} = d/3$ gewählt.

Die Verbundwirkung zwischen Bewehrungsstab und umgebendem Beton, die so genannte Verbundspannungs-Schlupfbeziehung, wird vereinfachend mit der Fließhypothese von Mises beschrieben (siehe [Oliver und Huespe, 2004]). Unter der Annahme ideal plastischen Verhaltens der Verbundschicht werden nur die Zugfestigkeit $f_{t,verb}$ und der Elastizitätsmodul E_{verb} der Verbundschicht benötigt. Für beide Materialparameter wird jeweils der entsprechende Materialkennwert des Betons verwendet.

Im Folgenden werden die aus der numerischen Simulation erhaltenen Kraft-Verschiebungsbeziehungen unter Verwendung des *Rissmodells mit verzögert eingebetteten Diskonti-*

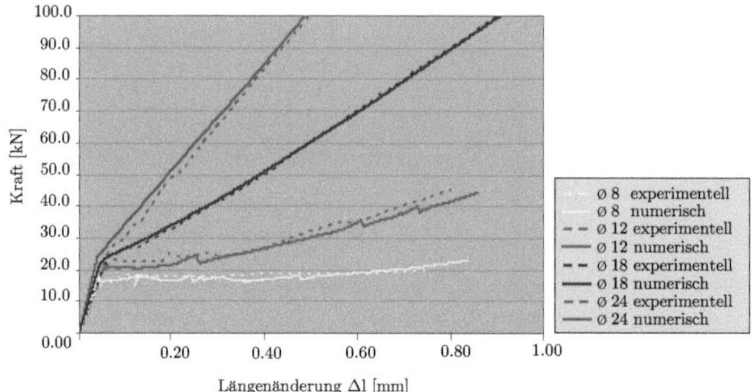

Abbildung 5.14: Vergleich der experimentell ermittelten Last-Verschiebungsbeziehungen nach [Hartl, 1977] mit jenen der numerischen Simulation.

nuitäten und unter Berücksichtigung der Verbundwirkung den entsprechenden Versuchsergebnissen gegenübergestellt. Hierbei wird in der Abb. 5.14 jeweils die numerisch ermittelte Zugkraft als Funktion der Längenänderung aufgetragen und mit der entsprechenden experimentellen Beziehung für die vier verschiedenen Stabdurchmesser verglichen.

Die numerisch und experimentell bestimmten Kurven zeigen für alle vier Stabdurchmesser eine gute Übereinstimmung. Durch die Berücksichtigung der Verbundwirkung zwischen Bewehrungsstab und umgebendem Beton mittels der Fließhypothese nach Mises ist es mit dem *Rissmodell mit verzögert eingebetteten Diskontinuitäten* sowohl möglich die Phase der Rissbildung als auch das Verhalten bei abgeschlossener Rissbildung gut wiederzugeben.

Der anfänglich lineare Bereich der Last-Verschiebungsbeziehungen entspricht dem ungerissenen Zustand des Stahlbetonstabes. Wenn die aktuelle Spannung die Zugfestigkeit des Betons f_t erreicht, reißt der Beton. Die Kraft, die bis zu diesem Zeitpunkt vorwiegend vom Beton aufgenommen wurde, wird im Rissquerschnitt vom Bewehrungsstab aufgenommen und bewirkt eine entsprechende Stahldehnung. Bei weiterer Laststeigerung bilden sich ständig neue Risse im Beton aus. Vor allem die Last-Verschiebungsbeziehung des Dehnkörpers mit einem Stabdurchmesser von 12 mm zeigt diese Phase der Rissbildung deutlich in Form eines fast horizontalen Plateaus. Wenn die Abstände zwischen den einzelnen Rissen nicht mehr ausreichen, um einen so großen Anteil der Zugkraft aus dem Bewehrungsstahl in den Beton einzuleiten, dass die Zugfestigkeit des Betons f_t erreicht wird, werden keine neuen Risse gebildet, sondern die bestehenden Risse werden aufgeweitet. In dieser Phase der abgeschlossenen Rissbildung werden die Last-Verschiebungsbeziehungen vor allem von der Steifigkeit des entsprechenden Bewehrungsstabes beeinflusst.

Obwohl das *Rissmodell mit eingebetteten Diskontinuitäten* in [Feist, 2004] ursprünglich zur Rissfortpflanzung einzelner Risse in unbewehrtem Beton entwickelt wurde, wird in der vorliegender Arbeit vorausgesetzt, dass es mit der vorgestellten Kombination mit einem *verschmierten Rissmodell* auch möglich ist, mehrere Risse, die sich zu verschiedenen Belastungszeitpunkten ausbilden, zu simulieren.

Zur Beschreibung des charakteristischen Rissbildes bewehrter Betonstrukturen, bestehend aus vielen kleinen und mehreren ausgeprägten Rissen, die sich zu verschiedenen Belastungszeitpunkten ausbilden, wird der in [Feist, 2004] vorgestellte Rissverfolgungsalgorithmus (*partial domain crack tracking algorithm*) nicht verwendet, weil die Verfolgung der zahlreichen Risse in bewehrten Betonstrukturen mit diesem Rissverfolgungsalgorithmus zu aufwendig wäre. Die Verwendung des Rissverfolgungsalgorithmus erfordert nämlich die Festlegung bestimmter Risswurzelelemente, die aktiv werden, wenn die aktuelle Spannung in einem Element die Zugfestigkeit des Betons f_t überschreitet. Wird ein Element im Zuge der numerischen Berechnung vom Rissverfolgungsalgorithmus als Risswurzelelement identifiziert und somit eine Diskontinuität eingebettet, wird es für den Rest der Berechnung als solches beibehalten. Unbedeutende Risse können also bei zunehmender Belastung nicht mehr geschlossen werden.

Die Rissbildung im Stahlbeton wird mit dem entwickelten *Rissmodell mit verzögert eingebetteten Diskontinuitäten* ohne Rissverfolgungsalgorithmus wie folgt erfasst: Die anfängliche verteilte Schädigung in Form von verteilten Mikrorissen kann mit dem verschmierten Rissmodell beschrieben werden. Bis zum Erreichen einer definierten kritischen Rissöffnung $\zeta_{n,krit}$ wird die Rissrichtung in jedem Belastungsinkrement neu berechnet und der Riss über das gesamte Element verschmiert dargestellt. Mit Erfüllung der Bedingung $\zeta_n \geq \zeta_{n,krit}$ wird in den entsprechenden Elementen eine Diskontinuität eingebettet. Die eventuell vorhandenen verschmierten Risse in den unmittelbaren Nachbarelementen dieses Risswurzelelementes schließen sich daraufhin mit zunehmender Belastung zumeist, während die Rissweite des eingebetteten Diskontinuitätssegmentes Γ zunimmt. Die Kombination des verschmierten Rissmodells mit dem Rissmodell mit eingebetteten Diskontinuitäten ermöglicht es, die tatsächliche Rissentwicklung ohne aufwendigen und speicherintensiven Rissverfolgungsalgorithmus sowie ohne a priori Festlegung der Rissrichtung

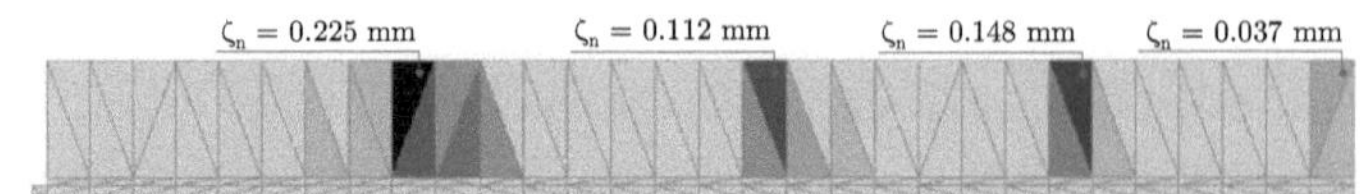

Abbildung 5.15: Elemente mit eingebetteten Diskontinuitäten mit Angabe der Rissweiten für den diskretisierten Zugversuch mit einem Bewehrungsstabdurchmesser von 8 mm.

zu beschreiben, wie im Folgenden gezeigt wird. Die Diskontinuitätssegmente werden also *lokal* und *verzögert* eingebettet

Für die Nachrechnung der einaxialen Dehnkörper nach [Hartl, 1977] wird der Übergang vom *verschmierten Rissmodell* zum *Rissmodell mit eingebetteten Diskontinuitäten* bei einer verschwindend kleinen kritischen Rissöffnung $\zeta_{n,krit}$ vorgenommen, womit bereits im frühen Belastungsstadium Diskontinuitätssegmente Γ eingebettet werden können. Die *nichtlokale Mittelung*, die im Rahmen des verschmierten Rissmodells einen Glättungseffekt bewirkt, wird für vorliegende Berechnungen nicht aktiviert.

Im Folgenden werden die aus der numerischen Simulation resultierenden Rissbilder mit Rissabständen und Rissweiten gezeigt und mit den entsprechenden Versuchswerten verglichen. Es handelt sich dabei jeweils um die Rissbilder bei Erreichen der Maximallast. Die Maximallast wird über die Stahlspannung definiert, die der Last bei Erreichen der rechnungsmäßigen Streckgrenze von 420 N/mm^2 entspricht.

Laut [Hartl, 1977] treten am Dehnkörper mit einem Bewehrungsstabdurchmesser von 8 mm durchschnittlich 2 Risse mit einem Rissabstand von ungefähr 20 cm und einer mittleren Rissöffnung von $\zeta_n = 0.286$ mm auf. Abb. 5.15 zeigt jene Elemente im Beton, in die im Zuge der numerischen Simulation eine Diskontinuität eingebettet wird. Im diskretisierten Viertel des Prüfkörpers treten 3 ausgeprägtere Risse mit Rissweiten von $\zeta_n = 0.225$; 0.148 und 0.112 mm und einem durchschnittlichen Rissabstand von 10 cm auf. Auf den gesamten Prüfkörper aufgerechnet ergeben sich somit 6 bis 7 Risse, also mehr Risse als im Versuch, allerdings mit einer kleineren Rissweite. Diese Unterschiede zwischen Versuch und Rechnung sind wahrscheinlich eine Folge des angenommenen Verbundverhaltens. Der Vergleich der numerisch und experimentell bestimmten Last-Verschiebungsbeziehung (siehe Abb. 5.14) und der Vergleich der Größenordnung der Rissöffnungen zeigen allerdings, dass mit dem *Rissmodell mit verzögert eingebetteten Diskontinuitäten* dieser einaxiale Zugversuch zufriedenstellend simuliert werden kann.

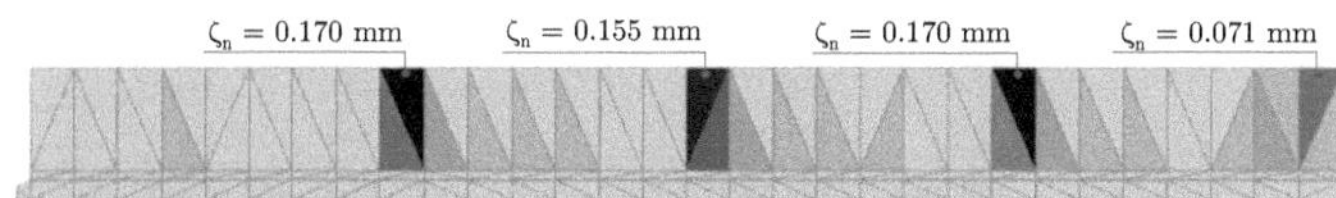

Abbildung 5.16: Elemente mit eingebetteten Diskontinuitäten mit Angabe der Rissweiten für den diskretisierten Zugversuch mit einem Bewehrungsstabdurchmesser von 12 mm.

Für den Dehnkörper mit einem Bewehrungsstabdurchmesser von 12 mm ergaben die Versuche nach [Hartl, 1977] maximal 5 Risse mit einem Rissabstand von ungefähr 12 cm und einer durchschnittlichen Rissweite von 0.162 mm ($\zeta_{n,max}$ = 0.170; $\zeta_{n,min}$ = 0.127). Im Rahmen der numerischen Simulation des genannten Zugversuches unter Verwendung des *Rissmodells mit verzögert eingebetteten Diskontinuitäten* werden im diskretisierten Bereich des Betonprüfkörpers vier Diskontinuitätssegmente Γ eingebettet, wobei nur drei zu ausgeprägten Rissöffnungen (ζ_n = 0.170; 0.155 mm) führen (siehe Abb. 5.16). Wiederum ergibt die numerische Simulation des Versuches mehr Risse als im Experiment festgestellt wurden, allerdings mit kleineren Rissöffnungen. Der durchschnittliche Rissabstand beträgt ungefähr 10 cm. Ähnlich wie beim einaxialen Zugversuch mit einem Bewehrungsstabdurchmesser von 8 mm stimmen auch beim Zugversuch mit einem Bewehrungsstabdurchmesser von 12 mm die experimentell und numerisch bestimmten Last-Verschiebungsbeziehungen (siehe Abb. 5.14) sehr gut überein und auch das Rissbild kann recht gut abgebildet werden.

Im Betonprüfkörper mit einem Bewehrungsstabdurchmesser von 18 mm sind im Rahmen der Versuchsreihe nach [Hartl, 1977] maximal 6 Risse mit einem durchschnittlichen Rissabstand von ungefähr 10 cm und einer durchschnittlichen Rissweite von 0.175 mm aufgetreten ($\zeta_{n,max}$ = 0.189; $\zeta_{n,min}$ = 0.130). Im Zuge der numerischen Simulation ergeben sich im diskretisierten Betonkörper drei ausgeprägte Risse mit Rissweiten von ζ_n = 0.140 und 0.128 mm und drei Risse mit einer Rissöffnung von lediglich 0.058 mm (siehe Abb. 5.17). Der durchschnittliche Rissabstand unter Berücksichtigung aller „gerissenen" Elemente beträgt ungefähr 5 cm. Die experimentell und numerisch bestimmten Last-Verschiebungsbeziehungen (siehe Abb. 5.14) dieses Zugversuches stimmen sehr gut überein. Auch das Rissbild kann zufriedenstellend wiedergegeben werden, die numerisch ermittelten Rissweiten passen größenordnungsmäßig mit den Versuchswerten überein.

Für den einaxialen Zugversuch am Dehnkörper mit einem Stabdurchmesser des Beweh-

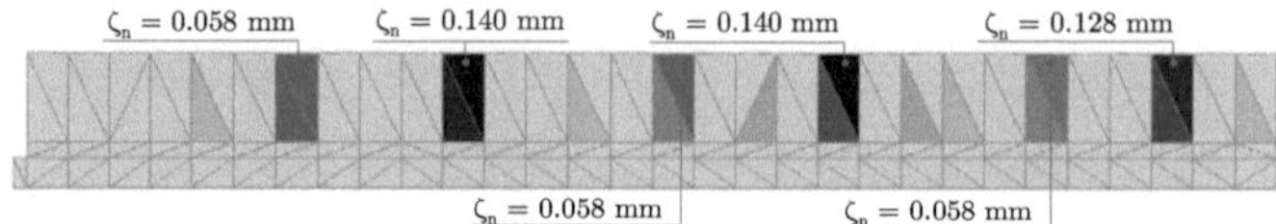

Abbildung 5.17: Elemente mit eingebetteten Diskontinuitäten mit Angabe der Rissweiten für den diskretisierten Zugversuch mit einem Bewehrungsstabdurchmesser von 18 mm.

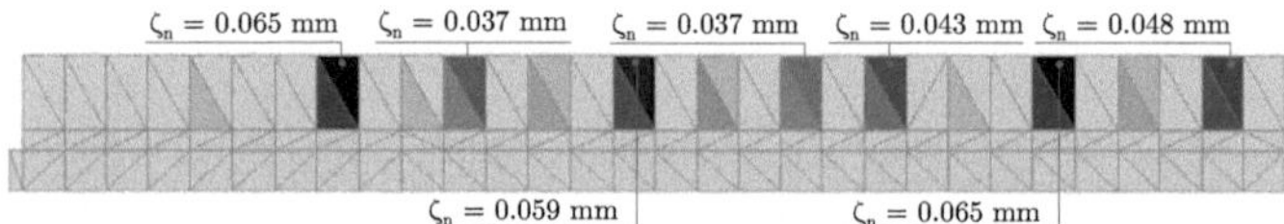

Abbildung 5.18: Elemente mit eingebetteten Diskontinuitäten mit Angabe der Rissweiten für den diskretisierten Zugversuch mit einem Bewehrungsstabdurchmesser von 24 mm.

rungsstahls von 24 mm waren im Versuch nach [Hartl, 1977] maximal 6 Risse zu erkennen, mit einem mittleren Rissabstand von 10 cm und einer mittleren Rissweite von $\zeta_n = 0.122$ mm ($\zeta_{n,max} = 0.135$; $\zeta_{n,min} = 0.080$). Unter Verwendung des *Rissmodells mit verzögert eingebetteten Diskontinuitäten* im Zuge der numerischen Simulation des diskretisierten Betonkörpers ergeben sich 3 Risse mit Rissöffnungen von $\zeta_n = 0.065$ mm und $\zeta_n = 0.059$. Zusätzlich werden vier weitere Diskontinuitätssegmente mit sehr kleinen Rissöffnungen (ζ_n = 0.037, 0.043, 0.048 mm) eingebettet (siehe Abb. 5.18). Mit der numerisch ermittelten Last-Verschiebungsbeziehung wird das experimentell ermittelte Tragverhalten geringfügig überschätzt (siehe Abb. 5.14). Im Rahmen der numerischen Simulation enstehen mehr Risse als im Versuch festgestellt mit kleineren Rissweiten als im Versuch gemessen. Allerdings zeigt der Vergleich der im Rahmen des Versuchsprogrammes dokumentierten Rissweiten der Betonkörper für diese Versuchsreihe (siehe [Hartl, 1977]), dass die Rissweiten und die Rissabstände stark streuen. Da die Last-Verschiebungsbeziehung dieser Nachrechnung mit den Versuchswerten übereinstimmt, kann abschließend festgehalten werden, dass auch dieser Zugversuch zufriedenstellend simuliert werden kann.

Die Gegenüberstellung der aus den numerischen Simulationen resultierenden Ergebnisse und der entsprechenden experimentellen Werte der vier einaxialen Zugversuche an Dehn-

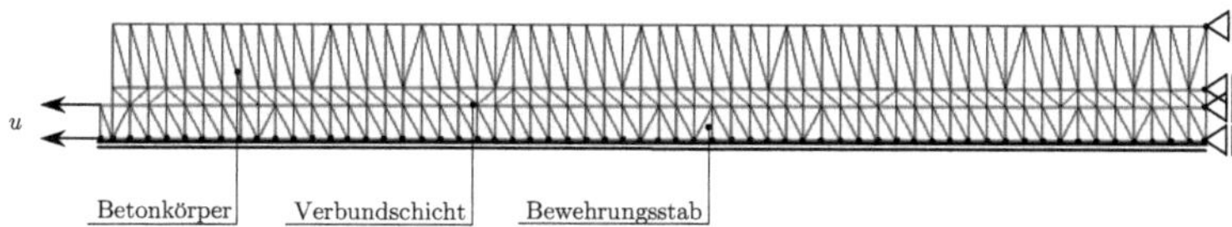

Abbildung 5.19: Diskretisierung eines Viertels des Dehnkörpers mit einem Stabdurchmesser von 24 mm nach [Hartl, 1977] mit einer konstanten Elementsseitenlänge von 6.25 mm und Lagerungsbedingungen.

körpern mit unterschiedlichen Bewehrungsstabdurchmessern nach [Hartl, 1977] zeigt, dass es mit dem vorgestellten *Rissmodell mit verzögert eingebetteten Diskontinuitäten* unter Berücksichtigung der Verbundwirkung zwischen Bewehrungsstahl und umgebendem Beton möglich ist, auch das Materialverhalten bewehrter Betonstrukturen zu erfassen.

Abschließend wird die numerische Berechnung des einaxialen Zugversuches am Dehnkörper mit einem Bewehrungsstabdurchmesser von 24 mm mit einer feineren Diskretisierung durchgeführt (siehe Abb. 5.19). Über die Höhe des Betonprüfkörpers wird wiederum nur ein dreiknotiges finites Element verwendet. In Längsrichtung wird nun eine konstante Elementsseitenlänge von 6.25 mm verwendet (doppelt so fein wie in Abb. 5.13). Der Vergleich der Rissbilder (Abb. 5.18 und Abb.5.20) der numerischen Simulationen unter Verwendung unterschiedlicher Diskretisierungsfeinheiten (in Längsrichtung) zeigt eine gute Übereinstimmung. Auch unter Verwendung eines doppelt so feinen finiten Elemente Netzes bilden sich im modellierten Viertel des Prüfkörpers 6 Risse aus. Zwei eingebettete Diskontinuitäten erreichen eine ausgeprägte Rissöffnung von $\zeta_n = 0.075$ mm, während die vier restlichen Risse kleinere Rissöffnungen von $\zeta_n = 0.047$, 0.035, 0.025 und 0.018 mm aufweisen. Die kleinen Abweichungen der numerisch ermittelten Rissabstände und Rissöffnungen unter Verwendung unterschiedlicher Elementsseitenlängen sind in Anbe-

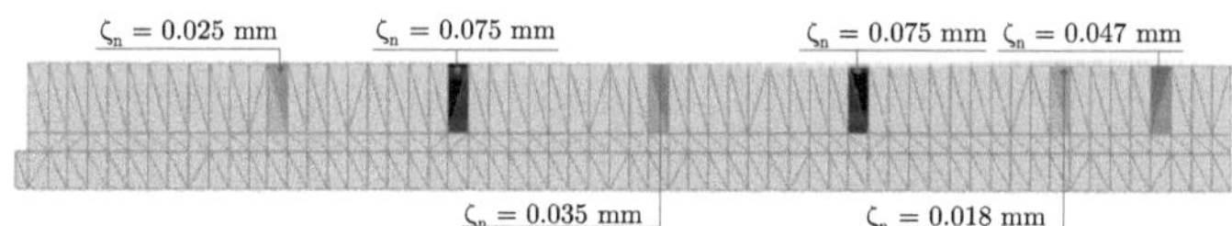

Abbildung 5.20: Elemente mit eingebetteten Diskontinuitäten mit Angabe der Rissweiten für den fein diskretisierten Zugversuch mit einem Bewehrungsstabdurchmesser von 24 mm.

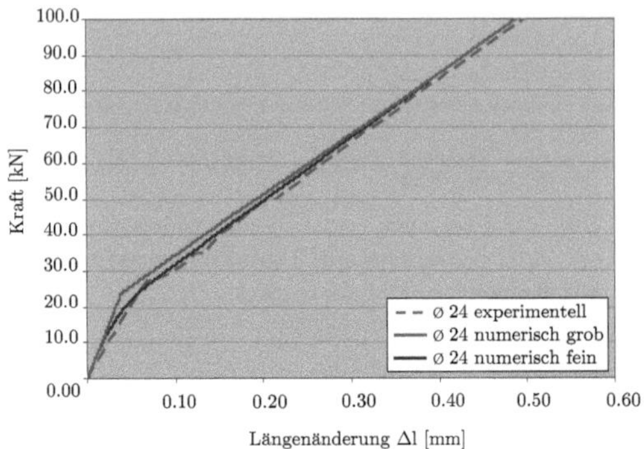

Abbildung 5.21: Vergleich der experimentell ermittelten Last-Verschiebungsbeziehung des Dehnköpers mit einem Bewehrungsstabdurchmesser von 24 mm mit jenen der numerischen Berechnungen unter Verwendung unterschiedlich feiner finite Elemente Netze (grob = Elementsseitenlänge von 12.50 mm; fein = Elementsseitenlänge von 6.25 mm).

tracht der starken Streuung der Versuchswerte durchaus vertretbar. Auch der Vergleich der entsprechenden numerisch ermittelten Last-Verschiebungsbeziehungen zeigt eine recht gute Übereinstimmung (siehe Abb. 5.21). Mit der Last-Verschiebungsbeziehung der Berechnung unter Verwendung der feineren Diskretisierung kann die experimentell ermittelte Beziehung noch besser approximiert werden, bis numerische Instabilitäten zu einem vorzeitigen Abbruch führen.

Die Übereinstimmung der numerischen Berechnungsergebnisse unter Verwendung unterschiedlicher Netzfeinheiten zeigt, dass das *Rissmodell mit verzögert eingebetteten Diskontinuitäten* objektive, also netzunabhängige Ergebnisse liefert.

Kapitel 6

Anwendung des „erweiterten" Rissmodells

Im Folgenden wird die numerische Simulation eines Anker-Ausziehversuches unter Verwendung des im Rahmen der vorliegenden Arbeit entwickelten *Rissmodells mit verzögert eingebetteten Diskontinuitäten* dokumentiert, womit die Vorteile der vorgenommenen Erweiterung des Rissmodells nach [Feist, 2004] bestätigt werden. Anschließend wird das *Rissmodell mit verzögert eingebetteten Diskontinuitäten* zur numerischen Berechnung einer komplexen Struktur, nämlich einer Kragplattenverstärkung mittels Aufbeton, angewendet und die Rechenergebnisse den Versuchswerten gegenübergestellt.

6.1 Anker-Ausziehversuch

Bei diesem Verifikationsbeispiel handelt es sich um einen Anker-Ausziehversuch, welcher im Rahmen der Diplomarbeit von Markus Dejori [Dejori, 2006] durchgeführt und dokumentiert wurde.

Der Versuchsaufbau bzw. der Versuchsablauf können wie folgt beschrieben werden: Die in Abb. 6.1 gezeigte Betonscheibe wird über vier Gewindestangen und ein 5 cm breites Querhaupt am Messtisch fixiert. Die Festhaltung wird bewusst in den Randbereichen der Scheibe angebracht, um den entstehenden Ausbruchskegel nicht zu beeinflussen. Die Einbindetiefe des Kopfbolzens beträgt im ausgewählten Versuch 10 cm. Im Rahmen der

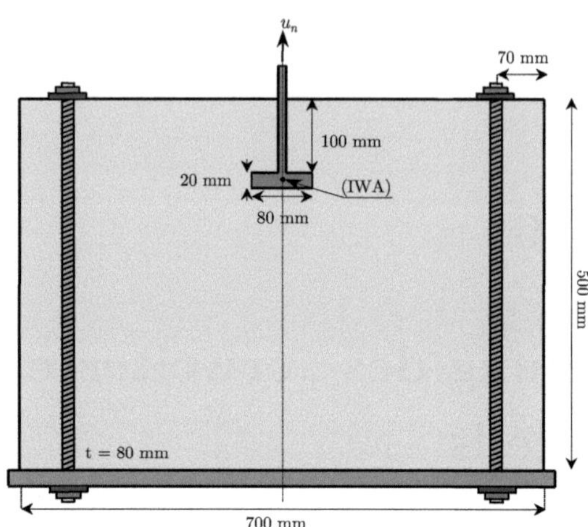

Abbildung 6.1: Versuchsanordnung des Anker-Ausziehversuches nach [Dejori, 2006] und Positionsangabe des induktiven Wegaufnehmers (IWA).

Versuchsdurchführung wird die Pressenkraft und der vom Hydraulikzylinder zurückgelegte Weg gemessen. Letztgenannte Messgröße wird sowohl von der Stahldehnung als auch von möglichen Verschiebungen an der Einspannstelle beeinflusst. Um die Verschiebung des Kopfbolzens unabhängig von diesen Größen messen zu können, wird am Kopfbolzen ein induktiver Wegaufnehmer (IWA) (siehe Abb. 6.1) angebracht. Der zugehörige Referenzpunkt wird am Tisch der Hydraulikmaschine gewählt.

Aus der Beschreibung des Versuchs wird verständlich, dass es im Zuge der numerischen Simulation notwendig ist auch die Gewindestangen zu modellieren. Es handelt sich dabei um Zugstangen aus Stahl mit einem E-Modul von $E = 210000$ N/mm^2 und einem Gewinde-Nenndurchmesser von $D = 16$ mm, womit sich nach [Kraus, 1995] ein effektiver Querschnitt von $A = 157$ mm^2 ergibt.

Im Rahmen der numerischen Berechnung werden dreiknotige finite Elemente für die Diskretisierung der Betonscheibe und zweiknotige Balkenelemente für die Simulation der Gewindestangen verwendet. Die gewählte Diskretisierung des Versuchskörpers, die in Form einer Vertikalverschiebung aufgebrachte Belastung, sowie die Lagerungsbedingungen werden in Abb. 6.2 gezeigt, die zugehörigen Materialparameter können Tab. 6.1 entnommen

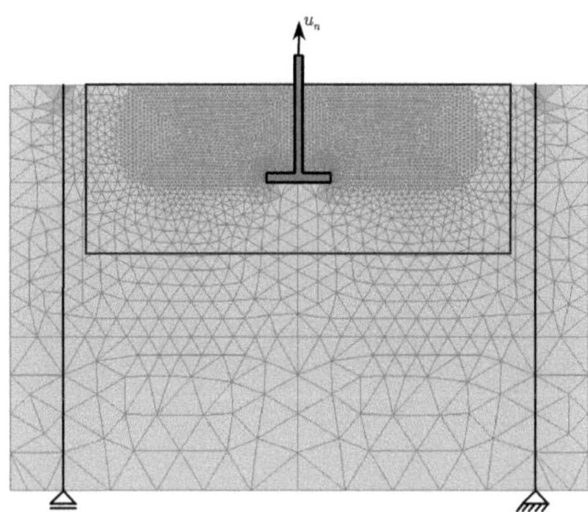

Abbildung 6.2: Diskretisierung des Anker-Ausziehversuches nach [Dejori, 2006] mit den Lagerungsbedingungen.

Parameter	Wert	Einheit
E	36630.00	[N/mm^2]
ν	0.20	
f_t	3.78	[N/mm^2]
G_f	0.065	[N/mm]
$f_{c,c}$	47.00	[N/mm^2]

Tabelle 6.1: Materialparameter für den Anker-Ausziehversuch nach [Dejori, 2006].

werden. Die infolge des gezeigten Versuchsaufbaus vorhandene Symmetriebedingung wird im Rahmen der numerischen Simulation nicht ausgenützt.

Im Folgenden werden nun die numerischen Ergebnisse aus den Berechnungen unter Verwendung (i) des Rissmodells nach [Feist, 2004], (ii) des *Rissmodells mit verzögert eingebetteten Diskontinuitäten*, (iii) des *Rissmodells mit lokal eingebetteten Diskontinuitäten* und (iv) des im kommerziellen FE-Paket *ABAQUS* [Abaqus, 2007] implementierten verschmierten Rissmodells den entsprechenden experimentellen Werten gegenübergestellt.

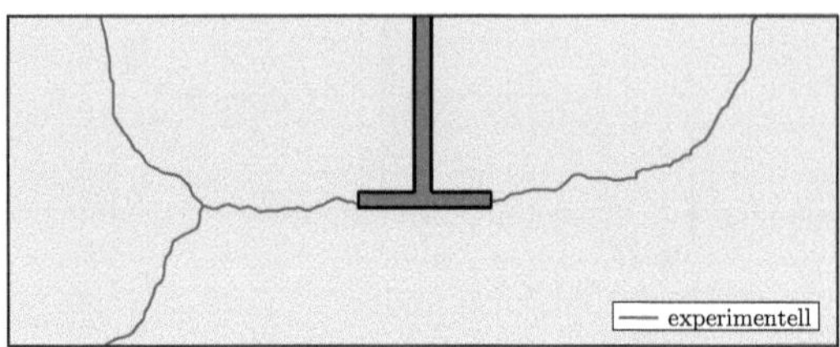

Abbildung 6.3: Experimentell ermittelter Risspfad des Anker-Ausziehversuches nach [Dejori, 2006].

In Veröffentlichungen über das Ausbruchverhalten von in unbewehrten Betonkörpern einbetonierten Ankern unter zentrischer Zugbeanspruchung (siehe z.B. [Eligehausen, 1984] oder [Elfgren et al., 1982]) wird jeweils ein kegelförmiger Ausbruchsmechanismus beschrieben. Unter den gegebenen Lagerungs- und Belastungsbedingungen des zuvor beschriebenen Versuchskörpers wird dementsprechend ein symmetrischer, kegelförmiger Ausbruch erwartet.

Abb. 6.3 zeigt den experimentell ermittelten Rissverlauf. Sowohl die linke als auch die rechte Risswurzel bilden sich jeweils an den unteren Ecken des Kopfbolzens aus. Dies ist auf im Zuge des Abbindevorgangs des Betons an der Unterseite des Kopfbolzens entstehende Schwindrisse zurückzuführen. Obwohl ein symmetrischer Versuchsaufbau (siehe Abb. 6.1) vorliegt, zeigt der weitere Risspfad einen unsymmetrischen Verlauf. Die im vorliegenden Fall erhaltene Verzweigung des linken Risspfades ist auf eine geringfügige Exzentrizität der Zugbeanspruchung im Rahmen der gezeigten Versuchsdurchführung zurückzuführen.

Im Folgenden werden nun die numerisch ermittelten Risspfade, sowie die Last-Verschiebungs- bzw. Last-Rissöffnungsdiagramme dokumentiert, miteinander verglichen und den entsprechenden experimentellen Werten gegenübergestellt.

Abb. 6.4 zeigt den in Abb. 6.2 markierten Ausschnitt der Diskretisierung, wobei jene Elemente, die im Zuge der numerischen Simulation unter Verwendung des FE-Paketes *Abaqus* die Fließbedingung erfüllen, hervorgehoben (dunkelgrau) sind. Bei dem im FE-Paket *Abaqus* implementierten Rissmodell handelt es sich um ein so genanntes verschmiertes Rissmodell (siehe [Abaqus, 2007]). Im Rahmen des Konzepts der verschmierten Risse wird der Riss über den Integrationsbereich innerhalb eines finiten Elementes verschmiert. Demzufolge wird der Riss unter Verwendung der in Abb. 6.2 gezeigten Diskretisierung

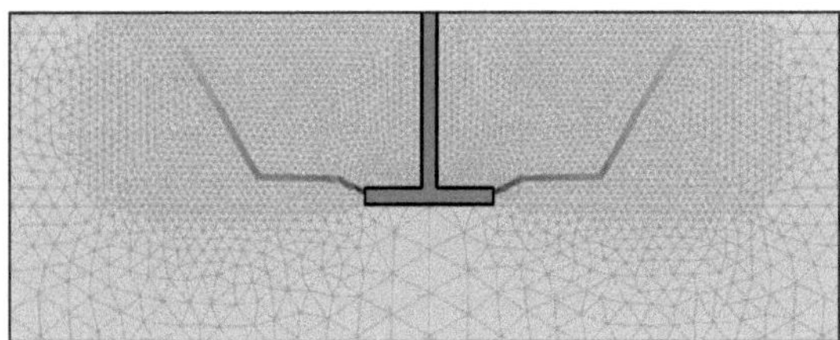

Abbildung 6.4: Ausschnitt der verwendeten Diskretisierung mit Markierung (dunkelgrau) jener Elemente, die im Zuge der verschmierten Rissmodellierung nach [Abaqus, 2007] den Risspfad festlegen.

a)

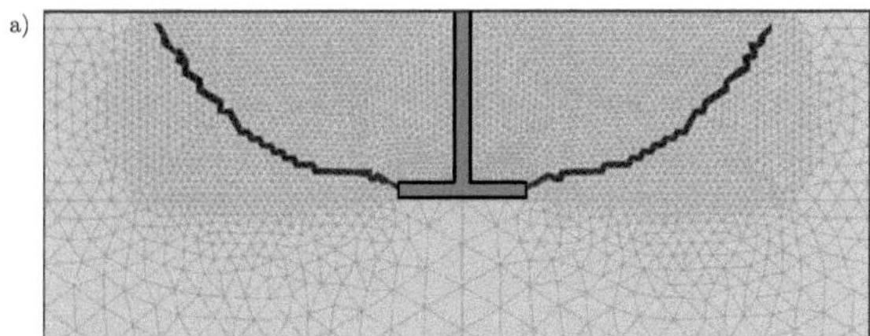

b)

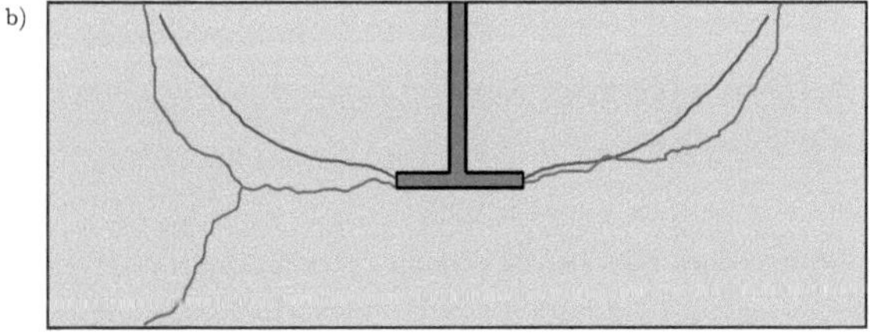

Abbildung 6.5: Ausschnitt der verwendeten Diskretisierung a) mit Markierung jener Elemente, in die bei Verwendung des Rissmodells nach [Feist, 2004] ein Diskontinuitätssegment eingebettet wird und b) mit einem Vergleich des experimentell und numerisch (nach [Feist, 2004]) ermittelten Risspfades.

mittels dreiknotiger finiter Elemente jeweils über das gesamte Element verschmiert (dunkelgraue Elemente). Die Schwächen dieses Rissmodells sind an einer eindeutigen Netzabhängigkeit des prognostizierten Rissverlaufs (der Riss springt in eine Elementsreihe und verbleibt in dieser) und an der Überschätzung der experimentell ermittelten Traglast um 20% deutlich erkennbar (siehe Abb. 6.6).

Die numerische Simulation des Anker-Ausziehversuches mit dem FE-Paket *Abaqus* liefert bei Verwendung dreiknotiger finiter Elemente somit keine zufriedenstellenden Berechnungsergebnisse.

Im Rahmen der numerischen Berechnung unter Verwendung des Rissmodells nach [Feist, 2004] können sowohl der Risspfad als auch die Traglast wesentlich besser approximiert werden. Abb. 6.5a zeigt wiederum den in Abb. 6.2 markierten Ausschnitt der Diskretisierung, wobei nun jene Elemente hervorgehoben werden, in die im Zuge der Berechnung ein Diskontinuitätssegment eingebettet wird. Der in Abb. 6.5b dargestellte Vergleich des experimentellen Risspfades mit dem aus der numerischen Berechnung unter Verwendung des Rissmodells nach [Feist, 2004] ermittelten Risspfad zeigt eine recht gute Übereinstimmung. Allerdings führen Konvergenzprobleme zum Abbruch der numerischen Berechnung kurz bevor die beiden Risspfade die Oberseite des Versuchskörpers erreichen. Die Traglast kann im Rahmen dieser Berechnung recht gut approximiert werden (siehe Abb. 6.6).

Sowohl mit dem Rissmodell nach [Abaqus, 2007] als auch mit dem Rissmodell nach [Feist, 2004] kann die in Abb. 6.6 dargestellte, experimentell ermittelte Last-Verschiebungskurve für die Stelle der Lasteinleitung allerdings nur grob approximiert werden. Bereits der linear elastische Bereich vor Erreichen der Traglast, dessen Neigung im Wesentlichen durch den E-Modul des Betons bestimmt wird, zeigt eine deutliche Abweichung von der experimentell ermittelten Steifigkeit.

Im Rahmen des erwähnten Versuchsprogrammes wurden natürlich mehrere Versuche durchgeführt. Neben dem hier beschriebenen Anker-Ausziehversuch mit einer Einbindetiefe des Kopfbolzens von 10 cm umfasste das Versuchsprogramm noch Versuche mit einer Einbindetiefe von 6 cm und 8 cm sowie mit unterschiedlichen Lagerungsbedingungen (siehe [Dejori, 2006]). Anhand der Versuchsergebnisse kann beobachtet werden, dass die Anfangsneigung der entsprechenden Versuchskurven variiert, obwohl dieselbe Betonrezeptur verwendet wurde. Die Abweichungen in der Anfangssteifigkeit der experimentellen Last-Verschiebungsdiagramme wird in [Dejori, 2006] auf unterschiedliche Verbundbedingungen zwischen Kopfbolzen und Beton nach Erhärtung des Betons zurückgeführt.

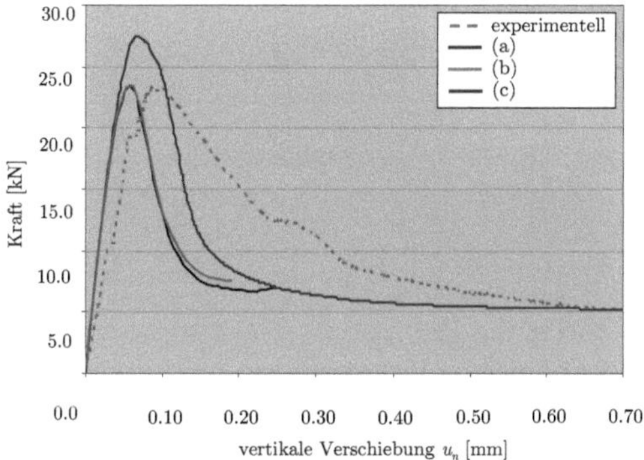

Abbildung 6.6: Vergleich der experimentell ermittelten Last-Verschiebungsbeziehung mit jenen der numerischen Berechnungen unter Verwendung: (a) des Rissmodells nach [Abaqus, 2007], (b) des Rissmodells nach [Feist, 2004] und (c) des *Rissmodells mit verzögert eingebetteten Diskontinuitäten.*

Demzufolge kann die Abweichung zwischen den in Abb. 6.6 dargestellten experimentell und numerisch ermittelten Last-Verschiebungsbeziehungen wie folgt erklärt werden: die im Zuge des Schwindens des Betons entstehenden Störungen des Verbundes zwischen dem Kopfbolzen und dem Beton werden in der numerischen Simulation nicht berücksichtigt, sondern es wird voller Verbund angenommen. Da in der numerischen Simulation somit kein Schlupf des Kopfbolzens möglich ist, sind die numerisch ermittelten Verschiebungen etwas kleiner als die zugehörigen experimentellen Werte. Dieses Verhalten wird auch in [Eligehausen und Clausnitzer, 1983] beschrieben.

Im Rahmen der numerischen Simulation unter Verwendung des Rissmodells nach [Feist, 2004] wird im Entfestigungsbereich eine zu rasche Abnahme der Last prognostiziert (siehe Abb. 6.6). Insgesamt allerdings liefert diese numerische Simulation aber eine doch zufriedenstellende Approximation des Anker-Ausziehversuches.

Im Rahmen der numerischen Berechnung unter Verwendung des *Rissmodells mit verzögert eingebetteten Diskontinuitäten* wird ein diskreter Rissverlauf prognostiziert, welcher den experimentell ermittelten Risspfad gut approximiert (siehe Abb. 6.7b). Der rechte unverzweigte Risspfad wird im Zuge der letztgenannten Simulation besser beschrieben als unter Verwendung des Rissmodells nach [Feist, 2004]. Wesentlich ist, dass nun sowohl der

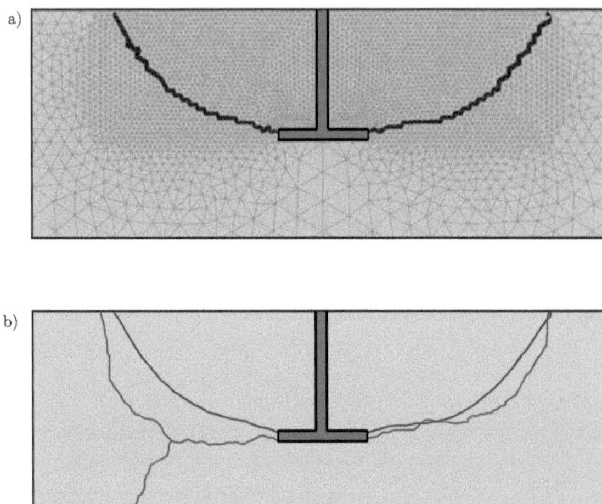

Abbildung 6.7: Ausschnitt der verwendeten Diskretisierung a) mit Markierung jener Elemente, in die unter Verwendung des *Rissmodells mit verzögert eingebetteten Diskontinuitäten* ein Diskontinuitätssegment eingebettet wird und b) Vergleich des experimentell und numerisch ermittelten Risspfades.

linke als auch der rechte Risspfad jeweils die Oberfläche des Betonprobekörpers erreichen und somit einen vollständigen Ausbruch beschreiben. Auch die experimentell ermittelte Traglast kann mit diesem Rissmodell gut approximiert werden (siehe Abb 6.6). Der Übergang von der verschmierten Rissmodellierung zum Rissmodell mit eingebetteten Diskontinuitäten beginnt in der vorliegenden Berechnung bei einer Belastung von ungefähr 9 kN. Zu diesem Belastungszeitpunkt werden die zwei Diskontinuitätssegmente in den entsprechenden Risswurzelelementen eingebettet.

Die numerisch ermittelten Last-Verschiebungsbeziehungen unter Verwendung des Rissmodells nach [Feist, 2004] und unter Verwendung des *Rissmodells mit verzögert eingebetteten Diskontinuitäten* stimmen recht gut überein. Beide Berechnungsergebnisse prognostizieren allerdings im Vergleich zum Experiment eine zu rasche Lastabnahme im Entfestigungsbereich. Auch der Vergleich der numerisch ermittelten Last-Rissöffnungsbeziehungen mit den entsprechenden experimentell ermittelten Diagrammen (Abb. 6.8b und Abb. 6.8c)

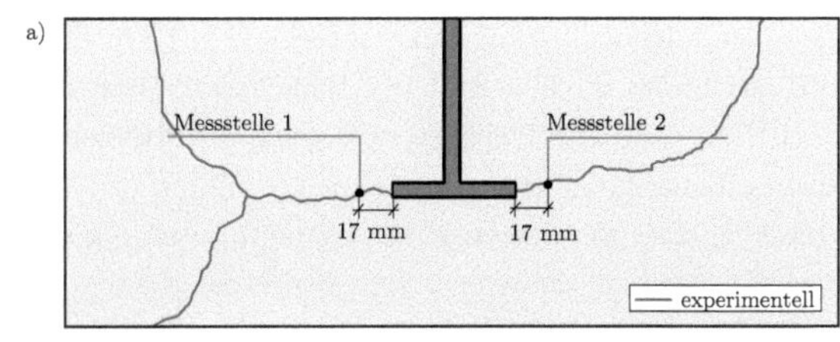

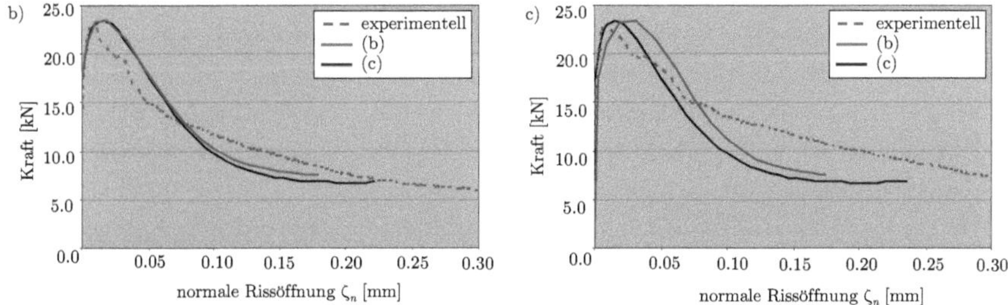

Abbildung 6.8: Vergleich der experimentell ermittelten Last-Rissöffnungsbeziehung mit jenen der numerischen Berechnung unter Verwendung des (b) Rissmodells nach [Feist, 2004] und (c) des *Rissmodells mit verzögert eingebetteten Diskontinuitäten*: a) Positionsangabe für die Messstellen; b) Vergleich für die Messstelle 1 und c) Vergleich für die Messstelle 2.

zeigen eine gute Übereinstimmung.

Anhand des Vergleichs der gezeigten Berechnungsergebnisse des Anker-Ausziehversuches kann eindeutig festgehalten werden, dass die Simulationen unter Verwendung des Rissmodells, basierend auf dem Konzept der eingebetteten Diskontinuitäten, eine wesentlich bessere Approximation der Versuchsergebnisse liefern als unter Verwendung des im kommerziellen FE-Paket *ABAQUS* verfügbaren verschmierten Rissmodell.

Die Vorteile der vorgenommenen Erweiterung des Rissmodells durch die verzögerte Einbettung der Diskontinuität zeigen sich vor allem beim prognostizierten Rissfortschritt. Im Rahmen der Simulation des Anker-Ausziehversuches mit dem Rissmodell nach [Feist, 2004] treten abhängig von der gewählten Diskretisierung Probleme mit dem Rissverfolgungsalgorithmus auf, die darauf zurückzuführen sind, dass die Diskontinuität unmittelbar nach Erfüllen der Fließbedingung im entsprechenden Element eingebettet wird und die zugehörige Rissrichtung für den Rest der Berechnung konstant gehalten wird. Diese anfänglich meist nur grob bzw. schlecht approximierte Rissrichtung, sowie die möglicherweise falsche Festlegung der Risswurzelelemente führen dazu, dass mit dem *partial domain crack tracking algorithm* im Zuge der weiteren Belastung keine weiteren Elemente identifiziert werden können, die eine stetige Verbindung mit den bereits vorhandenen Diskontinuitätssegmenten erlauben. Diese Probleme treten auch bei der Bestimmung der Risswurzelelemente des Anker-Ausziehversuches auf.

Unter Verwendung des *Rissmodells mit verzögert eingebetteten Diskontinuitäten* kann beobachtet werden, dass im Rahmen der anfänglichen verschmierten Rissmodellierung sowohl an den unteren als auch oberen Ecken des Kopfbolzens verschmierte Risse auftreten. Erst im Zuge der weiteren Belastung treten an der Oberseite verschmierte Risse mit größeren Rissdehnungen auf, die dann durch eingebettete Diskontinuitäten abgebildet werden. Durch die verzögerte Einbettung der Diskontinuitäten können die im Rahmen der Anwendung des Rissmodells nach [Feist, 2004] beobachteten Probleme mit dem Rissverfolgungsalgorithmus beseitigt werden.

Abb. 6.9 zeigt Ergebnisse der numerischen Simulation unter Verwendung des *Rissmodells mit verzögert eingebetteten Diskontinuitäten* und zwar in Form der *verschmierten* und *diskreten* Beschreibung der Rissentwicklung für verschiedene ausgewählte Belastungszeitpunkte: Abb. 6.9a zeigt die bei einer Belastung von 5.50 kN auftretenden ersten *verschmierten* Risse. Mit der vorgenommenen Erweiterung des Rissmodells mit eingebetteten Diskontinuitäten durch die Kombination mit einem verschmierten Rissmodell können in diesem frühen Belastungsstadium sowohl an der Ober- als auch Unterseite des Kopfbolzens Mikrorisse simuliert werden, ohne eine Diskontinuität einzubetten und damit den Risspfad festzulegen. Mit fortschreitender Belastung bilden sich jeweils an der Oberseite des Kopfbolzens vermehrt Mikrorisse aus (Abb. 6.9b). Damit ist verständlich, dass die ersten Diskontinuitätssegmente jeweils an den oberen Ecken des Kopfbolzens in die entsprechenden Risswurzelelemente (Abb. 6.9c) eingebettet werden. Der Vergleich der in Abb. 6.9d dargestellten verteilten Schädigung und der in Abb. 6.9e dargestellten diskreten Risspfade zeigt deutlich die Wirkungsweise des *Rissmodells mit verzögert eingebetteten Diskontinuitäten*. Mit der verschmierten Rissmodellierung wird der Verlauf des diskreten Risspfades in groben Zügen festgelegt. Aus diesen im Rahmen der verschmierten Rissmodellierung bereits gerissenen Elementen werden dann mit der Bedingung $\zeta_n > \zeta_{n,krit}$ und dem *partial domain crack tracking algorithm* jene Elemente ermittelt, die den diskreten

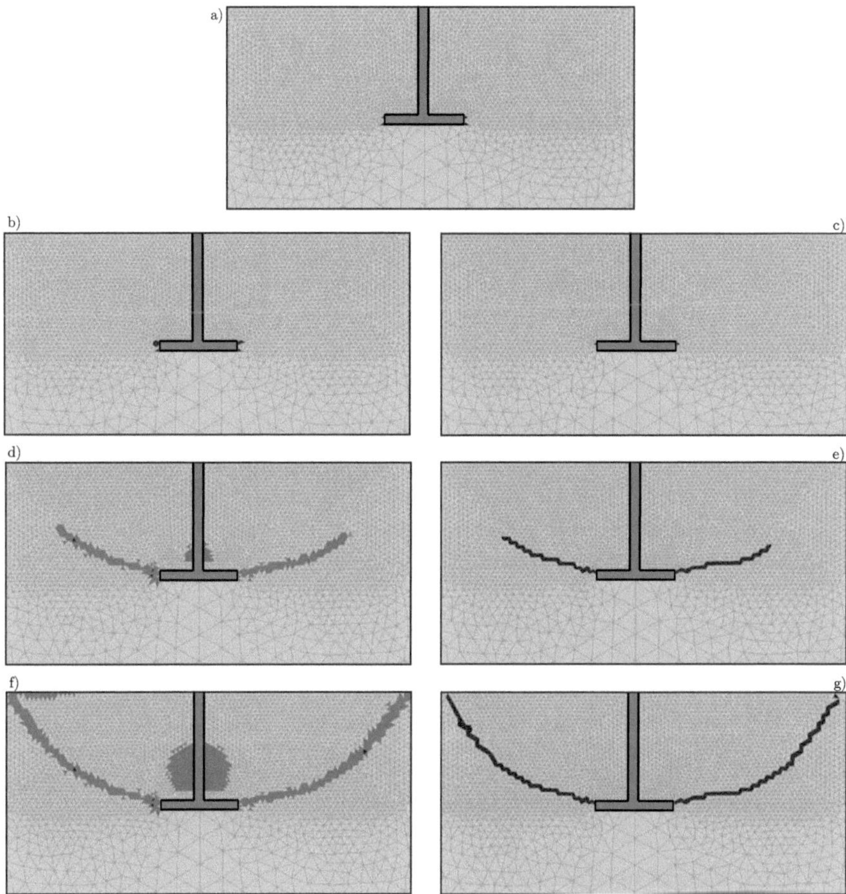

Abbildung 6.9: Verschmierte und diskrete Rissentwicklung für verschiedene Belastungszeitpunkte: a) verschmierte Risse bei einer Belastung von 5.5 kN, b) verschmierte Risse bei einer Belastung von 9.0 kN und c) die zugehörigen Risswurzelelemente, die die diskreten Risspfade festlegen, d) ausgeprägte verschmierte Rissbildung aus welcher der e) diskrete Rissverlauf ermittelt wird und f) verschmierter und g) diskreter Rissverlauf am Ende der numerischen Berechnung.

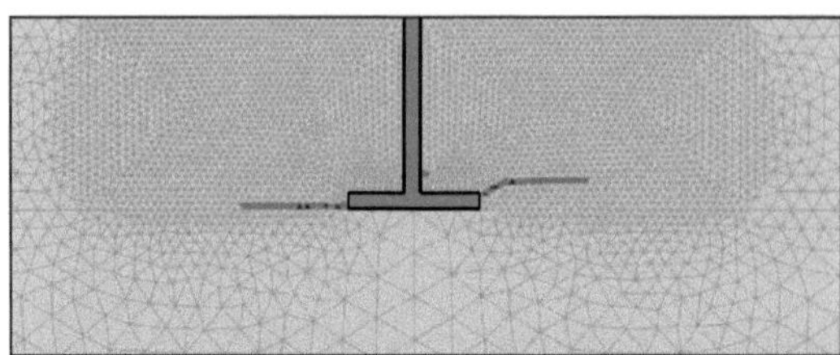

Abbildung 6.10: Ausschnitt der verwendeten Diskretisierung mit Markierung jener Elemente, in die bei Verwendung des *Rissmodells mit lokal eingebetteten Diskontinuitäten* ein Diskontinuitätssegment eingebettet wird.

Risspfad festlegen. Der sich am Ende der numerischen Berechnung ergebende sowohl verschmierte als auch diskrete Rissverlauf ist in Abb. 6.9f und Abb. 6.9g dargestellt.

Unter Verwendung des *Rissmodells mit lokal eingebetteten Diskontinuitäten* tritt bei der gewählten Diskretisierung der zuvor beschriebene *mesh-bias*-Effekt auf. Ohne Forderung der Stetigkeit der Diskontinuitätssegmente über die Elementskanten hinaus scheint eine objektive Simulation der Rissentwicklung für den Anker-Ausziehversuch nicht möglich zu sein. Abschließend zeigt Abb. 6.10 den aus der numerischen Berechnung unter Verwendung des *Rissmodells mit lokal eingebetteten Diskontinuitäten* sich ergebenden pathologischen Rissverlauf. Konvergenzprobleme führen zum vorzeitigen Abbruch der Berechnung.

6.2 Numerische Untersuchung zur Kragplattenverstärkung mittels Aufbeton

6.2.1 Versuchsbeschreibung

Infolge der steigenden Verkehrsbelastung der europäischen Straßennetze und des mittlerweile hohen Durchschnittsalters von Brückentragwerken gewinnen Sanierungs- und Verstärkungsmaßnahmen von Brücken zunehmend an Bedeutung. Bisher kamen als Verstärkungsmaßnahmen entweder das Einschlitzen oder Aufkleben von Bewehrungsstahl bzw. Lamellen zum Einsatz oder, als wirtschaftlichere Maßnahme, Aufbetone. Im Zuge letztgenannter Maßnahme werden die Altbetonschicht und der aufgebrachte Neubeton, für den meist Normalbeton verwendet wird, mittels Dübel kraftschlüssig, also schubfest miteinander verbunden. Die arbeitstechnisch aufwendige und somit kostenintensive Verdübelung senkt allerdings die Wirtschaftlichkeit dieser Verstärkungsmaßnahme.

Im Rahmen eines Forschungsprojektes an der Leopold-Franzens-Universität Innsbruck wurde eine praxisnahe Versuchsanordnung entwickelt, um das Tragverhalten von durch eine Aufbetonschicht verstärkte Fahrbahndecken ohne Verdübelung zu untersuchen. Für die Aufbetonschicht wurden neue schwindarme Betone (mit und ohne Faserbewehrung) verwendet. Dem Verhalten der Verbundfuge ohne Verdübelung kam während der Versuche eine besondere Bedeutung zu, vor allem dem auftretenden Haftwiderstand und dem lokal auftretenden Formwiderstand in der Fuge.

Ziel des Forschungsprojektes ist die Entwicklung von leistungsfähigen Aufbetonen zur Verstärkung von Brückentragwerken sowie die verlässliche Abschätzung der Wirkungsweise von Haft- und Formwiderstand der Verbundfuge ohne Verdübelung in Abhängigkeit von der Qualität der Fugenoberfläche.

Die Versuchsreihe umfasst mehrere 1 Meter breite Plattenstreifen aus Stahlbeton mit veränderlichem Querschnitt im Maßstab 1 : 2, die jeweils mit einer 6 cm dicken Aufbetonschicht ohne Verdübelung verstärkt werden. Die Abmessungen der verwendeten Versuchsgrundplatte und der Aufbetonschicht sowie die Lagerungsbedingungen können Abb. 6.11 entnommen werden. Die Grundplatten werden jeweils aus Beton der Klasse C25/30 hergestellt, die Aufbetonschichten aus Beton der Klasse C50/60 und der eingebaute Bewehrungsstahl Tempcore 55 entspricht der Klasse BSt 550. Die Materialparameter für einen dieser Versuchskörper, ermittelt an Bohrkernen, die visuell ungeschädigten Bereichen der Versuchskörper entnommen wurden, sind in Tab. 6.2 aufgelistet.

Parameter	Grundplatte	Aufbeton	Einheit
E	37987.00	46464.00	[N/mm^2]
ν	0.18	0.18	
f_t	3.30	5.00	[N/mm^2]
G_f	0.070	0.140	[N/mm]

Tabelle 6.2: Materialparameter für die Grundplatte und die Aufbetonschicht des Versuchskörpers [Feix et al., 2007].

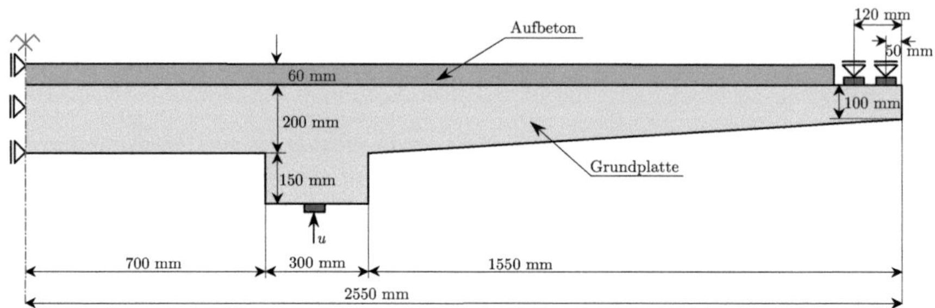

Abbildung 6.11: Idealisierte Versuchsanordnung für die mit einer Aufbetonschicht verstärkten Grundplatten.

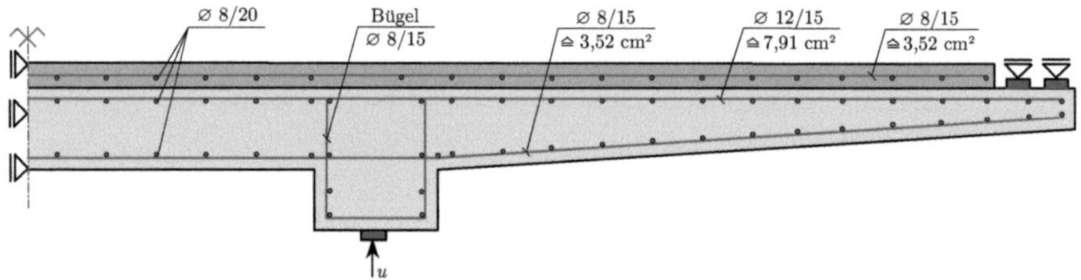

Abbildung 6.12: Bewehrungsplan der Versuchsgrundplatte mit schlaff bewehrter Aufbetonschicht.

Während die Bewehrungsart und der Bewehrungsgrad der Grundplatte für alle Versuche unverändert beibehalten werden (siehe Abb. 6.12), werden der Bewehrungsgrad und der Bewehrungstyp der Aufbetonschicht variiert [Feix et al., 2007].

Im Rahmen der vorliegenden Arbeit wird die numerische Simulation der Kragplattenverstärkung mit einer schlaff bewehrten Aufbetonschicht (siehe Abb. 6.12) und mit einer unbewehrten Aufbetonschicht beschrieben und mit den Versuchsergebnissen verglichen.

Zur numerischen Simulation wird jeweils die in Abb. 6.13 gezeigte Diskretisierung des verstärkten Versuchskörpers verwendet. Es werden dreiknotige finite Elemente unter Voraussetzung eines ebenen Spannungszustandes für die Diskretisierung des Betonquerschnittes und zweiknotige Fachwerkselemente für die Diskretisierung der Bewehrungsstäbe ver-

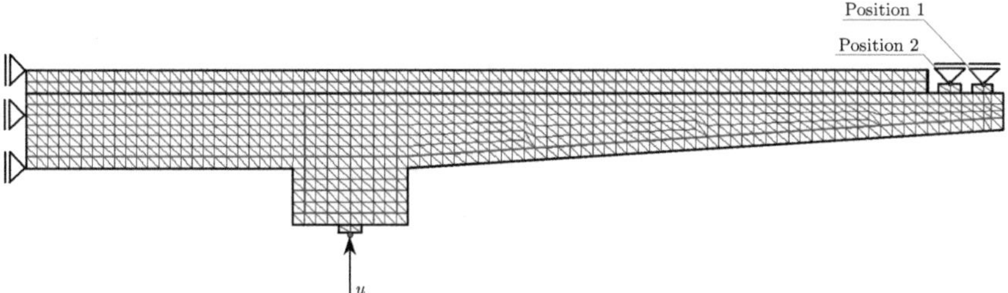

Abbildung 6.13: Diskretisierung des verstärkten Versuchskörpers mit Bewehrungsstahl.

wendet. Für die Zugfestigkeit der Grundplatte wird in den numerischen Berechnungen der charakteristische Wert $f_{ctm} = 2.40$ N/mm^2 verwendet.

Der Versuchsablauf kann wie folgt beschrieben werden: im ersten Belastungsschritt wird die Versuchsgrundplatte mit einer Pressenkraft von 30 kN beansprucht und anschließend entlastet. Sowohl im Kragarmbereich als auch im Plattenbereich zwischen den Stegen sollen unter dieser Belastung Risse auftreten. Damit wird der in der Praxis vorhandene gerissene Zustand (Zustand II) der Fahrbahndecke, die mit Aufbeton verstärkt werden soll, simuliert. Im Zuge der numerischen Berechnung wird die Belastung in Form einer Vertikalverschiebung u in Stegmitte (siehe Abb. 6.13) aufgebracht (Lagerung an der Position 1). Nach dem ersten Belastungsschritt und nachfolgender Entlastung wird auf die Versuchsgrundplatte eine 6 cm dicke, schlaff bewehrte oder unbewehrte Aufbe-

Abbildung 6.14: Versuchsanordnung.

tonschicht (siehe Abb. 6.12) aufgebracht. Die nachfolgende thermische Beanspruchung des Versuchskörpers durch mehrfache Erwärmung und Abkühlung, die eine praxisnahe Vorbelastung der Verbundfuge durch Temperaturänderungen simuliert, wie auch die anschließende Ermüdungsbeanspruchung mit 2 Millionen Lastwechseln werden im Rahmen der numerischen Berechnung nicht berücksichtigt. Mit der Bestimmung der Traglast der verstärkten Grundplatte endet der Versuch. Die letztgenannte Belastung wird in der numerischen Berechnung in Form einer Vertikalverschiebung u in Stegmitte (siehe Abb. 6.13) aufgebracht (Lagerung an der Position 2).

Abb. 6.14 zeigt die Versuchsanordnung. Der Versuchskörper wird mit der Aufbetonschicht nach unten eingebaut und an den Kragplattenenden der Grundplatte gelagert. Diese Art der Lagerung wird gewählt, um eine für den Verbund zwischen Grundplatte und Aufbeton

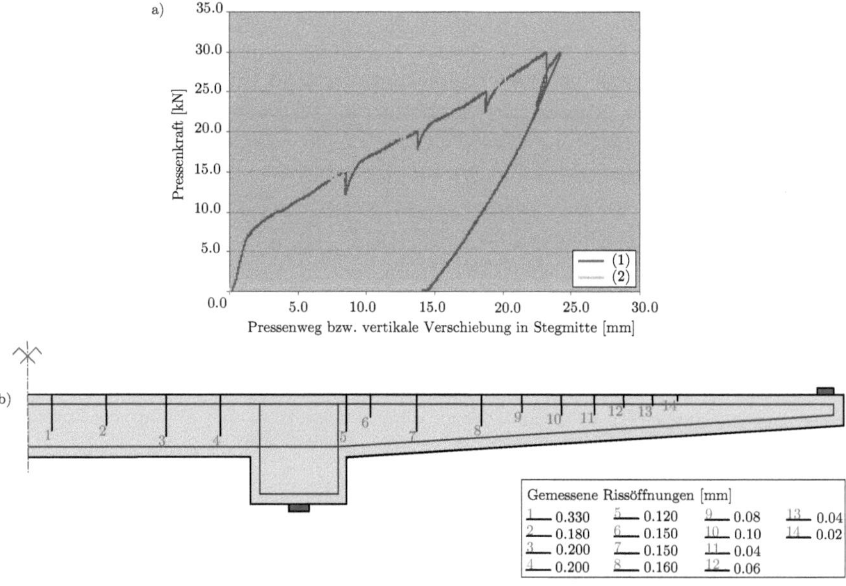

Abbildung 6.15: a) Experimentell ermittelte Beziehung zwischen Pressenkraft und Pressenweg (1) bzw. Pressenkraft und vertikaler Verschiebung in Stegmitte (2); b) zugehöriges experimentell ermitteltes Rissbild.

günstig wirkende Druckspannung in der Verbundfuge zu vermeiden.

Abb. 6.15a zeigt die gemessene Pressenkraft, welche über ein I-Profil in die Stege eingeleitet wird (siehe Abb. 6.14), in Abhängigkeit vom Pressenweg (Kurve (1)). Zusätzlich wird in Abb. 6.15a die Pressenkraft in Abhängigkeit von der mittels eines induktiven Wegaufnehmers bestimmten Verschiebung in Stegmitte gezeigt (Kurve (2)). Die Unterschiede zwischen dem Pressenweg und der mit dem induktiven Wegaufnehmer gemessenen Verschiebung sind auf die Nachgiebigkeit des Versuchsrahmens und des lastverteilenden I-Profils zurückzuführen. Die numerischen Berechnungsergebnisse werden folglich der Beziehung zwischen der Pressenkraft und der mit dem induktiven Wegaufnehmer gemessenen Verschiebung in Stegmitte gegenübergestellt. Abb. 6.15b zeigt das zum ersten Belastungsschritt (Anreißen der Grundplatte - Pressenkraft von 30 kN) zugehörige experimentelle Rissbild mit einer maximalen Rissöffnung im Plattenmittenbereich von 0.330 mm.

6.2.2 Rissprognose der unverstärkten Fahrbahndecke

Im Zuge der numerischen Simulation der Belastung der Versuchsgrundplatte (erster Belastungsschritt - Anreißen der Grundplatte) ist es erforderlich, mit dem auf der Methode der eingebetteten Diskontinuitäten basierenden Rissmodell zahlreiche Risse zu simulieren. Wie bereits im Abschnitt 5.4.3 erwähnt, wurde das Rissmodell in [Feist, 2004] ursprünglich für die Rissfortpflanzung einzelner Risse in unbewehrtem Beton entwickelt. Der Vergleich der experimentellen und numerischen Ergebnisse der einaxialen Zugversuche an bewehrten Dehnkörpern nach [Hartl, 1977] (Abschnitt 5.4.3) hat gezeigt, dass es durch die in dieser Arbeit entwickelte Kombination des *Rissmodells mit eingebetteten Diskontinuitäten* mit einem *verschmierten Rissmodell* unter Berücksichtigung der Verbundwirkung in Form des Fließkriteriums nach Mises durchaus möglich ist, mehrere Risse in bewehrten Betonstrukturen, die zu verschiedenen Belastungszeitpunkten auftreten, zu erfassen.

Im Rahmen der numerischen Simulation der Kragplattenverstärkung mittels Aufbeton wird perfekter Verbund zwischen Bewehrungsstahl und umgebenden Beton angenommen.

In Abb. 6.16 werden die berechnete Last-Verschiebungsbeziehung unter Verwendung (i) des im Abschnitt 5.2 vorgestellten *verschmierten Rissmodells* (Kurve (a)) und (ii) des *Rissmodells mit verzögert eingebetteten Diskontinuitäten* (Kurve (b)) der entsprechenden experimentellen Last-Verschiebungskurve des ersten Belastungsschrittes gegenübergestellt.

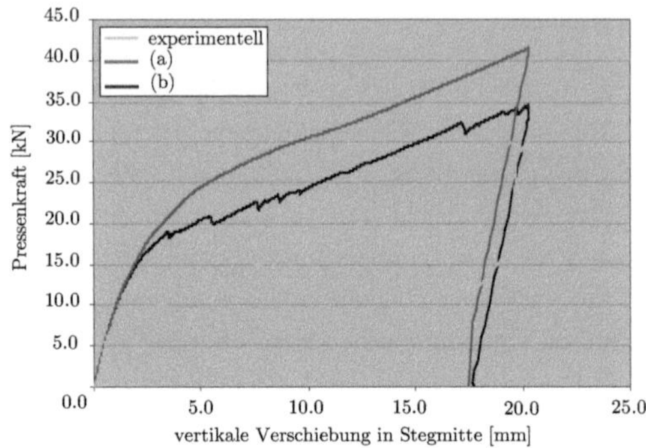

Abbildung 6.16: Vergleich der experimentell ermittelten Last-Verschiebungsbeziehung für den ersten Belastungsschritt mit jenen der numerischen Berechnung unter Verwendung: (a) des *verschmierten Rissmodells* und (b) des *Rissmodells mit verzögert eingebetteten Diskontinuitäten*.

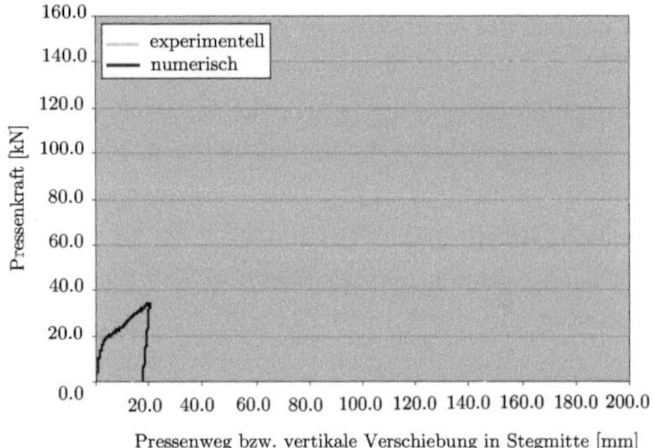

Abbildung 6.17: Vergleich der experimentell ermittelten Last-Verschiebungsbeziehung mit der numerischen Beziehung für den ersten Belastungsschritt.

Mit den beiden Simulationen wird die Pressenkraft nach der ersten Rissbildung (Verlassen des linearen Astes) überschätzt, d.h. die mit der Rissbildung verbundene Steifigkeitsabnahme erfolgt im Versuch rascher als in den numerischen Simulationen. Dies

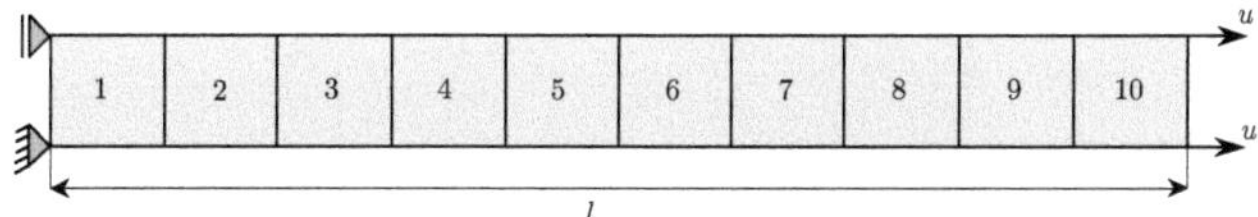

Abbildung 6.18: Diskretisierung des einaxialen Zugversuches.

kann durch den infolge des gewählten statischen Systems (Einfeldträger mit Kragarmen) und der gewählten Belastung sich einstellenden konstanten Momentenverlaufs im Plattenbereich zwischen den Stegen erklärt werden. Als Folge der konstanten Zugspannung an der Plattenoberseite wird das Risskriterium nämlich in allen finiten Elementen an der Plattenoberseite gleichzeitig erfüllt und folglich Rissbildung mit Entfestigung in allen diesen Elementen prognostiziert. Das steht im Widerspruch zur tatsächlich auftretenden Entfestigung an den Stellen einzelner Risse und Entlastung in den dazwischen liegenden Bereichen. Würden einzelne Elemente in der finiten Elemente Berechnung geschwächt werden, könnte dieser Effekt größtenteils beseitigt werden, allerdings mit der Kritik, dass Anzahl und Position der Risse nach Belieben festgelegt werden würden.

Mit dem Vergleich der Last-Verschiebungsbeziehungen eines einaxialen Zugversuches an einem unbewehrten Betonstab kann dieses Verhalten bestätigt werden. Für die numerische Simulation werden vierknotige finite Elemente verwendet. Abb. 6.18 zeigt die gewählte Diskretisierung und die Lagerungsbedingungen. Wird im Zuge der numerischen Berechnung für ein finites Element die Zugfestigkeit f_t herabgesetzt (der Stab also an dieser Stelle geschwächt), so kann mit der gewählten exponentiellen Entfestigungsbeziehung das entfestigende Materialverhalten erwartungsgemäß gut beschrieben werden (Kurve (1) in Abb. 6.19), weil sich ein einzelner Riss ausbildet und in dem vom Riss betroffenen Element entfestigendes Materialverhalten auftritt, das mittels der charakteristischen Länge dieses Elements regularisiert wird, während die übrigen Elemente durch lineare Entlastung gekennzeichnet sind. Wird in einer weiteren Berechnung kein Element geschwächt, ergibt sich unter Verwendung derselben exponentiellen Beziehung ein deutlich schwächeres Entfestigungsverhalten (Kurve (2)), weil in allen Elementen Entfestigung auftritt, allerdings mit der nun nicht zutreffenden Regularisierung.

Mit dem *verschmierten Rissmodell* wird deshalb die Pressenkraft im nichtlinearen Bereich des Last-Verschiebungsdiagrammes bis zur Entlastung deutlich überschätzt. Die berechnete Pressenkraft am Ende dieses ersten Belastungsschrittes beträgt 41.60 kN statt

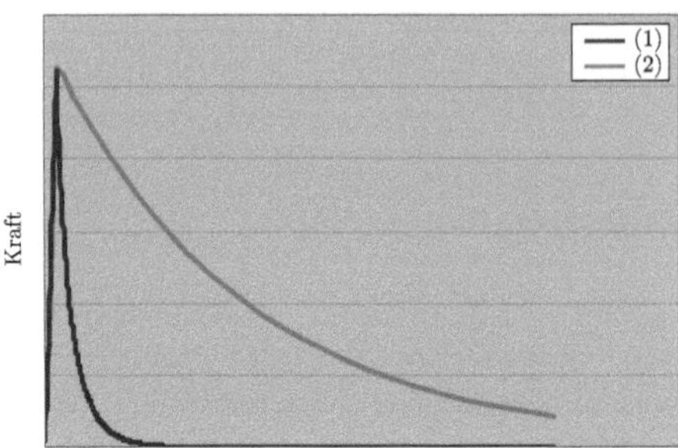

Abbildung 6.19: Last-Verschiebungsdiagramme des einaxialen Zugversuches: Kurve (1) Abminderung von f_t in einem Element; Kurve (2) gleiche Zugfestigkeit f_t für alle Elemente.

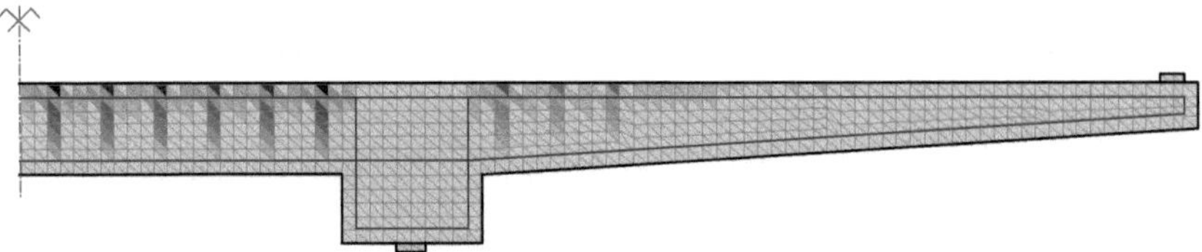

Abbildung 6.20: Das aus der numerischen Berechnung unter Verwendung des *verschmierten Rissmodells* resultierende qualitative Rissbild.

der im Versuch aufgebrachten 30 kN. Das aus der numerischen Berechnung resultierende Rissbild (siehe Abb. 6.20) stimmt qualitativ aber recht gut mit dem experimentellen Rissbild (Abb. 6.15b) überein. Die ausgeprägten Risse im Plattenmittenbereich stimmen gut mit dem experimentellen Rissverlauf überein.

Im nächsten Schritt wird das *verschmierte Rissmodell* mit dem *Rissmodell mit eingebetteten Diskontinuitäten* kombiniert. Wie bereits bei der Berechnung der einaxialen Zugversuche an Dehnkörpern nach [Hartl, 1977] werden der *partial domain crack tracking algorithm* und die *nichtlokale Mittelung* der Verzerrungen für die vorliegende Berechnung nicht aktiviert. Zwischen Bewehrungsstahl und Beton wird vereinfachend perfekter Verbund

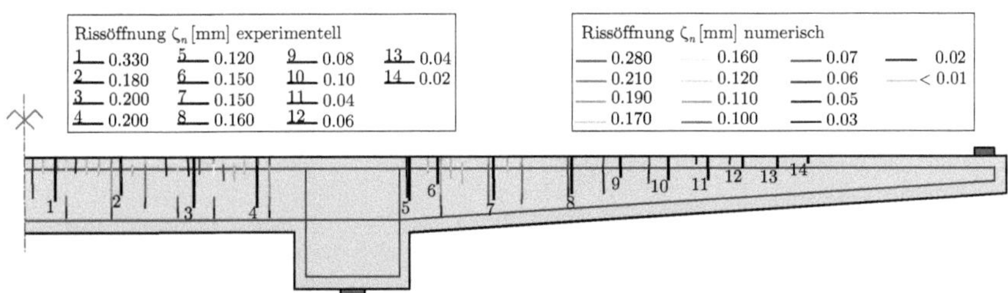

Abbildung 6.21: Vergleich des experimentell ermittelten Rissbildes mit jenem der numerischen Berechnung unter Verwendung des *Rissmodells mit verzögert eingebetteten Diskontinuitäten.*

angenommen. Im Rahmen des *Rissmodells mit verzögert eingebetteten Diskontinuitäten* wird die Rissrichtung im Zuge der verschmierten Rissmodellierung in jedem Belastungsinkrement neu berechnet, bis schließlich ein Diskontinuitätssegment eingebettet wird. Es handelt sich folglich um eine *lokale, verzögerte* Einbettung der Diskontinuitätssegmente Γ.

Die Überschätzung der Pressenkraft zum Zeitpunkt der ersten Rissbildung wird im Zuge der fortschreitenden Belastung unter Verwendung des *Rissmodells mit verzögert eingebetteten Diskontinuitäten* kompensiert, so dass die bei einer Verschiebung von 20 mm im Versuch aufgebrachte Pressenkraft von 30 kN mit 34 kN in der Berechnung recht gut approximiert wird (siehe Abb. 6.16 Kurve (b)). Weiters wird die Überschätzung der Pressenkraft relativiert, wenn man sie nicht auf den ersten Belastungsschritt, sondern auf das gesamte Last-Verschiebungsdiagramm bezieht (siehe Abb. 6.17). Der Vergleich des experimentell ermittelten Rissbildes mit jenem der numerischen Berechnung zeigt sowohl qualitativ als auch quantitativ eine gute Übereinstimmung (siehe Abb. 6.21). Wie bereits erwähnt bzw. aus Abb. 6.15b ersichtlich, werden im Versuch im Plattenmittenbereich bei einer Pressenkraft von 30 kN Rissöffnungen in der Größenordnung von 0.20 bis 0.33 mm gemessen. Aus der numerischen Simulation ergeben sich in diesem Abschnitt Rissöffnungen ζ_n von 0.20 bis 0.28 mm (siehe Abb. 6.21).

Der Übergang vom *verschmierten Rissmodell* zum *Rissmodell mit eingebetteten Diskontinuitäten* wird für vorliegende Berechnung bei einer verschwindend kleinen kritischen Rissöffnung $\zeta_{n,krit}$ vorgenommen. Damit werden bereits im frühen Belastungsstadium Dis-

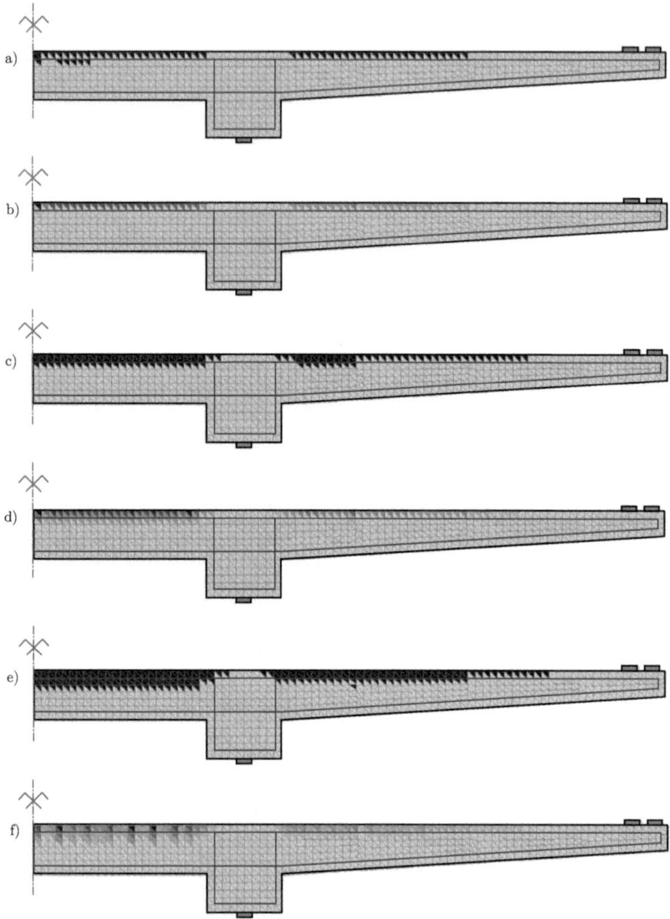

Abbildung 6.22: Verschmierte und diskrete Rissentwicklung für verschiedene Belastungszeitpunkte: a) verschmierte Risse bei einer Belastung von 5 kN, b) Elemente mit eingebetteten Diskontinuitäten bei einer Belastung von 5 kN, c) und e) verschmierte Risse bei einer Belastung von 10 kN bzw. 15 kN, d) und f) zugehörige diskrete Risse.

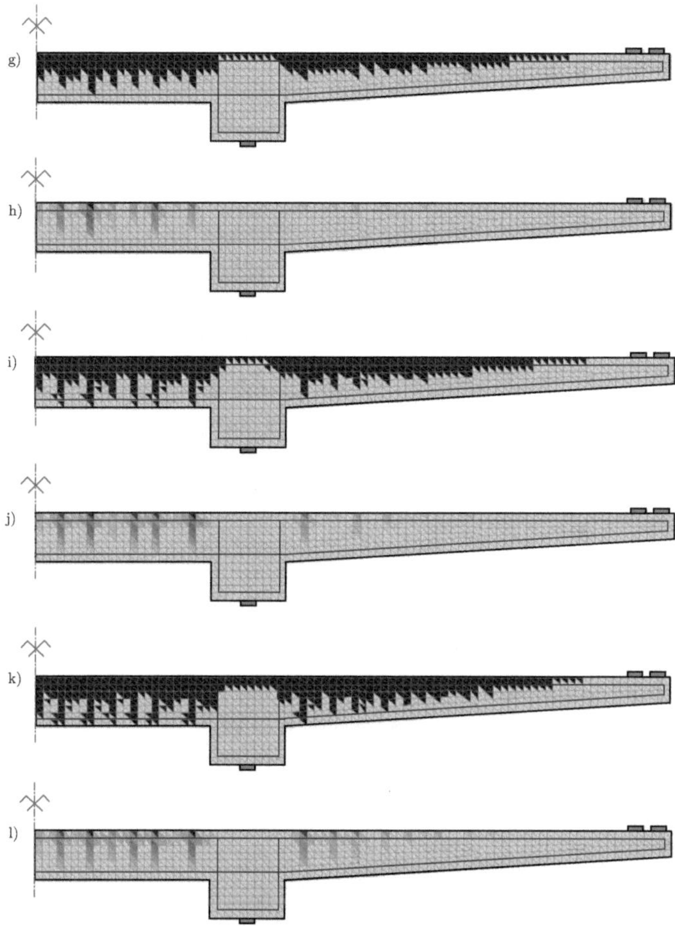

Abbildung 6.23: Verschmierte und diskrete Rissentwicklung für verschiedene Belastungszeitpunkte: g), i) und k) verschmierte Risse für die Belastung von 20 kN, 25 kN und 30 kN, h), j) und l) entsprechende diskrete Risse.

kontinuitätssegmente Γ eingebettet.

Abb. 6.22 und Abb. 6.23 zeigen für ausgewählte Belastungszeitpunkte die zugehörigen *verschmierten* und *diskreten* Risse. Abb. 6.22a zeigt die bei einer Belastung von 5 kN auftretenden verschmierten Risse, die sich erwartungsgemäß vor allem im Plattenmittenbereich an der Oberseite des Querschnitts ausbilden. Wie bereits erwähnt wird durch die Wahl einer sehr kleinen kritischen Rissöffnung $\zeta_{n,krit}$ gewährleistet, dass unmittelbar nach der Ausbildung verschmierter Risse in den entsprechenden Elementen Diskontinuitätssegmente Γ eingebettet werden (siehe Abb. 6.22b). Zu diesem Belastungszeitpunkt (5 kN) gibt es kaum einen Unterschied zwischen der Anzahl der Elemente mit verschmierten Rissen und jenen, die eine eingebettete Diskontinuität aufweisen. Mit zunehmender Belastung (15 kN) treten ausgehend von der Oberseite der Versuchsgrundplatte vermehrt verschmierte Risse auf (siehe Abb. 6.22e) die im Mittenbereich ganze Elementsreihen betreffen. Die Rissweite einiger eingebetteter Diskontinuitätssegmente Γ wird mit zunehmender Belastung größer. Infolge dieser Spannungsumlagerungen sind nun ausgeprägte diskrete Risse zu erkennen. Die verschmierte Rissentwicklung infolge zunehmender Belastung (20kN, 25kN, und 30kN) kann in den Abb. 6.22g, 6.22i und 6.22k verfolgt werden, während die Abb. 6.22h, 6.22j und 6.22l die Entwicklung einzelner diskreter Risse, ausgehend von den verschmierten Rissen, zeigen.

Die Berechnungsergebnisse der numerischen Simulation des Anreißens der bewehrten Grundplatte bestätigen die vorgenommene Erweiterung des *Rissmodells mit eingebetteten Diskontinuitäten* durch die Kombination mit einem *verschmierten Rissmodell.* Erst die Kombination beider Rissmodelle ermöglicht die Simulation vieler verteilter diskreter Risse, die zu unterschiedlichen Belastungszeitpunkten aktiv werden. Durch die genauere Berücksichtigung der Verbundwirkung zwischen den Bewehrungslagen und dem umgebenden Beton wäre es sicher möglich die Berechnungsergebnisse zu verbessern.

Letztlich gilt es noch die Frage der Objektivität der numerischen Berechnungsergebnisse unter Verwendung des *Rissmodells mit verzögert eingebetteten Diskontinuitäten* zu klären. Dazu wird die numerische Simulation des Anreißens der Versuchsgrundplatte mit einer feineren Diskretisierung durchgeführt (siehe Abb. 6.24). Die Elementsseitenlänge wird von ca. 30 mm (in Abb. 6.13) auf ca. 15 mm reduziert.

Der Vergleich der Rissbilder (Abb. 6.21 und Abb. 6.25a) zeigt eine zufriedenstellende Übereinstimmung. Mit dem feineren finite Elemente Netz werden im Plattenmittenbereich acht ausgeprägte Risse mit Rissöffnungen $\zeta_n = 0.13$ bis 0.20 mm prognostiziert, während

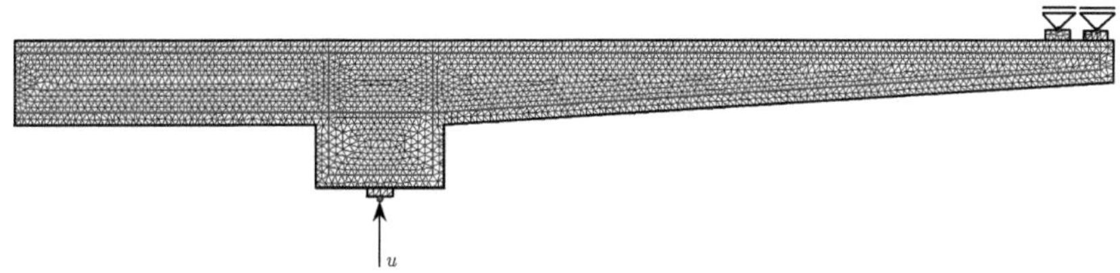

Abbildung 6.24: Feine Diskretisierung der Versuchsgrundplatte mit Bewehrungsstahl.

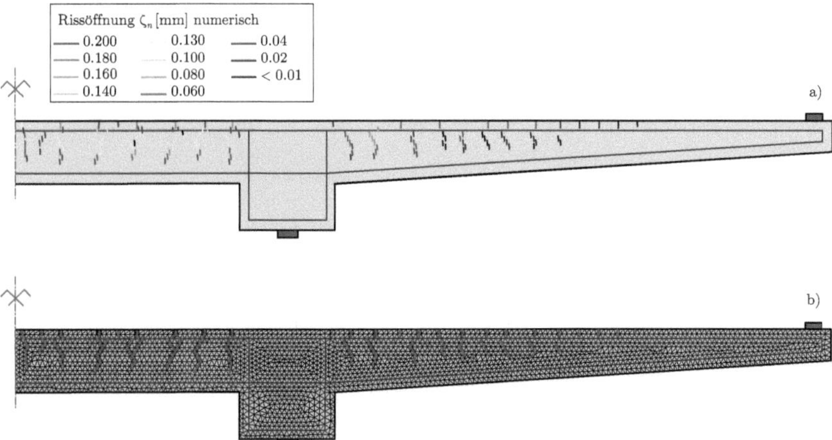

Abbildung 6.25: Das aus der numerischen Berechnung mit dem *Rissmodell mit verzögert eingebetteten Diskontinuitäten* und dem feinen finite Elemente Netz resultierende Rissbild: a) eingebettete Diskontinuitäten mit Angabe der Rissöffnungen ζ_n [mm], b) Risspfade.

die Berechnung mit dem gröberen Netz sechs ausgeprägte Risse mit Rissöffnungen ζ_n = 0.16 bis 0.28 mm ergibt (siehe Abb. 6.21). Im Rahmen der mit der feineren Diskretisierung durchgeführten numerischen Simulation werden also mehr Risse prognostiziert, allerdings mit kleineren Rissöffnungen. Die Unterschiede in den numerisch ermittelten Rissöffnungen und Rissabständen zwischen den beiden Diskretisierungen sind im Rahmen der Streuung

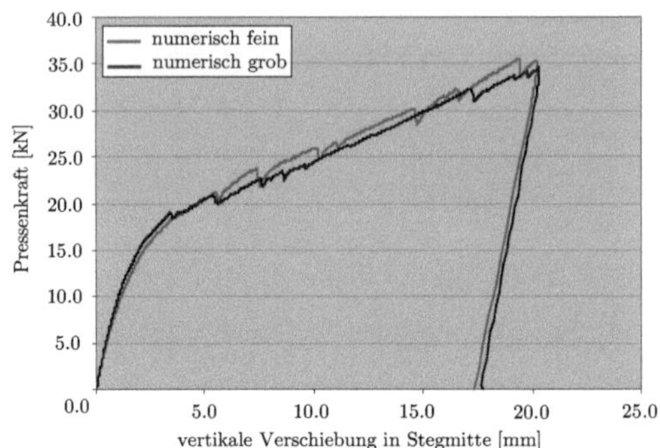

Abbildung 6.26: Vergleich der mit zwei FE-Netzen ermittelten Last-Verschiebungsdiagramme (grobes Netz = Elementsseitenlänge von ca. 30.0 mm; feines Netz = Elementsseitenlänge von ca. 15.0 mm).

der Versuchswerte [Feix et al., 2007] durchaus vertretbar.

Mit dem automatisch generierten, für die zu erwartenden vertikalen Rissverläufe eher ungünstigen finiten Elemente Netz werden Risspfade prognostiziert (siehe Abb. 6.25b), die vom oberen Bauteilrand bis zur oberen Bewehrungslage jeweils vertikal verlaufen, dann allerdings den nicht lotrechten Elementsgrenzen des FE-Netzes folgen und somit in der Regel nicht mehr vertikal verlaufen. Bei einer kritischen Betrachtung des beschriebenen Rissbildes kann man somit eine gewisse Netzabhängigkeit der prognostizierten Rissverläufe feststellen. Diese ist durch den Verzicht auf den Rissverfolgungsalgorithmus und damit auf den Verzicht auf die Stetigkeit der Risspfade über die Elementsgrenzen hinweg bedingt.

Der Vergleich der mit den beiden FE-Netzen ermittelten Last-Verschiebungsdiagramme in Abb. 6.26 zeigt jedenfalls eine sehr gute Übereinstimmung. Mit der verzögerten Einbettung der Diskontinuitäten kann das Materialverhalten des bewehrten Versuchskörpers, mit unterschiedlichen Diskretisierungsfeinheiten, zufriedenstellend approximiert werden.

6.2.3 Beschreibung des Tragverhaltens der verstärkten Fahrbahndecke

Schlaff bewehrte Aufbetonschicht

Im Folgenden wird die numerische Simulation des zweiten Belastungsschrittes, nämlich der Bestimmung der Traglast der mit einer 6 cm dicken, bewehrten Aufbetonschicht (siehe Abb. 6.12) verstärkten Versuchsgrundplatte, beschrieben.

Ohne Berücksichtigung der Schwindbeanspruchung

Der Vergleich der Berechnungsergebnisse mit den entsprechenden Versuchswerten kann für diesen Belastungsschritt allerdings in einer lediglich qualitativen Form durchgeführt werden. Wie zu Beginn dieses Abschnittes erwähnt, wird die thermische Beanspruchung des verstärkten Versuchskörpers ebenso wie die anschließende Ermüdungsbeanspruchung mit 2 Millionen Lastwechseln im Zuge der numerischen Simulation nicht berücksichtigt. In der Berechnung folgt dem zuvor beschriebenen Anreißen der Versuchsgrundplatte (Verschiebung von 20 mm) und der anschließenden Entlastung die Berücksichtigung des Eigengewichts der bewehrten Aufbetonschicht und schließlich die Bestimmung der Trag-

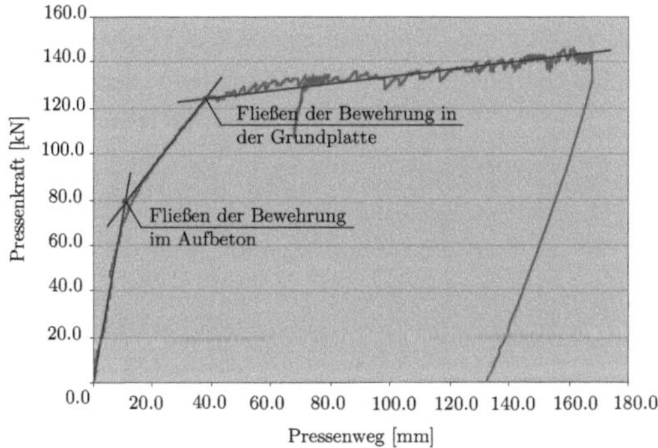

Abbildung 6.27: Experimentell ermittelte Beziehung zwischen der Pressenkraft und dem Pressenweg des verstärkten Versuchskörpers nach der thermischen und dynamischen Beanspruchung bis zum Versagen des Versuchskörpers.

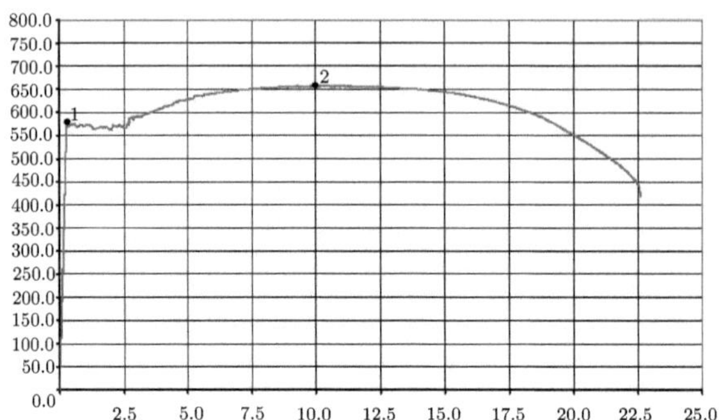

Abbildung 6.28: Arbeitslinie des Bewehrungsstahls Tempcore 55 mit der Streckgrenze von 562 N/mm^2 (Punkt 1) und der Zugfestigkeit von 657 N/mm^2 (Punkt 2).

last der verstärkten Grundplatte. Vorerst wird auch das Schwinden der Aufbetonschicht in der numerischen Berechnung nicht mit berücksichtigt. Die in Abb. 6.27 dargestellte experimentelle Last-Verschiebungsbeziehung zeigt das Tragverhalten des verstärkten Versuchskörpers nach der thermischen und dynamischen Beanspruchung bis zum Versagen (Bruch) des Versuchskörpers. Die Knicke in der Last-Verschiebungsbeziehung zeigen, dass bei ungefähr 80 kN Pressenkraft die Spannung im Bewehrungsstahl der Aufbetonschicht die Streckgrenze von 562.0 N/mm^2 überschreitet und somit das Fließplateau erreicht bzw. bei ungefähr 125 kN Pressenkraft die Spannung in der oberen Bewehrungslage der Grundplatte die Streckgrenze erreicht. Abb. 6.28 zeigt die Arbeitslinie des verwendeten Rippenstahls Tempcore 55 mit einer Streckgrenze von 562.0 N/mm^2 und der Zugfestigkeit von 657.0 N/mm^2 .

Die unter Verwendung des *Rissmodells mit verzögert eingebetteten Diskontinuitäten* berechnete Last-Verschiebungsbeziehung (siehe Abb. 6.29) zeigt vor allem infolge der nicht berücksichtigten thermischen und dynamischen Beanspruchung, sowie der Schwindbeanspruchung der Aufbetonschicht einen wesentlich steileren Anstieg als die experimentell bestimmte Beziehung. Die Spannung im Bewehrungsstahl der Aufbetonschicht erreicht

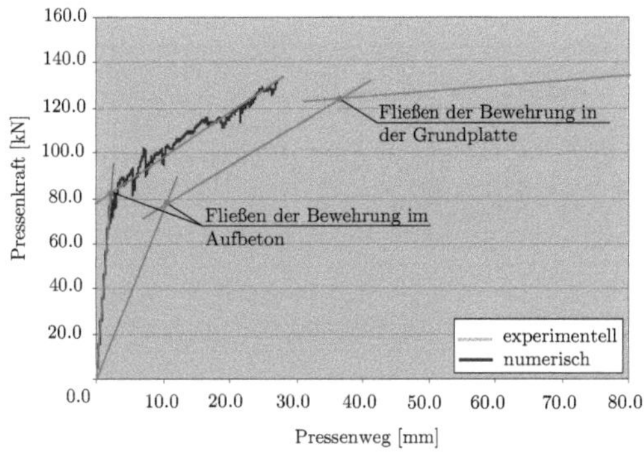

Abbildung 6.29: Vergleich der experimentell ermittelten Last-Verschiebungsbeziehung des verstärkten Versuchskörpers mit jener der numerischen Simulation unter Verwendung des *Rissmodells mit verzögert eingebetteten Diskontinuitäten.*

allerdings auch im Zuge der numerischen Simulation bei ungefähr 80 kN Pressenkraft die Streckgrenze von 562.0 N/mm^2. Die im Versuch bestimmte Belastung, bei welcher die Bewehrung in der Aufbetonschicht zu Fließen beginnt, kann somit mit der numerischen Simulation sehr gut wiedergegeben werden. Ab dieser Belastung stimmt die Neigung der experimentell und numerisch bestimmten Last-Verschiebungsbeziehungen sehr gut überein. Die zunehmende Rissbildung in der Aufbetonschicht sowie das Aufweiten der bereits bestehenden Risse in der Grundplatte mit zunehmender Belastung führen allerdings zu numerischen Problemen und somit zum vorzeitigen Abbruch der Berechnung kurz vor dem Fließbeginn der Bewehrung in der Grundplatte.

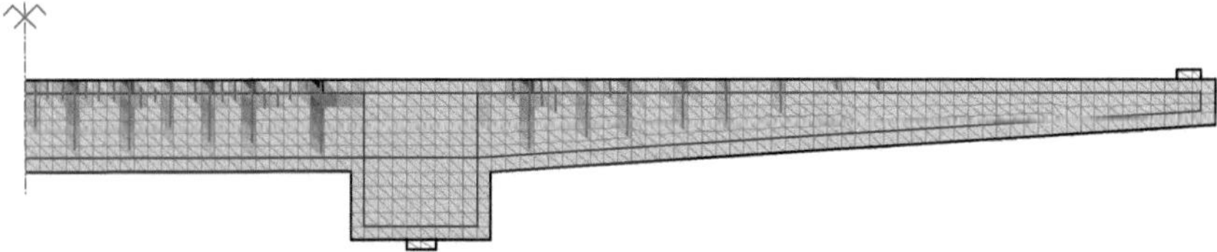

Abbildung 6.30: Elemente mit eingebetteten Diskontinuitäten in der Grundplatte bei einer Pressenkraft von 30 kN.

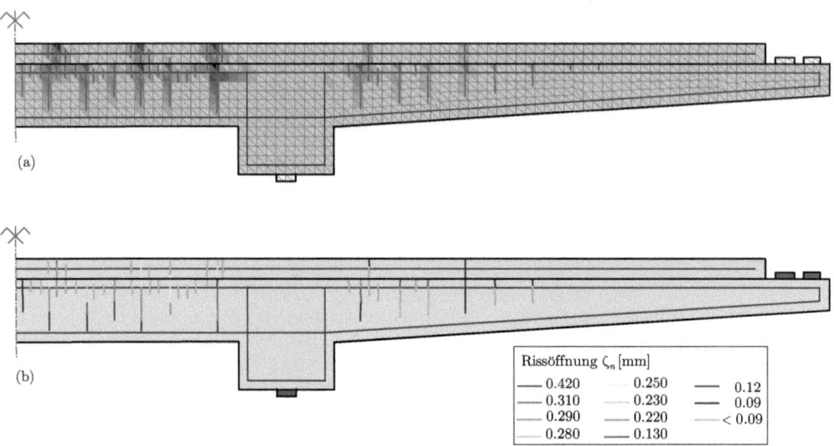

Abbildung 6.31: Elemente mit eingebetteten Diskontinuitäten (a) in der Grundplatte und Aufbetonschicht bei einer Pressenkraft von 112 kN; (b) mit Angabe der Rissöffnungen ζ_n [mm].

Abb. 6.30 zeigt das aus der numerischen Simulation resultierende Rissbild nach dem Anreißen der Versuchsgrundplatte ohne Aufbeton unter einer Pressenkraft von 30 kN (vgl. mit Abb. 6.21, in der die zugehörigen Rissöffnungen eingetragen sind) und Abb. 6.31a das Rissbild des verstärkten Versuchskörpers bei einer Pressenkraft von ungefähr 112 kN. Beide Rissbilder resultieren aus der Nachrechnung unter Verwendung des *Rissmodells mit verzögert eingebetteten Diskontinuitäten*. Der Vergleich der beiden Rissbilder, bzw. jener Elemente in die ein Diskontinuitätssegment Γ eingebettet wird, zeigt, dass sich die in der Grundplatte vorhandenen Risse bei weiterer Belastung in der Aufbetonschicht fortsetzen, was dem tatsächlichen, also dem im Versuch beobachteten Rissverhalten entspricht. Die aus der numerischen Berechnung bei einer Pressenkraft von 30 kN resultierende maximale Rissöffnung im Mittenbereich der Grundplatte von $\zeta_n = 0.280$ mm (siehe Abb. 6.21) wird nach dem Aufbringen der Aufbetonschicht und der weiteren Belastung bis zu einer Pressenkraft von ungefähr 112 kN auf $\zeta_n = 0.420$ mm vergrößert. Die Zunahme der Rissweiten bereits bestehender ausgeprägter Risse (in der Grundplatte) im Zuge der weiteren Belastung entspricht auch dem im Versuch beobachteten Rissverhalten.

Die in der Grundplatte unter der Belastung von 112 kN Pressenkraft auftretenden Rissöffnungen (siehe Abb. 6.31b) reichen von $\zeta_{n,max} = 0.420$ mm im Mittenbereich bis hin zu $\zeta_{n,min} = 0.09$ mm im Kragarmbereich, während in der Aufbetonschicht in den entsprechenden Bereichen Rissöffnungen $\zeta_{n,max} = 0.310$ mm bis hin zu $\zeta_{n,min} = 0.09$ mm auftreten (vergleiche die entsprechenden Rissöffnungen bei einer Belastung von 30 kN in Abb. 6.21).

Obwohl es im Rahmen der numerischen Simulation aufgrund von numerischen Instabilitäten nicht möglich ist, die Traglast des verstärkten Versuchskörpers zu bestimmen, zeigen die dokumentierten Berechnungsergebnisse, dass die vorgenommene Kombination des *Rissmodells mit eingebetteten Diskontinuitäten* mit einem *verschmierten Rissmodell* für die Berechnung bewehrter Betonstrukturen insgesamt zufriedenstellende Ergebnisse liefert.

Mit Berücksichtigung der Schwindbeanspruchung

Beim Vergleich der in Abb. 6.29 gezeigten Last-Verschiebungsbeziehung aus der numerischen Simulation des verstärkten Versuchskörpers ohne Berücksichtigung der Schwindbeanspruchung mit der entsprechenden experimentellen Beziehung wurde der wesentlich steilere Anstieg der numerisch ermittelten Last-Verschiebungsbeziehung vor allem auf die fehlende thermische und dynamische Beanspruchung zurückgeführt.

In Abb. 6.32 wird die experimentelle Last-Verschiebungsbeziehung jener aus der numerischen Simulation des verstärkten Versuchskörpers unter Berücksichtigung des Schwindens der Aufbetonschicht gegenübergestellt. Als Schwindbeanspruchung wird ein Schwindmaß der Aufbetonschicht von -0.25‰ angesetzt, welches in der Berechnung in Form einer Temperaturbeanspruchung berücksichtigt wird. Es entspricht dies dem im Zuge des Versuchsprogrammes bestimmten Schwindmaß der Aufbetonschicht. Der Vergleich der numerisch ermittelten Last-Verschiebungsbeziehung der Abb. 6.29 mit jener der Abb. 6.32 zeigt, dass die Berücksichtigung des Schwindens der Aufbetonschicht zu einer deutlich besseren Übereinstimmung der experimentellen und numerischen Ergebnisse führt. Infolge der Berücksichtigung der Schwindbeanspruchung treten bereits bei ungefähr 30 kN Pressenkraft Risse in der Aufbetonschicht auf ($\zeta_n < 0.001$ mm). Die damit verbundene Steifigkeitsabnahme wirkt sich positiv auf die Übereinstimmung der experimentellen und numerischen Last-Verschiebungsbeziehung aus. Der verbleibende, anfänglich steilere, Anstieg der numerischen Beziehung ist letztlich auf die fehlende thermische und dynamische Beanspruchung zurückzuführen. Die Spannung im Bewehrungsstahl der Aufbetonschicht

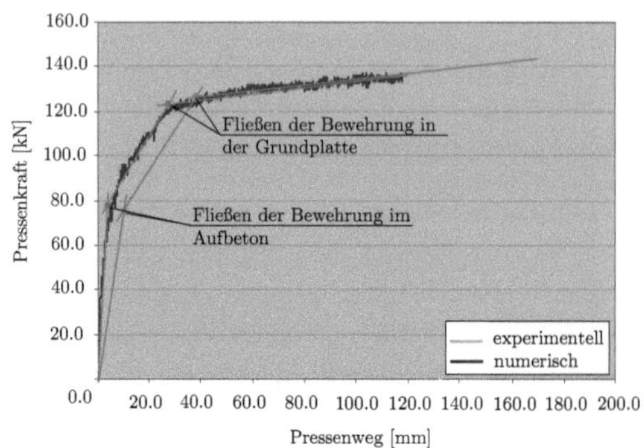

Abbildung 6.32: Vergleich der experimentell ermittelten Last-Verschiebungsbeziehung des verstärkten Versuchskörpers mit jener der numerischen Simulation unter Verwendung des *Rissmodells mit verzögert eingebetteten Diskontinuitäten* unter Berücksichtigung eines Schwindmaßes der Aufbetonschicht von -0.25 ‰.

erreicht im Rahmen dieser numerischen Berechnung bei ungefähr 80 kN Pressenkraft die Streckgrenze von 562 N/mm^2, was mit dem im Versuch gemessenen Fließeintritt bei 75 kN Pressenkraft gut übereinstimmt. Für die Spannung im Bewehrungsstahl der Grundplatte wird der Fließeintritt im Rahmen der numerischen Berechnung bei ungefähr 122 kN Pressenkraft prognostiziert, was mit dem im Versuch gemessenen Fließeintritt bei 125 kN wiederum sehr gut übereinstimmt. Die Neigung zwischen der experimentellen und numerischen Last-Verschiebungsbeziehung stimmt ab dieser Belastung sehr gut überein. Die beiden Kurven verlaufen nahezu parallel.

Das zum beschriebenen Belastungsprozedere (Pressenkraft von 137 kN und Schwindbeanspruchung der Aufbetonschicht) zugehörige Rissbild wird in Abb. 6.33 gezeigt. Die eingetragenen Rissöffnungen sind sowohl in der Grundplatte als auch in der Aufbetonschicht größer als die in Abb. 6.31b gezeigten Vergleichswerte, berechnet aus der numerischen Simulation ohne Berücksichtigung der Schwindbeanspruchung. Unter Berücksichtigung der Schwindbeanspruchung reichen die auftretenden Rissöffnungen in der Grundplatte von $\zeta_{n,max}$ = 0.156 mm im Mittenbereich bis hin zu $\zeta_{n,min}$ = 0.200 mm im Kragarmbereich, während in der Aufbetonschicht in den entsprechenden Bereichen Rissöffnungen $\zeta_{n,max}$ = 2.330 mm bis hin zu $\zeta_{n,min}$ = 0.390 mm auftreten. Die maximale Rissöffnung tritt unter Berücksichtigung der Schwindbeanspruchung folglich in der Aufbetonschicht auf und

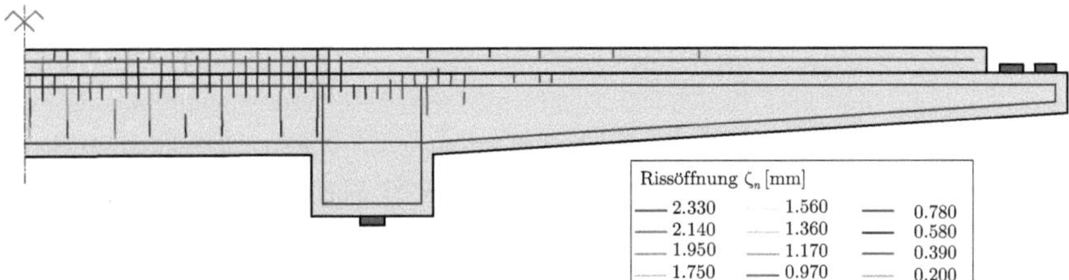

Abbildung 6.33: Rissbild mit Angabe der Rissöffnungen ζ_n aus der numerischen Berechnung bei einer Belastung von 137 kN unter Berücksichtigung eines Schwindmaßes von -0.25 ‰.

nicht wie in Abb. 6.31b in der Grundplatte.

Unbewehrte Aufbetonschicht

Während im Zuge des Forschungsprojektes die Bewehrungsart und der Bewehrungsgrad der Grundplatte für alle Versuche unverändert beibehalten wurden, wurde der Bewehrungsgrad und die Art der Bewehrung der Aufbetonschicht variiert [Feix et al., 2007].

Im Folgenden wird das Tragverhalten der, mit einer unbewehrten Aufbetonschicht verstärkten Versuchsgrundplatte numerisch simuliert. Der Vergleich der Berechnungsergebnisse mit den entsprechenden Versuchswerten kann wiederum nur in qualitativer Form erfolgen, da im Rahmen der numerischen Simulation weder die thermische Beanspruchung noch die Ermüdungsbeanspruchung mit 2 Mio. Lastwechseln berücksichtigt werden. Dies erfolgt analog zur numerischen Simulation des Tragverhaltens des mit einer schlaff bewehrten Aufbetonschicht verstärkten Versuchskörpers. Zudem werden die in Tab. 6.2 angeführten Materialparameter, die für die numerische Berechnung der mit einer schlaff bewehrten Aufbetonschicht verstärkten Grundplatte verwendet wurden, unverändert beibehalten (für die im Rahmen des Versuchsprogrammes bestimmten Materialparameter siehe [Feix et al., 2007]).

Für die numerische Simulation des verstärkten Versuchskörpers ohne Bewehrung in der Aufbetonschicht wird die in Abb. 6.13 dargestellte Diskretisierung beibehalten (jedoch ohne Bewehrungslage in der Aufbetonschicht).

In Abb. 6.34 wird die unter Verwendung des *Rissmodells mit verzögert eingebetteten Diskontinuitäten* numerisch bestimmte Last-Verschiebungsbeziehung der entsprechenden experimentell ermittelten Beziehung gegenübergestellt. Wie bereits im Rahmen der numerischen Untersuchung des mit einer schlaff bewehrten Aufbetonschicht verstärkten Versuchskörpers erwähnt, ist die Überschätzung der Pressenkraft nach der ersten Rissbildung (erster Belastungsschritt - Anreißen der Versuchsgrundplatte) mit der sich einstellenden konstanten Zugspannung zwischen den Stegen und der prognostizierten Entfestigung zu erklären, während die Diskrepanz zwischen der experimentell und numerisch ermittelten Beziehungen des verstärkten Versuchskörpers auf die vernachlässigte thermische und dynamische Beanspruchung zurückzuführen ist. Trotzdem können sowohl die Belastung ($\sim$ 42 kN Pressenkraft) bei Rissinitiierung in der unbewehrten Aufbetonschicht als auch die Belastung ($\sim$ 72 kN Pressenkraft), ab welcher die Spannung im Bewehrungsstahl der Grundplatte die Fließgrenze erreicht, gut approximiert werden.

Abb. 6.35 zeigt das mit dem *Rissmodell mit verzögert eingebetteten Diskontinuitäten* bestimmte Rissbild der, mit einer unbewehrten Aufbetonschicht verstärkten Grundplatte bei einem Pressenweg von 148 mm und Berücksichtigung der Schwindbeanspruchung. Auffallend dabei sind vor allem die wenigen, allerdings sehr ausgeprägten Rissöffnungen

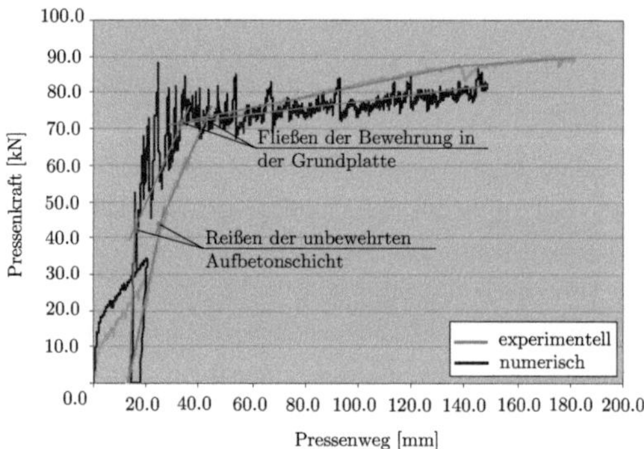

Abbildung 6.34: Vergleich der experimentell ermittelten Last-Verschiebungsbeziehung des mit einer unbewehrten Aufbetonschicht verstärkten Versuchskörpers mit jener der numerischen Simulation unter Verwendung des *Rissmodells mit verzögert eingebetteten Diskontinuitäten* unter Berücksichtigung eines Schwindmaßes der Aufbetonschicht von -0.25 ‰.

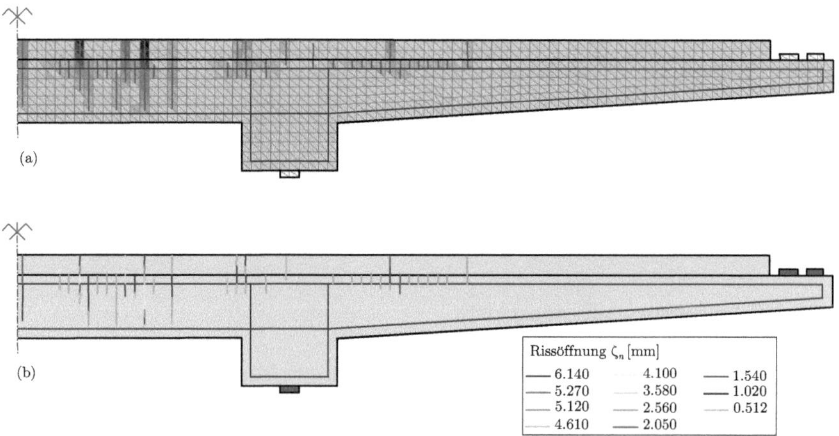

Abbildung 6.35: Elemente mit eingebetteten Diskontinuitäten (a) in der Grundplatte und unbewehrten Aufbetonschicht bei einem Pressenweg von 148 mm; (b) mit Angabe der Rissöffnungen ζ_n [mm].

(zehn Risse mit Rissöffnungen $\zeta_{n,min} = 0.512$ mm; $\zeta_{n,max} = 6.140$ mm) in der unbewehrten Aufbetonschicht. Der Vergleich der Rissbilder der Abb. 6.33 (schlaff bewehrte Aufbetonschicht) und Abb. 6.35b (unbewehrte Aufbetonschicht) zeigt die „risseverteilende“ Wirkung der Bewehrungslage in der Aufbetonschicht deutlich.

Die ausgeprägten Rissöffnungen, die im Rahmen der numerischen Simulation in der unbewehrten Aufbetonschicht prognostiziert werden, setzen sich in die Grundplatte fort. Damit zeigt auch das Rissbild der Grundplatte des mit einer unbewehrten Aufbetonschicht verstärkten Versuchskörpers (siehe Abb. 6.35b) deutlich ausgeprägtere Rissöffnungen als das entsprechende Rissbild der Grundplatte des mit einer schlaff bewehrten Aufbetonschicht (siehe Abb. 6.33) verstärkten Versuchskörpers (jeweils für eine Belastung kurz nachdem die Spannung in der Bewehrung der Grundplatte das Fließplateau erreicht).

Im Rahmen des Versuches der mit einer unbewehrten Aufbetonschicht verstärkten Grundplatte wurden bei der Ermüdungsbeanspruchung mit 1.7 Mio. Lastwechseln maximale Rissöffnungen $\zeta_n = 1.150$ mm gemessen, die zwar mit keiner numerisch ermittelten Rissöffnung direkt vergleichbar sind, allerdings die Größenordnung der prognostizierten

Rissöffnungen bestätigen.

Abschließend kann festgehalten werden, dass es mit dem im Rahmen dieser Arbeit entwickelten *Rissmodell mit verzögert eingebetteten Diskontinuitäten* durchaus möglich ist das Tragverhalten komplexerer unbewehrter und bewehrter Betonstrukturen richtig zu erfassen.

6.2.4 Beanspruchung der Fuge zwischen Alt- und Neubeton

Schlaff bewehrte Aufbetonschicht

Im Zuge des beschriebenen Forschungsprojektes kam dem Verhalten der Verbundfuge ohne Verdübelung eine besondere Bedeutung zu. Im Folgenden wird deshalb der numerisch ermittelte Schubspannungsverlauf in der Verbundfuge, der mit einer schlaff bewehrten Aufbetonschicht verstärkten Grundplatte, dokumentiert.

Die Annahme perfekten Verbundes zwischen der Grundplatte und der bewehrten Aufbetonschicht in der numerischen Berechnung ist durch das Bruchverhalten der entsprechenden Versuchsplatte gerechtfertigt. Die mit einer 6 cm dicken, schlaff bewehrten Aufbetonschicht verstärkte Grundplatte versagte im Versuch nämlich auf Biegung, infolge fortschreitender Rissbildung mit Fließen der Bewehrung und Einschnüren der Druckzone. Die Verbundfuge blieb ungeschädigt. Da im Zuge der numerischen Modellierung folglich auf Interface-Elemente zwischen der Grundplatte und dem Aufbeton verzichtet wird, werden die Schubspannungen nicht direkt in der Verbundfuge angegeben, sondern werden jeweils an der Unterkante der Aufbetonschicht und der Oberkante der Grundplatte ausgewertet. Abb. 6.36 zeigt die entsprechenden Elementsreihen, für die die Schubspannungen ausgewertet werden.

Die Ergebnisse der linear elastischen Berechnung in Abb. 6.37 zeigen den Schubspannungsverlauf in a) der Aufbetonschicht und b) der Grundplatte bei einer Belastung von 30 kN ohne Berücksichtigung der Schwindbeanspruchung.

An dieser Stelle sei erwähnt, dass die in der Berechnung berücksichtigte Belastungsgeschichte, nämlich die Belastung der Grundplatte bis zu einer Pressenkraft von 30 kN mit anschließender Entlastung (Anreißen der Grundplatte), das Aufbetonieren der Aufbetonschicht und die Wiederbelastung der verstärkten Grundplatte bis zu einer Pressenkraft von 30 kN prinzipiell zwar jener eines zu verstärkenden Brückentragwerks entspricht, allerdings nicht jener der Versuchsreihe. Im Rahmen der numerischen Simulation wirkt das Eigengewicht der Aufbetonschicht (die nach der Entlastung auf die Grundplatte aufbetoniert wird) nämlich als Belastung auf die Grundplatte (wie auch bei realen Strukturen), in der in Abb. 6.14 gezeigten Versuchsanordnung hingegen, gemäß welcher der Versuchskörper nach Erhärten der Aufbetonschicht um 180° gedreht mit der Aufbetonschicht nach unten eingebaut wird, wirkt das Eigengewicht des Versuchskörpers inklusive der Aufbetonschicht auf den verstärkten, gesamten Querschnitt.

Zu Beginn wird der Sonderfall linear elastischen Materialverhaltens gezeigt. Der Schubspannungsverlauf in der unteren Elementsreihe der Aufbetonschicht (Abb. 6.37a) ist affin zu jenem in der oberen Elementsreihe der Grundplatte (Abb. 6.37b), mit einem nahezu spannungsfreien Verlauf im Mittenbereich zwischen den Stegen (Schubspannungen nur zufolge Eigengewicht, nicht jedoch zufolge der Belastung), dem S-förmigen Verlauf im Stegbereich und einer zum Kragplattenende hin sukzessive ansteigenden Schubspannung. Der S-förmige Verlauf der Schubspannungen im Stegbereich resultiert aus der Querschnittszunahme im Stegbereich. Würde die Grundplatte mit einer konstanten Höhe (20 cm) bis zum Beginn des Kragarmes durchlaufen, würden die Schubspannungen im Stegbereich keinen Nulldurchgang aufweisen. Die Schubspannungen im Kragarmbereich der Grundplatte (GP) sind etwas höher als jene im entsprechenden Bereich der Aufbetonschicht (AB) (vergleiche die Schubspannungen im Abstand von 1700 mm von der Symmetrielinie der Abb. 6.37, $\tau_{1700,\mathrm{AB}}$ = -0.06 N/mm^2 und $\tau_{1700,\mathrm{GP}}$ = -0.09 N/mm^2), was auf die Auswertung in den Integrationspunkten zurückzuführen ist.

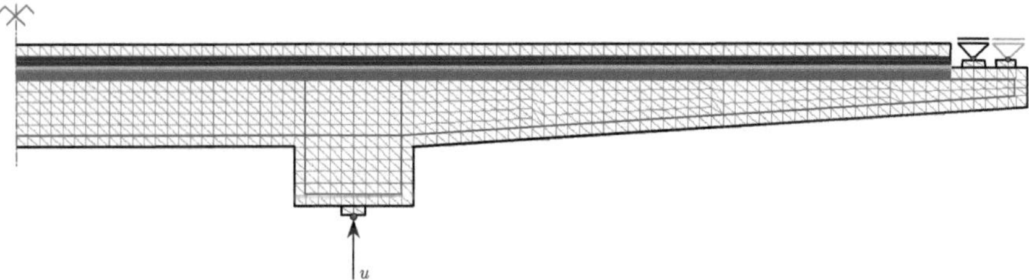

Abbildung 6.36: Markierung der Verbundfuge und jener Elemente, für welche die Schubspannungen ausgewertet werden: blau - die Elemente an der Unterkante der Aufbetonschicht und rot - die Elemente an der Oberkante der Grundplatte.

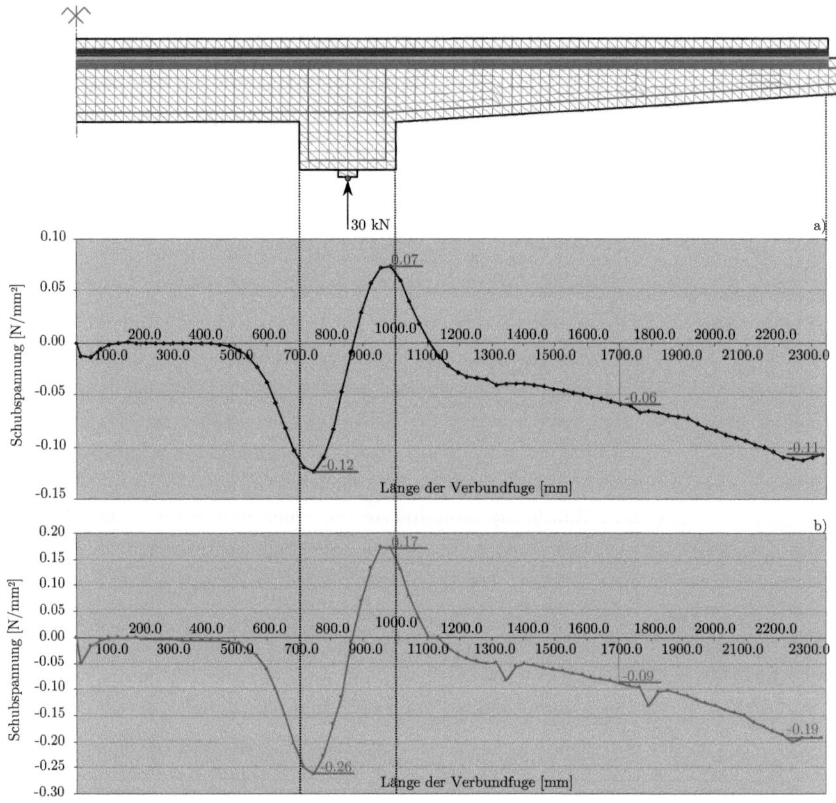

Abbildung 6.37: Schubspannungsverlauf gemäß der linear elastischen Berechnung bei einer Belastung von 30 kN: a) Schubspannungen an der Unterkante der Aufbetonschicht und b) Schubspannungen an der Oberkante der Grundplatte.

Der jeweilige Schubspannungswert am Rande der Aufbetonschicht ist nicht aussagekräftig. Infolge der einspringenden Ecke tritt an dieser Stelle nämlich eine Singularität auf, die sich in einer netzabhängigen Spannungsspitze wiederspiegelt.

Abb. 6.38a und Abb. 6.38b zeigen die Schubspannungen der entsprechenden Elementsrei-

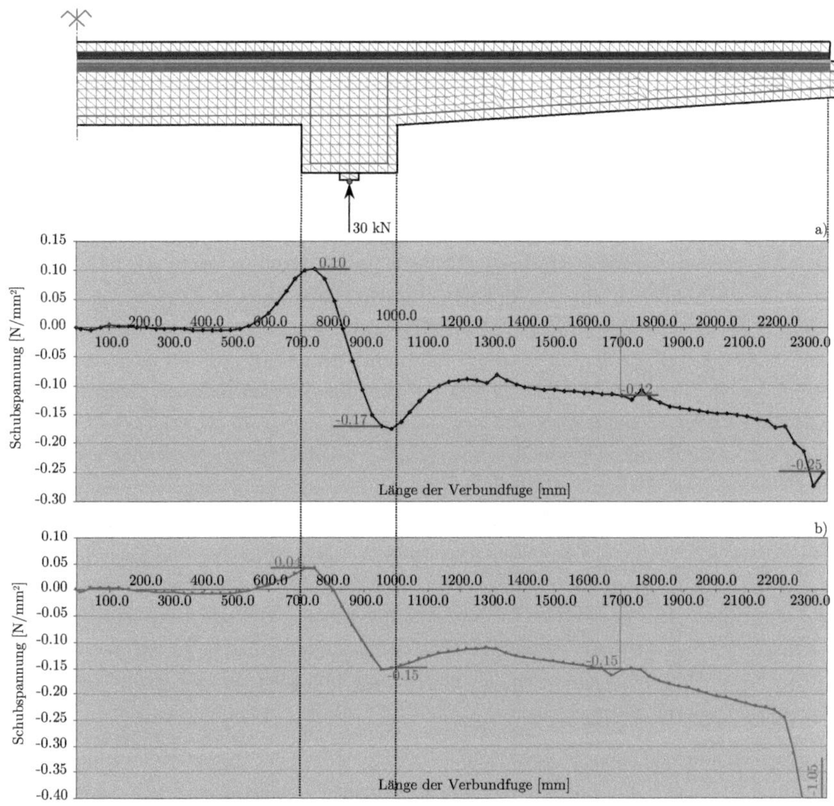

Abbildung 6.38: Schubspannungsverlauf gemäß der linear elastischen Berechnung bei einer Belastung von 30 kN unter Berücksichtigung eines Schwindmaßes von -0.25 ‰: a) Schubspannungen an der Unterkante der Aufbetonschicht und b) Schubspannungen an der Oberkante der Grundplatte.

hen als Ergebnis einer weiteren linear elastischen Berechnung, allerdings unter Berücksichtigung eines Schwindmaßes der Aufbetonschicht von -0.25 ‰, welches in der Berechnung, wie bereits erwähnt, in Form einer Temperaturbeanspruchung berücksichtigt wird. Der S-förmige Schubspannungsverlauf im Stegbereich der Grundplatte und der Aufbetonschicht ist nun gegengleich zu jenem resultierend aus der linear elastischen Berechnung ohne Temperaturbeanspruchung der Aufbetonschicht (siehe Abb. 6.37). Die Schubspannungswerte im Kragarmbereich sind sowohl in der Grundplatte als auch in der Aufbetonschicht im Vergleich zur linearen Berechnung ohne Schwindbeanspruchung größer und zwar wird die Schubspannung in der Aufbetonschicht mit $\tau_{1700,\mathrm{AB}}$ = -0.12 N/mm^2 doppelt so groß und steigt in der Grundplatte auf $\tau_{1700,\mathrm{GP}}$ = -0.15 N/mm^2 an (vergleiche die entsprechenden Werte der Abb. 6.37).

Den Ergebnissen der linear elastischen Berechnungen folgen nun jene unter Berücksichtigung des nichtlinearen Materialverhaltens für den Beton und den Bewehrungsstahl. Abb. 6.39a zeigt den Schubspannungsverlauf längs der Unterkante der Aufbetonschicht und Abb. 6.39b jenen längs der Oberkante der Grundplatte als Ergebnis der numerischen Simulation für eine Belastung von 30 kN unter Verwendung des im Rahmen dieser Arbeit entwickelten *Rissmodells mit verzögert eingebetteten Diskontinuitäten*. Die in der Berechnung berücksichtigte Belastungsgeschichte entspricht jener der beschriebenen linear elastischen Berechnung ohne Berücksichtigung einer Temperaturbeanspruchung. Zum erwähnten Belastungszeitpunkt weist die Grundplatte einige ausgeprägte Risse auf. Wie in Abb. 6.21 bereits gezeigt, stimmen die numerisch ermittelten Rissöffnungen und Rissabstände gut mit den Versuchswerten überein. Die Berücksichtigung der Rissbildung wirkt sich deutlich auf den Schubspannungsverlauf in der Grundplatte aus. In jenen Bereichen der Grundplatte, in welchen Risse auftreten, also Diskontinuitäten Γ eingebettet werden, tritt an die Stelle des in Abb. 6.37b gezeigten glatten Schubspannungsverlaufes ein durch wiederholte Vorzeichenwechsel gekennzeichneter Verlauf mit höheren Spannungsspitzen.

Der berechnete Schubspannungsverlauf an der Oberkante der gerissenen Grundplatte zeigt Ähnlichkeiten zum Verlauf der Verbundspannungen in einem zentrisch beanspruchten Stahlbetonstab unter Berücksichtigung des Tension-Stiffening Effektes, wie nachfolgend erklärt wird. Unter Vernachlässigung der Schubkraftübertragung entlang rauer Rissufer (siehe Kapitel 4) kann an der Oberkante der Grundplatte an der Stelle eines Risses (also in jenen Elementen, in denen eine Diskontinuität Γ eingebettet wird) entsprechend dem Satz der zugeordneten Schubspannungen keine Schubspannung auftreten. Abb. 6.40c zeigt eine Vergrößerung des Mittenbereiches der Grundplatte (aus Abb. 6.39b), wo dieser Effekt zu erkennen ist.

Tritt im Zuge der zentrischen Beanspruchung eines Stahlbetonstabes ein Riss auf, kommt es bekanntlich an der Stelle des Risses zu einer Erhöhung der Stahlspannungen. Expe-

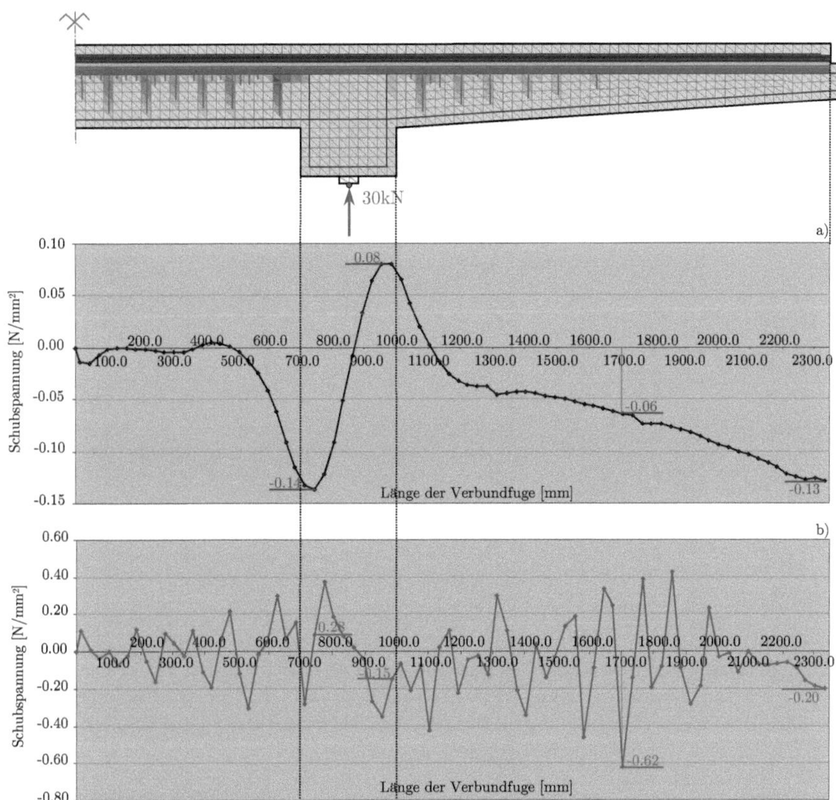

Abbildung 6.39: Schubspannungsverlauf gemäß der nichtlinearen Berechnung bei einer Belastung von 30 kN: a) Schubspannungen an der Unterkante der Aufbetonschicht und b) Schubspannungen an der Oberkante der Grundplatte.

rimentelle Untersuchungen des Tension-Stiffening Effektes [Hartl, 1977], [Rostásy et al., 1976], [Günther und Mehlhorn, 1991] haben gezeigt, dass die Stahlspannungen mit zunehmender Entfernung vom Riss wieder abnehmen, indem ein Teil der Zugspannung im Stahl über Verbundwirkung wieder in den Beton eingeleitet wird. Dies hat ebenfalls zwischen zwei Rissen einen durch einen Nulldurchgang und Vorzeichenwechsel gekennzeichneten

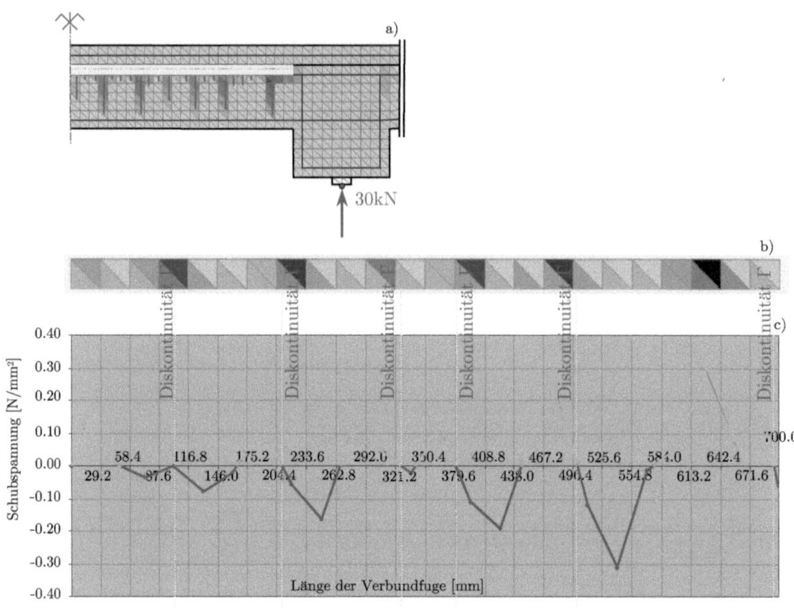

Abbildung 6.40: a) Ausschnitt des Rissbildes der verstärkten Grundplatte mit rot eingezeichneten Diskontinuitäten bei einer Belastung von 30 kN und Markierung jener Elemente in gelb, die in b) vergrößert dargestellt sind und für die in c) der Schubspannungsverlauf dargestellt wird.

Verlauf der Verbundspannungen zur Folge.

Dieser Schubspannungsverlauf an der Oberkante der gerissenen Grundplatte kann mit der Kombination des *verschmierten Rissmodells* mit dem *Rissmodell mit eingebetteten Diskontinuitäten* recht gut wiedergegeben werden. Die sich ergebenden Spitzen der Schubspannungen sollten allerdings infolge der Verwendung einer doch eher groben Diskretisierung mit dreiknotigen finiten Elementen mit lediglich linearen Verlaufsfunktionen mit einer feineren Diskretisierung bzw. höherwertigen Elementen abgesichert werden. Qualitativ kann der Spannungsverlauf jedenfalls gut erfasst werden.

Der Spannungsverlauf an der Unterkante der Aufbetonschicht (Abb. 6.39a), die unter die-

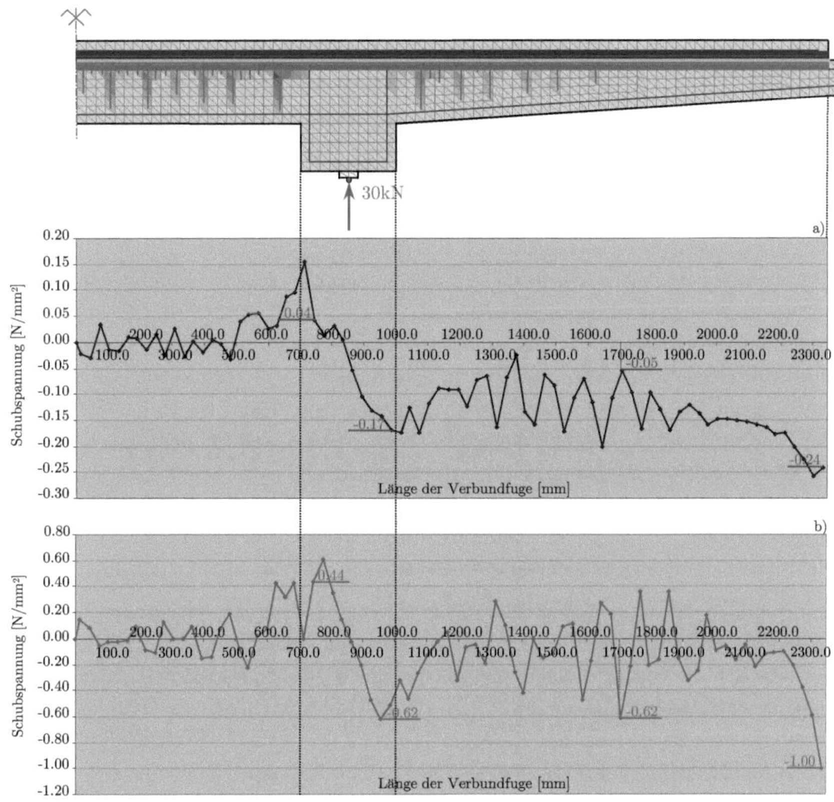

Abbildung 6.41: Schubspannungsverlauf gemäß der nichtlinearen Berechnung bei einer Belastung von 30 kN unter Berücksichtigung eines Schwindmaßes von -0.25 ‰: a) Schubspannungen an der Unterkante der Aufbetonschicht und b) Schubspannungen an der Oberkante der Grundplatte.

ser Belastung noch keine Risse aufweist, stimmt qualitativ mit jenem der linear elastischen Berechnung überein (siehe Abb. 6.37a).

Wird in der Belastungsgeschichte der beschriebenen nichtlinearen Berechnung wie bei der linearen Berechnung ein Schwindmaß der Aufbetonschicht von -0.25 ‰ berücksichtigt, treten unter derselben Belastung, also bei einer Pressenkraft von 30 kN auch in der Aufbetonschicht Risse auf. In Abb. 6.41 wird der Schubspannungsverlauf a) längs der Unterkante der gerissenen Aufbetonschicht und b) längs der Oberkante der gerissenen Grundplatte gezeigt. Infolge des Schwindens der Aufbetonschicht und der damit verbundenen Schwindbeanspruchung treten im Zuge der numerischen Berechnung viele kleine Risse auf mit Rissöffnungen $\zeta_n < 0.001$ mm. Zwar wurden für diese Belastung keine experimentellen Vergleichswerte der Rissöffnungen dokumentiert, allerdings ist bekannt, dass die Aufbetonschicht bei der genannten Belastung auch im Versuch einzelne Risse zeigte. Die numerischen Ergebnisse für die Schubspannungen, welche sich infolge der Temperaturbeanspruchung doch deutlich ändern, sind somit durchaus plausibel. Die vielen kleinen Risse der Aufbetonschicht beeinflussen wiederum den Schubspannungsverlauf entlang der Fuge. Im Gegensatz zu dem aus der entsprechenden linear elastischen Berechnung resultierenden glatten Schubspannungsverlauf (siehe Abb. 6.38a) treten nun Spitzenwerte der Schubspannungen auf, allerdings ohne Vorzeichenwechsel. Bei den sich einstellenden Rissöffnungen ($\zeta_n < 0.001$ mm) ist eine Restzugfestigkeit des Materials $\bar{\sigma}_n$, welche über die exponentielle Entfestigungsbeziehung (2.50) beschrieben wird, vorhanden. Über die Risse können also noch Zugspannungen übertragen werden und deshalb ist die zusätzliche Beanspruchung des Bewehrungsstahls entsprechend geringer.

Zur Veranschaulichung wird in Abb. 6.42a die exponentielle Entfestigungsbeziehung der Grundplatte gezeigt und in Abb. 6.42b jene der Aufbetonschicht. Mit Rissöffnungen der Aufbetonschicht von $\zeta_n < 0.001$ mm entspricht die Restzugfestigkeit des Aufbetons $\bar{\sigma}_n$ nahezu der Zugfestigkeit f_t des Materials. Die Rissöffnungen der Grundplatte mit $\zeta_{n,max} = 0.280$ mm (vergleiche Abb. 6.21) sind entsprechend der gezeigten Entfestigungsbeziehung schon derart ausgeprägt, dass über die Risse keine Spannung mehr übertragen werden kann und somit die Bewehrung zum Tragen kommt.

Entsprechend der experimentell ermittelten Last-Verschiebungsbeziehung (Abb. 6.27) ergibt sich für den mit einer 6 cm dicken, schlaff bewehrten Aufbetonschicht verstärkten Versuchskörper nach der thermischen und dynamischen Beanspruchung eine Traglast von 141 kN. Wie bereits erwähnt, wurde die in Abb. 6.29 gezeigte, numerisch ermittelte Last-Verschiebungsbeziehung unter Vernachlässigung sowohl der thermischen und der dynamischen Belastung, als auch der Schwindbeanspruchung ermittelt und die in Abb. 6.32 gezeigte numerische Beziehung unter Berücksichtigung der Schwindbeanspruchung bestimmt. Die ausgeprägte Rissentwicklung kurz vor Erreichen der Fließspannung der Bewehrung in der Grundplatte führt im Rahmen beider Berechnungen zu numerischen

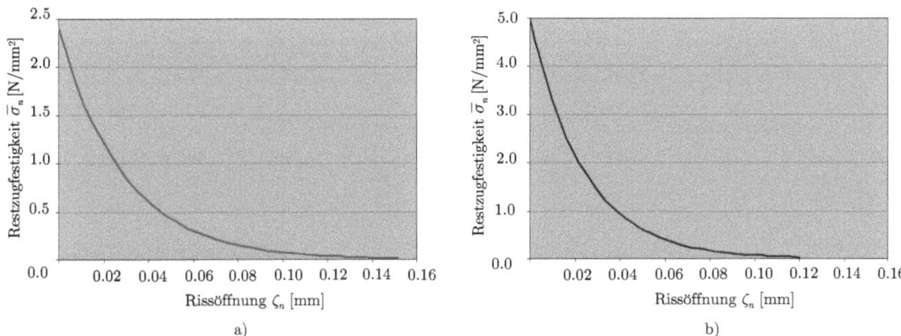

Abbildung 6.42: Exponentielle Entfestigungsbeziehung a) für die Grundplatte und b) für die Aufbetonschicht.

Instabilitäten und somit zu einem vorzeitigen Abbruch der Berechnungen. Die Schubspannungen an der Oberkante der Grundplatte und der Unterkante der Aufbetonschicht in der Abb. 6.43 werden folglich für einen Belastungszeitpunkt unmittelbar bevor die Spannung der Bewehrung in der Grundplatte das Fließplateau erreicht gezeigt, und zwar für eine Pressenkraft von 112 kN.

Der glatte Schubspannungsverlauf an der Unterkante der Aufbetonschicht bei einer Belastung von 30 kN in Abb. 6.39a geht durch die Belastungssteigerung auf 112 kN (ohne Berücksichtigung der Schwindbeanspruchung) und die damit verbundene Rissbildung in einen Verlauf mit zahlreichen Spannungsspitzen mit Vorzeichenwechsel über (Abb. 6.43a). Vergleicht man den Schubspannungsverlauf mit dem in Abb. 6.43 gezeigten Rissbild der Aufbetonschicht, so ist deutlich zu erkennen, dass der wechselnde Verlauf der Schubspannungen im gerissenen Bereich der Aufbetonschicht (Mittenbereich und Kragarmbeginn) wiederum in einen glatten Verlauf im ungerissenen Bereich der Aufbetonschicht (Kragarmende) übergeht. Durch die entwickelte Kombination des verschmierten Rissmodells mit dem Rissmodell mit eingebetteten Diskontinuitäten ist es, wie bereits erwähnt, möglich, die Rissbildung gut zu beschreiben, indem die anfänglich vielen verschmierten Mikrorisse bei weiterer Belastung in einige wenige ausgeprägte Risse übergehen. Diese beschriebene und mit dem vorgestellten Rissmodell modellierbare Rissentwicklung zeigt sich indirekt auch im Schubspannungsverlauf der Aufbetonschicht. Wie bereits erwähnt und in Abb. 6.39a gezeigt, treten bei einer Belastung von 30 kN in der Aufbetonschicht keine Risse auf,

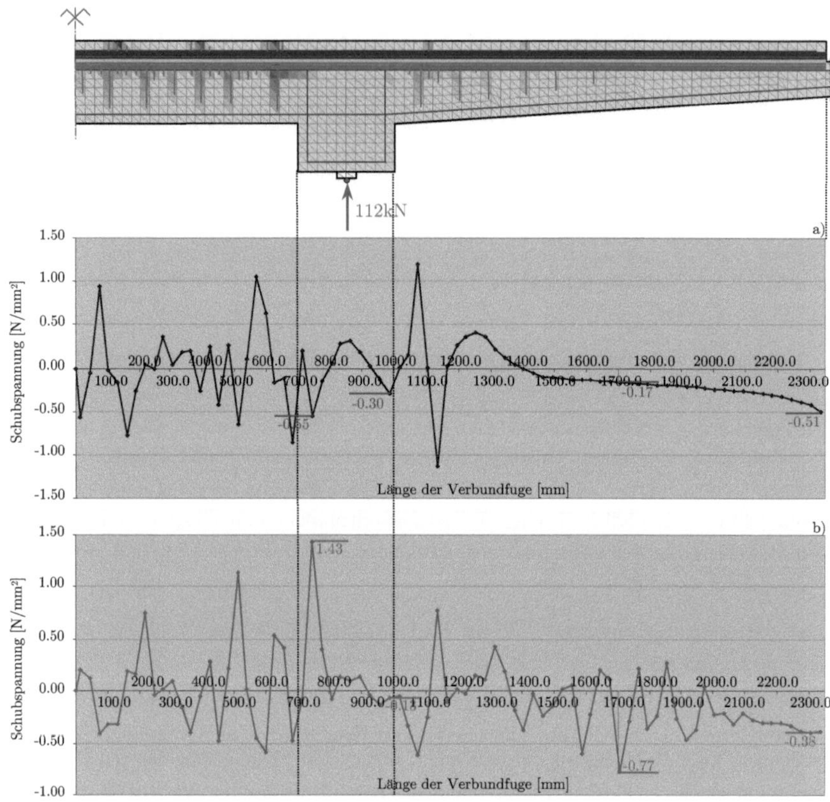

Abbildung 6.43: Schubspannungsverlauf gemäß der nichtlinearen Berechnung bei einer Belastung von 112 kN: a) Schubspannungen an der Unterkante der Aufbetonschicht und b) Schubspannungen an der Oberkante der Grundplatte.

was auf einen glatten Schubspannungsverlauf längs der Unterkante der Aufbetonschicht führt. Im Zuge der weiteren Belastung treten verteilte Mikrorisse auf, die allerdings nur im Mittenbereich und am Kragarmbeginn größer werden, im Kragarmbereich werden die Mikrorisse nicht vergrößert, wodurch unter der Belastung von 112 kN der Schubspannungsverlauf dort glatt bleibt.

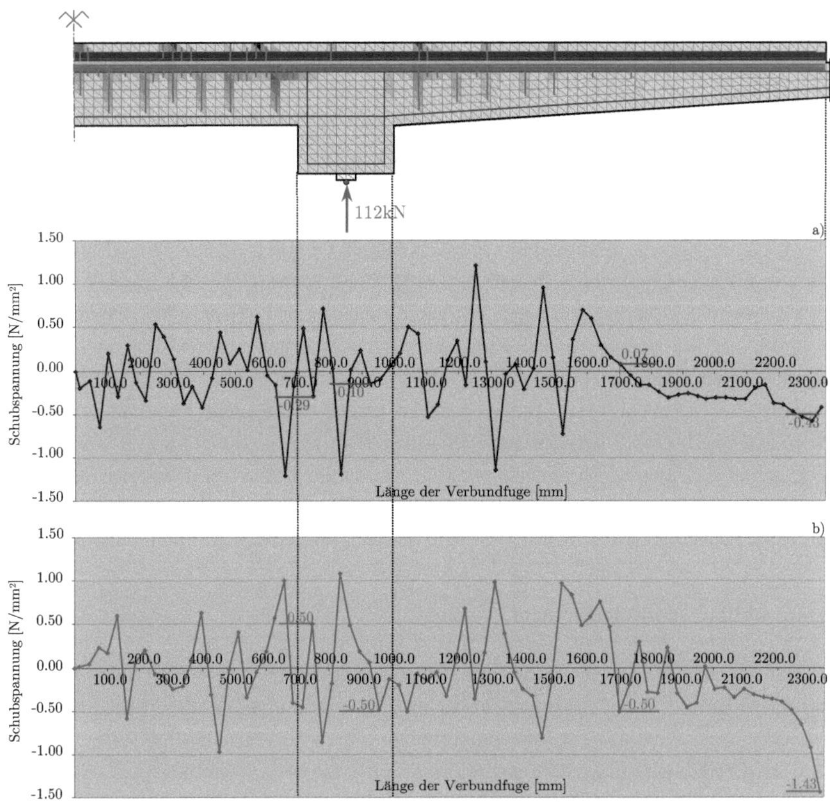

Abbildung 6.44: Schubspannungsverlauf gemäß der nichtlinearen Berechnung bei einer Belastung von 112 kN unter Berücksichtigung eines Schwindmaßes von -0.25 ‰: a) Schubspannungen an der Unterkante der Aufbetonschicht und b) Schub spannungen an der Oberkante der Grundplatte.

Der Verlauf der Schubspannungen an der Oberkante der Grundplatte (Abb. 6.43b) bei einer Belastung von 112 kN zeigt entlang der Verbundfuge nun im Vergleich zur Abb. 6.39b ausgeprägtere Spitzen.

Wird in der numerischen Berechnung neben der Belastung von 112 kN Pressenkraft zusätzlich das Schwinden der Aufbetonschicht (Schwindmaß -0.25 ‰) mit berücksichtigt, ergibt sich der in Abb. 6.44a dargestellte Schubspannungsverlauf längs der Unterkante der Aufbetonschicht bzw. der in Abb. 6.44b dargestellte Schubspannungsverlauf längs der Oberkante der Grundplatte. Wie bereits beim Vergleich der Schubspannungsverläufe ohne/mit Berücksichtigung der Schwindbeanspruchung bei einer Belastung von 30 kN erwähnt, wirkt sich auch bei 112 kN Pressenkraft das Schwinden der Aufbetonschicht auf das Tragverhalten des verstärkten Versuchskörpers und somit auf den Schubspannungsverlauf in der Verbundfuge aus. Während bei Vernachlässigung des Schwindens der Aufbetonschicht im Kragbereich der Aufbetonschicht keine Risse auftreten (siehe Abb. 6.43a), weisen die Spitzenwerte der Schubspannungen mit Vorzeichenwechsel im genannten Bereich der Abb. 6.44a darauf hin, dass unter Berücksichtigung der Zwangsbeanspruchung auch im Kragbereich Diskontinuitäten eingebettet werden. Insgesamt weist der Schubspannungsverlauf entlang der Unterkante der Aufbetonschicht nun deutlich mehr Spannungsspitzen mit Vorzeichenwechsel auf, betragsmäßig allerdings stimmen die Spannungsspitzen mit jenen der Abb. 6.43a überein. Der Schubspannungsverlauf längs der Oberkante der Grundplatte in Abb. 6.44b ist sowohl qualitativ als auch quantitativ mit jenem der Abb. 6.43b vergleichbar. Nur am Kragarmende tritt eine deutlich ausgeprägtere Spannungsspitze auf.

Unbewehrte Aufbetonschicht

Abb. 6.45a zeigt den Schubspannungsverlauf längs der Unterkante der unbewehrten Aufbetonschicht und Abb. 6.45b den Schubspannungsverlauf längs der Oberkante der bewehrten Grundplatte als Ergebnis der numerischen Simulation für eine Belastung von 30 kN und bei Berücksichtigung der Schwindbeanspruchung unter Verwendung des *Rissmodells mit verzögert eingebetteten Diskontinuitäten.*

Das zu dieser Belastungskonfiguration zugehörige Rissbild in Abb. 6.45 zeigt eine einzige ausgeprägte Rissöffnung ($\zeta_n = 0.19$ mm) im Mittenbereich der unbewehrten Aufbetonschicht, während das entsprechende Rissbild der schlaff bewehrten Aufbetonschicht in Abb. 6.41 unter dieser Belastung sehr viele kleine Rissöffnungen $\zeta_n < 0.001$ mm aufweist. Das stark unterschiedliche Rissverhalten der schlaff bewehrten und der unbewehrten Aufbetonschicht bei derselben Belastungsgeschichte spiegelt sich auch in den entsprechenden Schubspannungsverläufen wieder. Während sich der Schubspannungsverlauf längs der Unterkante der schlaff bewehrten Aufbetonschicht in Abb. 6.41a infolge der prognostizierten kleinen Rissöffnungen nur durch einige Spannungsspitzen vom entsprechenden Schubspan-

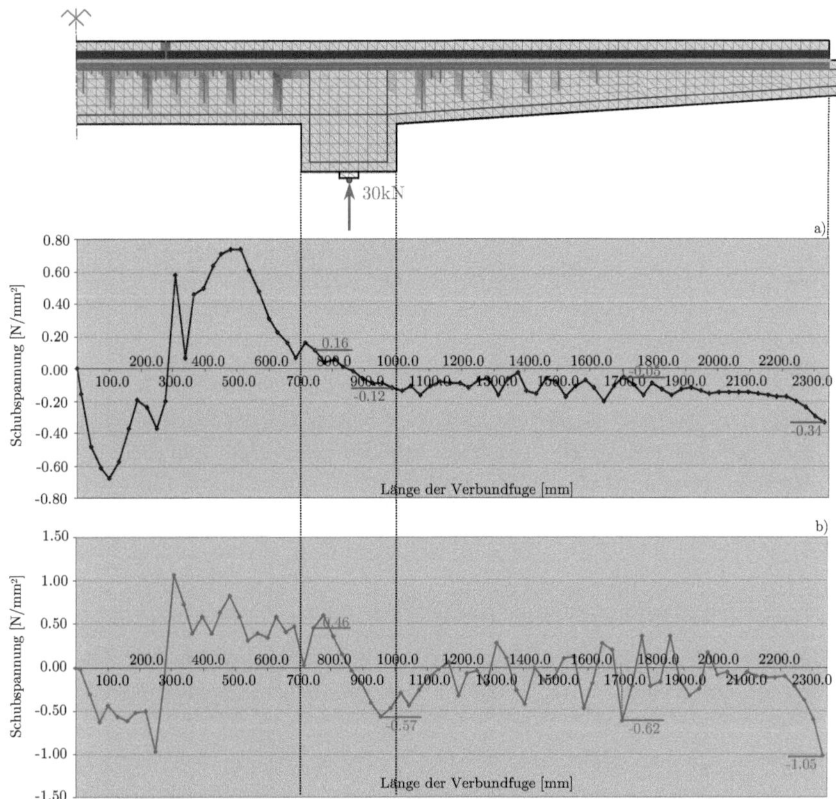

Abbildung 6.45: Schubspannungsverlauf gemäß der nichtlinearen Berechnung bei einer Belastung von 30 kN unter Berücksichtigung eines Schwindmaßes von -0.25 ‰ der unbewehrten Aufbetonschicht: a) Schubspannungen an der Unterkante der Aufbetonschicht und b) Schubspannungen an der Oberkante der Grundplatte.

nungsverlauf als Ergebnis der linear elastischen Berechnung unterscheidet (siehe Abb. 6.38), verlaufen die Schubspannungen entlang der Unterkante der unbewehrten Aufbetonschicht deutlich unterschiedlich. An die Stelle des nahezu schubspannungsfreien Verlaufs im Mittenbereich zwischen den Stegen der schlaff bewehrten Aufbetonschicht (siehe Abb. 6.41a) tritt nun ein Schubspannungsverlauf mit einer ausgeprägten positiven und einer ausgeprägten negativen Spannungsspitze. Entsprechend dem Satz der zugeordneten Schubspannungen kann unter Vernachlässigung der Schubkraftübertragung entlang rauer Rissufer (siehe Kapitel 4) an der Stelle eines Risses (also in jenem Element, in dem eine Diskontinuität Γ eingebettet wird) keine Schubspannung auftreten, was den Nulldurchgang der Schubspannung im Mittenbereich zwischen den Stegen der unbewehrten Aufbetonschicht erklärt. Der S-förmige Verlauf der Schubspannungen im Stegbereich der schlaff bewehrten Aufbetonschicht ist auch in den Schubspannungen der unbewehrten Aufbetonschicht zu erkennen, wie auch das sukzessive Ansteigen der Schubspannungen zum Kragarmende hin.

Der Schubspannungsverlauf entlang der Oberkante der Grundplatte in Abb. 6.45b ist durch zahlreiche Spannungsspitzen mit Vorzeichenwechsel gekennzeichnet, die auf die ausgeprägte Rissbildung in der Grundplatte zurückzuführen sind. Auffallend dabei ist die ausgeprägte Spannungsspitze mit Vorzeichenwechsel an der Stelle des Risses der sich von der Aufbetonschicht in die Grundplatte fortsetzt. Im Rahmen der numerischen Simulation der mit einer unbewehrten Aufbetonschicht verstärkten Grundplatte werden also erwartungsgemäß höhere Schubspannungswerte prognostiziert als im Zuge der Berechnung der mit einer schlaff bewehrten Aufbetonschicht verstärkten Grundplatte.

Infolge der Belastungssteigerung auf 80 kN Pressenkraft werden die prognostizierten Rissöffnungen größer, die, wie Abb. 6.46 zeigt, ausgeprägtere Spannungsspitzen zur Folge haben. Die numerisch ermittelten Schubspannungswerte erreichen bis zu $\tau_{max} = 1.92$ N/mm^2.

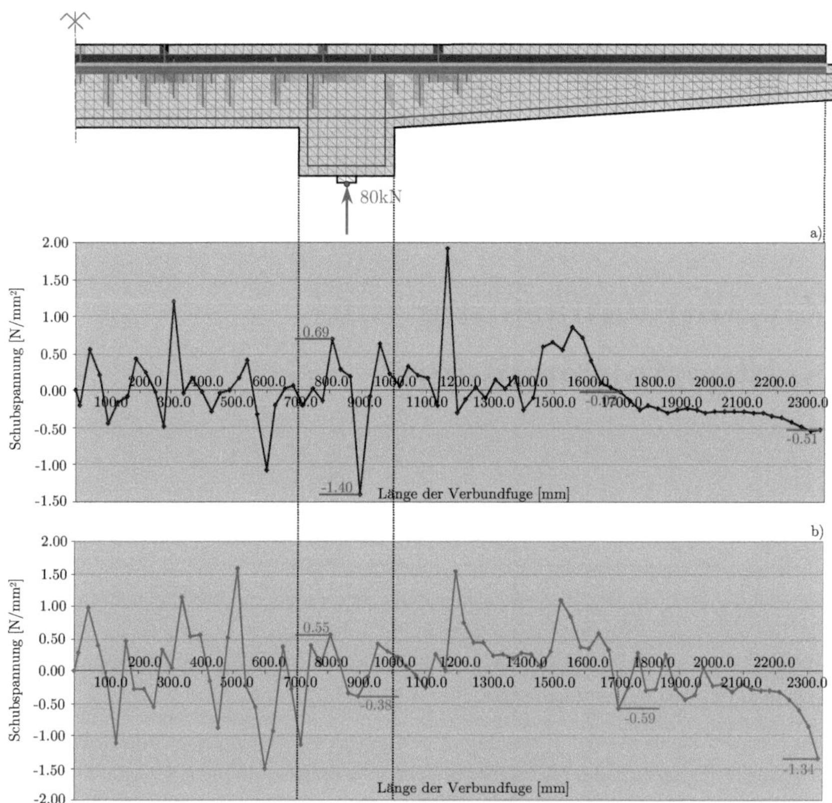

Abbildung 6.46: Schubspannungsverlauf gemäß der nichtlinearen Berechnung bei einer Belastung von 80 kN unter Berücksichtigung eines Schwindmaßes von -0.25 ‰ der unbewehrten Aufbetonschicht: a) Schubspannungen an der Unterkante der Aufbetonschicht und b) Schubspannungen an der Oberkante der Grundplatte.

Kapitel 7

Zusammenfassung und Schlussfolgerungen

In der vorliegenden Arbeit wurden Erweiterungen eines numerischen Modells zur objektiven Beschreibung der Rissbildung in Beton vorgestellt. Das ursprünglich in [Feist, 2004] zur Rissfortpflanzung einzelner Risse in unbewehrtem Beton entwickelte Rissmodell, welches auf der Methode der starken Diskontinuitäten basiert und im Rahmen des Konzepts der Elemente mit eingebetteten Diskontinuitäten formuliert ist, wurde im Zuge dieser Arbeit ergänzt, weiterentwickelt und zur numerischen Simulation der Rissbildung in bewehrten Betonstrukturen angewandt.

Die Idee des Konzepts der Elemente mit eingebetteten Diskontinuitäten besteht darin, zusätzliche Freiheitsgrade auf Elementsebene einzuführen, die den Verschiebungssprung an der Stelle eines Risses beschreiben. Diese zusätzlichen Freiheitsgrade, die auf Elementsebene wiederum eliminiert werden und somit im globalen Gleichungssystem nicht mehr auftreten, ermöglichen es, die Ausbildung eines makroskopischen Risses numerisch zu beschreiben.

Die Evolutionsgleichungen der Plastizitätstheorie unter Berücksichtigung diskontinuierlicher Verschiebungsfelder wurden in der vorliegenden Arbeit durch Ver-und Entfestigungsgesetze zur Berücksichtigung der Schubkraftübertragung entlang rauer Rissufer auf der Grundlage der Mehrflächen-Plastizitätstheorie erweitert. Unter Voraussetzung der Rissinitiierung im MODE-I wird in der in [Feist, 2004] vorgestellten Form des Rissmodells mit eingebetteten Diskontinuitäten vereinfachend angenommen, dass infolge der Lokalisierung der Dehnungen in Richtung normal zum Riss die Schubkraftübertragung entlang der Rissufer schlagartig unterbrochen wird. Diese vereinfachende Annahme glatter Rissoberflächen ermöglicht es zwar einen Verschiebungssprung in Richtung der Rissebene numerisch zu beschreiben, nicht allerdings die über die Rissufer übertragbaren Schubkräfte zu erfassen. Die numerische Beschreibung eines durchgehenden Risses kann infolge der fehlenden Schubkraftübertragung auf pathologische Verschiebungen quer zur Zugrichtung führen. Mit dem im Kapitel 4 dieser Arbeit vorgestellten Modell zur Beschreibung der Schubkraftübertragung entlang rauer Rissufer [Walraven, 1980] wird die über einen offenen, rauen Riss übertragbare Schubkraft numerisch beschrieben, während für das Schubverhalten im Entwicklungszustand des Risses ein lineares Verfestigungsgesetz verwendet wird. Mit dieser Kombination kann die Ausbildung eines durchgehenden Risses wirklichkeitsnah, ohne numerische Instabilitäten, simuliert werden. Der Vergleich der Versuchsergebnisse der kombinierten Zug-Schubversuche nach Hassanzadeh [Hassanzadeh, 1992] mit den entsprechenden Berechnungsergebnissen aus den numerischen Simulationen unter Verwendung des in dieser Arbeit vorgestellten Rissmodells bestätigt die vorgenommene Erweiterung.

Die Rissbildung in Teilbereichen einer Struktur führt zu Spannungsumlagerungen, die auch lokale Entlastung bewirken können. Entlastung führt zu einer Reduktion der Rissöffnung, was bis zur Schließung bereits offener Risse führen kann. Durch die im Kapitel 3 dieser Arbeit vorgenommene Koppelung des im Rahmen der Plastizitätstheorie formulierten Rissmodells mit eingebetteten Diskontinuitäten mit einem isotropen Schädigungsmodell wird es möglich teilweise oder vollständige Rissschließung zu beschreiben. Die aktuelle Rissöffnung in Richtung senkrecht auf die Diskontinuitätsfläche wird näherungsweise über Ähnlichkeitsbeziehungen berechnet. Die möglichen tangentialen Relativverschiebungen werden dabei nicht berücksichtigt. Die Verifikation dieser Erweiterung wurde anhand der numerischen Simulation eines zyklischen Zugversuches, eines zyklischen Zug-Druckversuches sowie eines gekerbten Drei-Punkt-Biegeversuches und des Vergleichs der Berechnungsergebnisse mit den entsprechenden Versuchsergebnissen vorgenommen.

Die Berücksichtigung alternativer Formulierungen für die Bestimmung des Risspfades bildet einen Schwerpunkt der vorliegenden Arbeit. Im Rahmen des Rissmodells mit eingebetteten Diskontinuitäten [Feist, 2004] wird der Normalenvektor $\boldsymbol{n}$ der Diskontinuität Γ auf der Grundlage des Konzepts der unveränderlichen Rissflächen nach der Rissinitiierung fest gehalten, was zu einer verfälschten Vorhersage des Risspfades führen kann. Durch die Verwendung eines Rissverfolgungsalgorithmus wird für die eingebetteten Diskontinuitätssegmente jeweils Stetigkeit entlang benachbarter finiter Elemente gefordert, wodurch allerdings eine Art Riss-Locking möglich wird und der lokale Charakter des Rissmodells verloren geht. Mit der in [Jirásek und Zimmermann, 2001] vorgeschlagenen und in dieser Arbeit implementierten Kombination eines verschmierten Rissmodells mit dem Rissmodell mit eingebetteten Diskontinuitäten können diese Nachteile beseitigt werden. Die Simulation des Verlaufes eines makroskopischen Risses wird verbessert, weil der Lokalisierungsprozess zu Beginn in einer verschmierten Form beschrieben wird und in dieser Phase eine Änderung der Richtung eines Risses möglich ist. Eine Diskontinuität wird erst dann eingebettet, wenn die Rissöffnung einen bestimmten Grenzwert überschreitet. Bis zu diesem Grenzwert wird die Rissrichtung also in jedem Belastungsinkrement neu berechnet. Dieses, im Rahmen der vorliegenden Arbeit entwickelte, Rissmodell mit verzögert eingebetteten Diskontinuitäten wird auch für die Simulation der Rissentwicklung in bewehrten Betonstrukturen eingesetzt. Da in diesem Fall viele Risse, die zu unterschiedlichen Belastungszeitpunkten gebildet werden, zu beschreiben sind, wird auf den Rissverfolgungsalgorithmus und folglich auf die Forderung stetiger Verläufe der einzelnen Risse über die Elementsgrenzen verzichtet. Die numerischen Simulationen eines Drei-Punkt-Biegeversuches und eines Anker-Ausziehversuches zeigen die Vorteile des Rissmodells mit verzögert eingebetteten Diskontinuitäten zur Vorhersage der Rissausbreitung in unbewehrten Betonstrukturen. Die Nachrechnung von Zugversuchen an einaxialen Stahlbetonstäben und der Vergleich der Berechnungs- und Versuchsergebnisse bestätigt die Anwendbarkeit des Rissmodells zur Simulation der Rissbildung in bewehrten Betonstrukturen. Vor allem die numerische Simulation der Kragplattenverstärkung mittels Aufbeton zeigt, dass das Rissmodell mit verzögert eingebetteten Diskontinuitäten auch für die Simulation komplexerer Strukturen verwendet werden kann.

Die zweite alternative Formulierung für die Bestimmung des Risspfades nach [Sancho et al., 2005], die im Rahmen dieser Arbeit vorgestellt wurde und als Rissmodell mit lokal eingebetteten Diskontinuitäten bezeichnet wird, weist Ähnlichkeiten zur obigen Formulierung auf. Allerdings werden dabei sofort nach Rissinitiierung die Diskontinuitäten eingebettet, diese können aber bis zu einem bestimmten Grenzwert der Rissöffnung rotieren, d.h. die Rissrichtung wird ständig neu berechnet und wiederum wird auf die Forderung der Stetigkeit des Risspfades verzichtet. In dieser Arbeit durchgeführte Testrechnungen zeigen allerdings, dass es nicht möglich ist, objektive Berechnungsergebnisse für beliebige Diskretisierungen zu erhalten.

Obwohl durch die Kombination eines verschmierten Rissmodells mit dem Rissmodell mit eingebetteten Diskontinuitäten die Vorhersage des Risspfades deutlich verbessert wird und die Lockingeffekte, die aus der Forderung der Stetigkeit des Risspfades resultieren, beseitigt werden, insgesamt also eine wirklichkeitsnähere Rissmodellierung möglich wird, können negative Einträge in der Materialtangente zum vorzeitigen Abbruch der Berechnungen führen. Diese numerische Instabilität des Rissmodells mit verzögert eingebetteten Diskontinuitäten, die als Folge von zur Gänze gerissenen Teilbereichen der Struktur auftritt, könnte mit dem in [Oliver et al., 2005] vorgestellten kombinierten impliziten-expliziten Integrationsverfahren beseitigt werden.

Um das vorgestellte Rissmodell für die Simulation allgemeiner Versagenszustände im Werkstoff Beton einsetzen zu können, ist es erforderlich das Modell durch die Berücksichtigung nichtlinearen Materialverhaltens im Druckbereich zu erweitern. Weitere mögliche Verbesserungen sind die Implementierung für höherwertige Elemente, die aufgrund zusätzlicher Terme bei den erweiterten Verzerrungen allerdings aufwendiger ist, und die Erweiterung auf dreidimensionale finite Elemente.

Literaturverzeichnis

[Abaqus, 2007] Abaqus (2007). *ABAQUS/Standard User's Manual.* Pawtucket, RI. www.abaqus.com.

[Armero, 1997] Armero, F. (1997). Localized anisotropic damage of brittle materials. *Computational Plasticity*, 1:635–640.

[Armero, 1999] Armero, F. (1999). Large-scale modeling of localized dissipative mechanisms in a local continuum: applications to the numerical simulation of strain localization in rate-dependent inelastic solids. *Mechanics of Cohesive-Frictional Materials*, 4:101–131.

[Armero und Garikipati, 1995] Armero, F. und Garikipati, K. (1995). Recent advances in the analysis and numerical simulation of strain localization in inelastic solids. In Owen, D., Oñate, E., und Hinton, E. (editors), *4th International Conference on Computational Plasticity*, volume 1, pages 547–561.

[Armero und Garikipati, 1996] Armero, F. und Garikipati, K. (1996). An analysis of strong discontinuities in multiplicative finite strain plasticity and their relation with the numerical simulation of strain localization in solids. *International Journal of Solids and Structures*, 33:2863–2885.

[Babuska und Melenk, 1997] Babuska, I. und Melenk, J. M. (1997). The partition of unity method. *International Journal for Numerical Methods in Engineering*, 40:727–758.

[Basar und Weichert, 2000] Basar, Y. und Weichert, D. (2000). *Nonlinear continuum mechanics of solids.* Springer.

[Bathe, 1986] Bathe, K.-J. (1986). *Finite-Elemente-Methoden.* Springer, Berlin. in German.

[Bažant, 1976] Bažant, Z. (1976). Instability, ductility and size effect in straing-softening concrete. *Journal of Engineering Mechanics Division, ASCE*, 102:331–334.

[Bažant, 1983] Bažant, Z. (1983). Crack band theory for fracture of concrete. *Materiaux et Constructions*, 93:155–177.

[Bažant et al., 1984] Bažant, Z., Belytschko, T., und T.P.Chang (1984). Continuum model for strain-softening. *Journal of Engineering Mechanics Division, ASCE*, 110:1666–1692.

[Bažant und Gambarova, 1980] Bažant, Z. B. und Gambarova, P. G. (1980). Rough crack models in reinforced concrete. *Journal of Structural Divison, ASCE*, 106(4):819–824.

[Belytschko et al., 1988] Belytschko, T., Fish, J., und Engelmann, B. E. (1988). A finite element with embedded localization zones. *Computer Methods in Applied Mechanics and Engineering*, 70:59–59.

[Borja und Regueiro, 2001] Borja, R. I. und Regueiro, R. A. (2001). Strain localization in frictional materials exhibiting displacement jumps. *Computer Methods in Applied Mechanics and Engineering*, 190:2555–2580.

[CEB-FIP, 1991] CEB-FIP (1991). *Model Code 1990, Bulletin d'information.* Comité Euro-International du Béton (CEB), Laussanne.

[Crisfield und Wills, 1989] Crisfield, M. und Wills, J. (1989). Analysis of R/C panels using different concrete models. *Journal of Engineering Mechanics, ASCE*, 115:578–597.

[Dahlblom und Ottosen, 1990] Dahlblom, O. und Ottosen, N. (1990). Smeared crack analysis using generalized fictitious crack model. *Journal of Engineering Mechanics, ASCE*, 116:55–76.

[Daux et al., 2000] Daux, C., Moës, N., Dolbow, J., Sukumar, N., und Belytschko, T. (2000). Arbitrary branched and intersecting cracks with the extended finite element method. *International Journal for Numerical Methods in Engineering*, 48:1741–1760.

[de Borst, 1991] de Borst, R. (1991). Simulation of strain localization: A reappraisal of the Cosserat continuum. *Engineering Computations*, 8:317–332.

[de Borst und Mühlhaus, 1992] de Borst, R. und Mühlhaus, H. (1992). Gradient-dependent plasticity: Formulation and algorithmic aspects. *International Journal for Numerical Methods in Engineering*, 35:521–539.

[Dejori, 2006] Dejori, M. (2006). Experimentelle und numerische Traglastanalysen von axialbeanspruchten Kopfbolzen beim Versagensmechanismus Betonausbruch. Diplomarbeit, Universität Innsbruck, Innsbruck.

[Dvorkin et al., 1990] Dvorkin, E. N., Cuitino, A. M., und Gioia, G. (1990). Finite elements with displacement interpolated embedded localization lines insensitive to mesh size and distortions. *International Journal for Numerical Methods in Engineering*, 30:541–564.

[Elfgren et al., 1982] Elfgren, L., Broms, C., Cederwall, K., und Gylltoft, K. (1982). Fatigue of Anchor Bolts in Reinforced Concrete Foundations. *International Association for Bridges and Structural Engineering*, 37:463–470.

[Eligehausen, 1984] Eligehausen, R. (1984). *Wechselbeziehungen zwischen Befestigungstechnik und Stahlbetonweise*. Ernst & Sohn.

[Eligehausen und Clausnitzer, 1983] Eligehausen, R. und Clausnitzer, W. (1983). Analytisches Modell zur Beschreibung des Tragverhaltens von Befestigungselementen. *Bericht Nr. 4, Institut für Werkstoffe im Bauwesen der Universität Stuttgart.*

[Feenstra und de Borst, 1991] Feenstra, P. und de Borst, R. (1991). Numerical study on crack dilatancy. I Models and Stability analysis. *Journal of Engineering Mechanics, ASCE*, 117:733–769.

[Feenstra und de Borst, 1995] Feenstra, P. H. und de Borst, R. (1995). A plasticity model and algorithm for mode-I cracking in concrete. *International Journal for Numerical Methods in Engineering*, 38:2509–2529.

[Feist, 2004] Feist, C. (2004). *A Numerical Model for Cracking of Plain Concrete Based on the Strong Discontinuity Approach*. Dissertation, Universität Innsbruck.

[Feix et al., 2007] Feix, J., Andreatta, A., und Niederegger, C. (2007). Verstärken von Brückentragwerken. *6. internationale Fachtagung Verstärken und Instandsetzen von Betonkonstruktionen*, 6:19–26.

[Gopalaratnam und Shah, 1985] Gopalaratnam, V. S. und Shah, S. P. (1985). Softening response of plain concrete in direct tension. *ACI Journal*, 82-27:310–323.

[Günther und Mehlhorn, 1991] Günther, G. und Mehlhorn, G. (1991). Zentrische Zugversuche an Stahlbetonkörpern zur Ermittlung der Mitwirkung des Betons zwischen den Rissen. *Beton- und Stahlbetonbau*, 86(3):65–67.

[Hartl, 1977] Hartl, G. (1977). *Die Arbeitslinie eingebetteter Stähle bei Erst- und Kurzzeitbelastung.* Dissertation, Universität Innsbruck.

[Hassanzadeh, 1992] Hassanzadeh, M. (1992). *Behavior of fracture process zones in concrete influenced by simultaneously applied normal and shear displacements.* Dissertation, Lund Institute.

[Hillerborg et al., 1976] Hillerborg, A., Modéer, M., und Peterson, P. (1976). Analysis of crack formation and crack growth in concrete by means of fracture mechanics and finite elements. *Cement and Concrete Research*, 6:773–782.

[Hofstetter und Mang, 1995] Hofstetter, G. und Mang, H. (1995). *Computational Mechanics of Reinforced Concrete Structures.* F. Vieweg & Sohn VerlagsgesmbH., Braunschweig.

[Ingraffea und Saouma, 1985] Ingraffea, A. und Saouma, V. (1985). Numerical modelling of discrete crack propagation in reinforced and plain concrete. *Fracture Mechanics of Concrete*, pages 171–225.

[Izumo und Okamura, 1990] Izumo, J. und Okamura, H. (1990). Ultimate strength and deformation of RC panels subjected to in-plane stress. *Computer Aided Analysis and Design of Concrete Structures (SCI-C), Swansea, UK*, pages 177–188.

[Jefferson, 2002] Jefferson, A. D. (2002). Constitutive modelling of aggregate interlock in concrete. *International Journal for Numerical and Analytical Methods in Geomechanics*, 26:515–535.

[Jirásek, 1999] Jirásek, M. (1999). Computational aspects of nonlocal models. In *Proceedings of the European Conference on Computational Mechanics*, Munich. CD-Rom.

[Jirásek, 2000a] Jirásek, M. (2000a). Comparative study on finite elements with embedded discontinuities. *Computer Methods in Applied Mechanics and Engineering*, 188(1-3):307–330.

[Jirásek, 2000b] Jirásek, M. (2000b). Conditions of uniqueness for finite elements with embedded cracks. In Oñate, E., Bugeda, G., und Suárez, B. (editors), *European Congress on Computational Methods in Applied Sciences and Engineering.*

[Jirásek, 2002] Jirásek, M. (2002). Objective modeling of strain localization. *Revue francaise de génie civil*, 6.

[Jirásek, 2004] Jirásek, M. (2004). Modeling of Localized Inelastic Deformation. *Lecture notes.*

[Jirásek und Belytschko, 2002] Jirásek, M. und Belytschko, T. (2002). Computational resolution of strong discontinuities. In Mang, H., Rammerstorfer, F., und Eberhardsteiner, J. (editors), *Proceedings of the 5th World Congress on Computational Mechanics, WCCM V*, Austria. Vienna University of Technology. http://wccm.tuwien.ac.at.

[Jirásek und Zimmermann, 1998] Jirásek, M. und Zimmermann, T. (1998). Analysis of rotating crack model. *Journal of Engineering Mechanics*, 124(8):842–851.

[Jirásek und Zimmermann, 2001] Jirásek, M. und Zimmermann, T. (2001). Embedded crack model: Part II: Combination with smeared cracks. *International Journal for Numerical Methods in Engineering*, 50(6):1291–1305.

[Klisinski et al., 1991] Klisinski, M., Runesson, K., und Sture, S. (1991). Finite element with inner softening band. *Journal of Engineering Mechanics*, 117:575–587.

[Koiter, 1953] Koiter, W. T. (1953). Stress-strain relations, uniqueness and variational theorems for elasto-plastic materials with singular yield surface. *Quarterly Journal of Applied Mathematics*, 11:350–354.

[Kraus, 1995] Kraus, E. (1995). *Werkstatthelfer für den Metallarbeiter.* Pichler GesmbH Wien.

[Kuhl, 2000] Kuhl, E. (2000). *Numerische Modelle für kohäsive Reibungsmaterialien.* Bericht Nr. 32, Institut für Baustatik, Universität Stuttgart.

[Li et al., 1989] Li, B., Maekawa, K., und Okamura, H. (1989). Contact density model for stress transfer across cracks in concrete. *Journal of Engineering Mechanics, ASCE*, 40(1):9–52.

[Loeber, 1970] Loeber, P. (1970). *Shear transfer by aggregate interlock.* Dissertation, University of Canterbury.

[Melenk und Babuska, 1996] Melenk, J. M. und Babuska, I. (1996). The partition of unity finite element method: Basic theory and applications. *Computer Methods in Applied Mechanics and Engineering*, 139:289–314.

[Menrath, 1999] Menrath, H. (1999). *Numerische Simulation des nichtlinearen Tragverhaltens von Stahlverbundträgern.* Dissertation, Institut für Bautstaik, Universität Stuttgart.

[Meschke et al., 1998] Meschke, G., Lackner, R., und Mang, H. (1998). An anisotropic elastoplastic-damage model for plain concrete. *International Journal for Numerical Methods in Engineering*, 42(4):703–727.

[Moës et al., 1999] Moës, N., Dolbow, J., und Belytschko, T. (1999). A finite element methode for crack growth without remeshing. *International Journal for Numerical Methods in Engineering*, 46:131–150.

[Mosler, 2002] Mosler, J. (2002). *Finite Elemente mit sprungstetigen Abbildungen des Verschiebungsfeldes für numerische Analysen lokalisierter Versagenszustände in Tragwerken.* Dissertation, Ruhr-Universität Bochum.

[Mosler und Meschke, 2000] Mosler, J. und Meschke, G. (2000). 3D FE Analysis of cracks by means of the strong discontinuity approach. In Oñate, E., Bugeda, G., und Suárez, B. (editors), *Proceedings of the European Congress on Computational Methods in Applied Sciences and Engineering (ECCOMAS 2000).* CD-Rom.

[Mosler und Meschke, 2001] Mosler, J. und Meschke, G. (2001). 3D-Finite-Elemente-Modell mit eingebetteten Diskontinuitäten des Verschiebungsfeldes für numerische Analysen gerissener Betonstrukturen. In *PhD-Symposium, Wien*, pages 41–45.

[Mühlhaus und Aifantis, 1991] Mühlhaus, H. und Aifantis, E. (1991). A variational principle for gradient plasticity. *International Journal for Solids and Structures*, 28:845–857.

[Ngo und Scordelis, 1967] Ngo, D. und Scordelis, A. (1967). Finite element analysis of reinforced concrete beams. *ACI Journal*, 64:152–163.

[Oliver, 1989] Oliver, J. (1989). A consistent characteristic length for smeared crack models. *International Journal for Numerical Methods in Engineering*, 28:431–474.

[Oliver, 1995a] Oliver, J. (1995a). Continuum modelling of strong discontinuities in solid mechanics. In Owen, D., Oñate, E., und Hinton, E. (editors), *Proceedings of 4th International Conference on Computational Plasticity*, volume 1, pages 455–479.

[Oliver, 1995b] Oliver, J. (1995b). Continuum modelling of strong discontinuities in solid mechanics using damage models. *Computational Mechanics*, 17(1-2):49–61.

[Oliver, 1996a] Oliver, J. (1996a). Modelling strong discontinuities in solid mechanics via strain softening constitutive equations. Part 1: Fundamentals. *International Journal for Numerical Methods in Engineering*, 39(21):3575–3600.

[Oliver, 1996b] Oliver, J. (1996b). Modelling strong discontinuities in solid mechanics via strain softening constitutive equations. Part 2: Numerical simulation. *International Journal for Numerical Methods in Engineering*, 39(21):3601–3623.

[Oliver et al., 1997] Oliver, J., Cervera, M., und Manzoli, O. (1997). On the use of J2 plasticity models for the simulation of 2d strong discontinuities. In Owen, D., Oñate, E., und Hinton, E. (editors), *Proceedings of the International Conference on Computational Plasticity*, volume 1, pages 38–55.

[Oliver et al., 1999] Oliver, J., Cervera, M., und Manzoli, O. (1999). Strong discontinuities and continuum plasticity models: The strong discontinuity approach. *International Journal of Plasticity*, 15:319–351.

[Oliver und Huespe, 2004] Oliver, J. und Huespe, A. (2004). Theoretical and computational issues in modelling material failure in strong discontinuity scenarios. *Computer Methods in Applied Mechanics and Engineering*, 193:2987–3014.

[Oliver et al., 2005] Oliver, J., Huespe, A., Blanco, S., und Linero, D. (2005). Stability and robustness issues in numerical modeling of material failure with the strong discontinuity approach. *Computer Methods in Applied Mechanics and Engineering*, 195(1):7093–7114.

[Oliver et al., 2006] Oliver, J., Huespe, A., und Sánchez, P. (2006). A comparative study on finite elements for capturing strong discontinuities: E-FEM vs. X-FEM. *Computer Methods in Applied Mechanics and Engineering*, 195:4732–4752.

[Oliver et al., 2003] Oliver, J., Huespe, A. E., und Samaniego, E. (2003). A study on finite elements for capturing strong discontinuities. *International Journal for Numerical Methods in Engineering*, 56(14):2135–2161.

[Oliver und Simo, 1996] Oliver, J. und Simo, J. (1996). Modelling strong discontinuities in solid mechanics by means of strain softening constitutive equations. *International Journal for Numerical Methods in Engineering*, 39:3576–3600.

[Olofsson et al., 1994] Olofsson, T., Klisinski, M., und Nedar, P. (1994). Inner softening bands: A new approach to localization in finite elements. *Computational Modelling of Concrete Structures (EURO-C 1994)*, pages 373–382.

[Ortiz et al., 1987] Ortiz, M., Leroy, Y., und Needleman, A. (1987). A finite element method for localized failure analysis. *Computer Methods in Applied Mechanics and Engineering*, 61:189–214.

[Patzák und Jirásek, 2003] Patzák, B. und Jirásek, M. (2003). Process zone resolution by extended finite elements. *Engineering Fracture Mechanics*, 70(7-8):957–977.

[Paulay und Loeber, 1974] Paulay, T. und Loeber, P. (1974). Shear transfer by aggregate interlock. *Shear in reinforced concrete*, 42:1–15.

[Perdikaris und Romeo, 1995] Perdikaris, P. und Romeo, A. (1995). Size effect on fracture energy of concrete and stability issues in three-point bending fracture toughness testing. *ACI Materials Journal*, 92(5):483–496.

[Pietruszczak und Mroź, 1981] Pietruszczak, S. und Mroź, Z. (1981). Finite element analysis of deformation of strain softening materials. *International Journal for Numerical Methods in Engineering*, 17:327–334.

[Pijaudier-Cabot und Bažant, 1987] Pijaudier-Cabot, G. und Bažant, Z. (1987). Nonlocal damage theory. *Journal of Engineering Mechanics, ASCE*, 113:1512–1533.

[Regueiro und Borja, 1999] Regueiro, R. A. und Borja, R. I. (1999). A finite element model of localized deformation in frictional materials taking a strong discontinuity approach. *Finite Elements in Analysis and Design*, 33:283–315.

[Reinhardt, 1984] Reinhardt, H. (1984). Fracture mechanics of an elastic softening material like concrete. *Heron*, 29(2):1–42.

[Remmel, 1994] Remmel, G. (1994). Zum Zug- und Schubtragverhalten von Bauteilen aus hochfestem Beton. *Technischer Bericht, Deutscher Ausschuá für Stahlbeton*, 444.

[Rostásy et al., 1976] Rostásy, F., Koch, R., und Leonhardt, F. (1976). Zur Mindestbewehrung für Zwang von Aussenwänden aus Stahlleichtbeton. *Technischer Bericht, Deutscher Ausschuá für Stahlbeton*, 267.

[Samaniego, 2003] Samaniego, E. (2003). *Contributions to the Continuum Modelling of Strong Discontinuities in Two-dimensional Solids*. Dissertation, UPC Barcelona.

[Sancho et al., 2005] Sancho, J., Planas, J., Fathy, A., Galvez, J., und Cendon, D. (2005). Three-dimensional simulation of concrete fracture using embedded crack elements without enforcing crack path continuity. *International Journal for Numerical Methods in Geomechanics*, 5:1–9.

[Schreyer und Chen, 1986] Schreyer, H. und Chen, Z. (1986). One-dimensional softening with localization. *Journal of Applied Mechanics*, 53:791–797.

[Simo und Armero, 1992] Simo, J. und Armero, F. (1992). Geometrically non-linear enhanced strain mixed methods and the method of incompatible modes. *International Journal for Numerical Methods in Engineering*, 33:1413–1449.

[Simo und Hughes, 1998] Simo, J. und Hughes, T. (1998). *Computational Inelasticity*. Springer, New York.

[Simo und Oliver, 1994] Simo, J. und Oliver, J. (1994). A new approach to the analysis and simulation of strain softening in solids. *Fracture and Damage in Quasibrittle Structures*, 1:25–39.

[Simo et al., 1993] Simo, J., Oliver, J., und Armero, F. (1993). An analysis of strong discontinuities induced by strain-softening in rate-independent inelastic solids. *Computational Mechanics*, 12:277–296.

[Simo und Rifai, 1990] Simo, J. C. und Rifai, M. S. (1990). A class of mixed assumed strain methods and the method of incompatible modes. *International Journal for Numerical Methods in Engineering*, 29:1595–1638.

[Sluys und Berends, 1998] Sluys, L. und Berends, A. (1998). 2D/3D modelling of crack propagation with embedded discontinuity elements. *In Proceedings of Computational Modelling of Concrete Structures (EURO-C 1998)*, pages 399–408.

[Steinmann und Willam, 1991] Steinmann, P. und Willam, K. (1991). Localization within the framework of micropolar elasto-plasticity. In *Advances in continuum mechanics*, volume 1, pages 296–313. Springer, Berlin-Heidelberg.

[Sukumar et al., 2000] Sukumar, N., Moës, N., Moran, B., und Belytschko, T. (2000). Extended finite element method for three-dimensional crack modelling. *International Journal for Numerical Methods in Engineering*, 48:1549–1570.

[Walraven, 1980] Walraven, J. (1980). *Aggregate interlock: a theoretical and experimental analysis*. Dissertation, Delft University of Technology.

[Walraven und Reinhardt, 1981] Walraven, J. und Reinhardt, H. (1981). Theory and experiments on the mechanical behavior of cracks in plain and reinforced concrete subjected to shear loading. *Heron*, 26(1A):5–68.

[Wells und Sluys, 2001a] Wells, G. N. und Sluys, L. J. (2001a). A new method for modelling cohesive cracks using finite elements. *International Journal for Numerical Methods in Engineering*, 50:2667–2682.

[Wells und Sluys, 2001b] Wells, G. N. und Sluys, L. J. (2001b). Three-dimensional embedded discontinuity model for brittle fracture. *International Journal of Solids and Structures*, 38:897–913.

[Welscher, 1993] Welscher, S. (1993). Implementierung und Anwendung eines elastoplastischen Werkstoffmodells für Beton. Diplomarbeit, Technische Universität Wien, Wien.

[Winkler, 2001] Winkler, B. (2001). *Traglastuntersuchungen von unbewehrten und bewehrten Betonstrukturen*. Dissertation, Innsbruck. book on demand.

[Zienkiewicz und Taylor, 2000] Zienkiewicz, O. und Taylor, R. (2000). *The Finite Element Method Volume 1 Basic Formulation and Linear Problems*. Butterworth-Heinemann, Oxford.

Printed by Books on Demand GmbH, Norderstedt / Germany